高校财务内部控制与风险防范研究

田巧芬 王 南 李 平 ◎著

中国纺织出版社有限公司

内 容 提 要

随着我国社会经济和教育行业的稳步发展，对我国高校财务内部控制制度及风险管理工作提出了新的要求。在当前教育环境下，我国高校采用多元化的办学形式，其财务内部控制问题也越来越复杂，在内部控制过程中可能发生的风险也越来越多样化，因此，需要推动我国高校财务内部控制制度的不断升级，加强其风险管理能力，利用两者的有机结合促进高校的稳步发展。本书对高校财务内部控制与风险防范进行了系统阐述，在保证内容完整性的同时，力求与实际工作相结合，对财务管理相关从业人员有一定的借鉴价值。

图书在版编目（CIP）数据

高校财务内部控制与风险防范研究/田巧芬，王南，李平著. --北京：中国纺织出版社有限公司，2023.4（2024.3重印）
ISBN 978-7-5229-0471-9

Ⅰ.①高… Ⅱ.①田… ②王… ③李… Ⅲ.①高等学校—财务管理—研究—中国 Ⅳ.①G647.5

中国国家版本馆CIP数据核字（2023）第056485号

责任编辑：段子君　　责任校对：高　涵　　责任印制：储志伟

中国纺织出版社有限公司出版发行
地址：北京市朝阳区百子湾东里A407号楼　邮政编码：100124
销售电话：010—67004422　传真：010—87155801
http://www.c-textilep.com
中国纺织出版社天猫旗舰店
官方微博 http://weibo.com/2119887771
北京虎彩文化传播有限公司印刷　各地新华书店经销
2023年4月第1版　2024年3月第2次印刷
开本：710×1000　1/16　印张：13.25
字数：235千字　定价：99.00元

凡购本书，如有缺页、倒页、脱页，由本社图书营销中心调换

前言
PREFACE

随着经济活动越来越复杂，高校财务管理在整个学校管理中的地位也日益突显，并发挥着重要作用。另外，随着我国社会经济及教育行业的稳步发展，对我国高校财务内部控制制度及风险管理工作提出了新的要求。在当前教育环境下，我国高校采用多元化的办学形式，其财务内部控制问题也越来越复杂，在内控过程中可能发生的风险也越来越多样化，因此，需要推动我国高校财务内部控制制度的不断升级，加强其风险管理能力，利用两者的有机结合促进高校的稳步发展。

鉴于此，我们撰写了《高校财务内部控制与风险防范研究》一书，全书在内容编排上共设置六章，分别是高校财务内部控制与风险管理、高校财务内部控制体系的构建、高校财务内部控制的运行环境、高校内部业务控制及其风险描述、高等教育扩张下的高校资金运转风险与防控、内部控制视角下的高校财务风险防范策略。

本书写作力求呈现两大特点：一是结构严谨，具有深刻的启迪性，注重构建较为科学、完善的知识结构，重点研究和探讨高校财务管理的相关内容；二是逻辑严谨有序，既保证论述内容的全面和系统，又兼顾对重点章节的具体论述。同时做到文字简练，行文准确，表达简明扼要，并注重内容的广泛性，在保证高校财务内部控制与风险防范内容完整性的同时，力求将求新、求实贯穿撰写主线。

鉴于高校治理结构、办学规模层次等都不尽相同，本书没有涵盖所有高校内部控制业务，希望对高校管理工作提供一点参考。由于时间和精力有限，囿于学识，书中难免有谬误、疏漏之处，请读者批评指正。

著 者

2022 年 12 月

目 录
CONTENTS

第一章 高校财务内部控制与风险管理 …………………………… 1

    第一节 风险管理的相关理论 …………………………… 1

    第二节 内部控制的理论基础 …………………………… 3

    第三节 高校治理、内部控制与风险管理的关系辨析 …… 9

第二章 高校财务内部控制体系的构建 …………………………… 14

    第一节 高校内部控制建设的体系 …………………………… 14

    第二节 高校内部控制建设的独特性分析 …………………… 17

    第三节 高校投融资内部控制体系的构建 …………………… 19

第三章 高校财务内部控制的运行环境 …………………………… 29

    第一节 高校发展规划与内部治理结构 ……………………… 29

    第二节 高校财务岗位设置与队伍建设 ……………………… 41

    第三节 高校财务运行机制与信息化建设 …………………… 46

    第四节 高校财务内部控制评价与监督 ……………………… 52

第四章 高校内部业务控制及其风险描述 ………………………… 71

    第一节 高校预算业务控制及其风险描述 …………………… 71

    第二节 高校收入业务控制及其风险描述 …………………… 87

    第三节 高校支出业务控制及其风险描述 …………………… 102

第四节　高校资产业务控制及其风险描述 …………… 113

第五节　高校债务业务控制及其风险描述 …………… 129

第六节　高校基本建设业务控制及其风险描述 ………… 141

第五章　高等教育扩张下的高校资金运转风险与防控 ………… 161

第一节　高等教育扩张下的高校资金安全风险评估 ……… 161

第二节　高等教育扩张下的高校资金运转风险防控策略 …… 168

第六章　内部控制视角下的高校财务风险防范策略 ………… 184

第一节　企业风险管理视角下的高校内部控制建设 ……… 184

第二节　基于单位层面的高校资金风险与防控策略 ……… 188

第三节　基于业务层面的高校资金风险与防控策略 ……… 195

参考文献 ………………………………………………………… 202

第一章 高校财务内部控制与风险管理

第一节 风险管理的相关理论

一、风险与财务风险

《现代汉语词典》将"风险"解释为"可能发生的危险",这个解释表明风险是一种不好的事情,风险意味着损失或失败。在财务管理中,我们对"风险"最简单的定义是风险是发生财务损失的可能性。发生损失的可能性越大,风险越大。风险可以用不同结果出现的概率来描述。结果可能是好的,也可能是坏的,坏结果出现的概率越大,就可以认为风险越大。但任何决策都具有风险,因此,防范风险是管理的重要任务。

对于"财务风险",大多是以企业为研究对象的,对企业的财务风险的定义目前主要有以下两种主要观点:

第一,债务视角的财务风险。"财务风险是指由于企业的负债所带来的风险。"[1] 当企业的负债在总资本中所占的比重高,投资者负担的债务成本越高,并且由于负债所带来的固定性的利息费用,会存在息税前利润的较小变动引起每股收益的较大变动的财务杠杆效应,从而加大企业的风险。反之,当企业的负债在总资本中所占的比重低,企业的财务风险就小。因此,企业需要权衡负债给企业带来的收益和风险两者的关系,确定最佳的负债金额。

---

[1] 方芸. 高校财务风险预警与防范策略研究:基于内部控制视角 [M]. 北京:知识产权出版社,2017:29.

第二，不确定视角下的财务风险。企业面对的内外部环境中有很多不确定性因素，财务风险是由于企业资金运动中不确定的因素给企业带来的风险。财务风险会发生在企业的筹资、投资和收益分配等多个环节，所以财务风险包括筹资风险、投资风险和收益分配风险等。总而言之，财务风险就是因为不确定性因素给企业带来的预期收益与实际发生偏离的可能或带来的损失。

需要注意的是，会计主体的资金运动主要包括资金的筹集、投资和分配，财务风险不应该仅局限为债务风险，还应该包括会计主体资金运动的各个环节的风险，所以，此处以第二种观点来定义财务风险。

二、全面风险管理

风险管理的理论源于 20 世纪 30 年代的美国。从 20 世纪 60 年代开始，风险管理在美国的企业界发展为一种现代化的管理手段；70 年代以后，风险管理的技术开始走向世界；90 年代以后，整体层面的风险管理思想出现并逐步得到推广。1992 年，Miller 提出了整合风险管理的概念。在后来的 10 多年中，很多专家学者对风险管理理论进行系统研究，并尝试从企业整体层面对风险管理进行研究，比较有代表性的著作包括希马皮出版的《整合公司风险管理》等。

2001 年，全美反舞弊性财务报告委员会发起组织（COSO 委员会）提出了对企业全面风险管理进行研究的构想，并联合普华永道事务所等实务界的专家进行了集体讨论。2003 年 7 月，COSO 委员会发布了企业全面风险管理框架的征求意见稿，2004 年 9 月，COSO 委员会又发布《企业风险管理——整合框架》（即 ERM 框架）正式稿，该框架从内部控制的角度出发，对风险管理进行了宽泛的界定，并确立了适用于各种类型的组织、行业和部门的风险管理标准。

从全面风险管理的发展历程来看，风险管理的理念已经不再局限于企业内部的某一个局部层面，而是发展至企业的整体层面，风险管理研究模式从模型化转到了框架标准化。全面风险管理具有以下特征：

第一，战略性特征。风险管理存在于企业的日常活动和日常管理中，也应用到企业战略管理的层面，从战略层面整合和管理风险是全面风险管理的重点。

第二，全员参与性特征。全面风险管理不能由某一个部门单独实施，而是由企业的所有者、管理层和员工共同参与的一项工作。而且，为保证风险管理目标的实现，企业必须将风险意识转化为全体员工的共同认识和自觉行动。

第三，系统性特征。全面风险管理要求有一套系统、规范的方法来识别和管理风险。

第二节　内部控制的理论基础

一、内部控制的产生与发展

（一）内部牵制阶段

内部控制发展的最早阶段为内部牵制阶段。古埃及、古希腊、古罗马时期，内部牵制就广泛应用于国家治理方面。管理者主要通过人员配备、职责划分、业务流程和簿记系统等来实现内部牵制，这样可以有效保护组织的财产安全，从而保障组织的有效运转。

（二）内部控制制度阶段

20世纪40年代至70年代，内部牵制思想与古典管理理论相融合，内部控制的发展进入内部控制制度阶段。之后，随着资本主义经济的发展和会计体系的成熟，内部控制的管理思想和实践应用逐步制度化。1949年，美国注册会计师协会所属的审计程序委员会发表了一份题为《内部控制：系统协调的要素及其对管理部门和独立公共会计师的重要性》的特别报告，首次正式提出了内部控制的定义：内部控制包括一个企业内部为保护资产、审核会计数据的正确性和可靠性、提高经营效率、坚持既定管理方针而采用的组织计划，以及各种协调方法和措施。之后，美国国会、财务执行官协会和美国证券交易委员会等在其相关规范与研究报告中均对内部控制进行了更加详尽的规定。

（三）内部控制结构阶段

20世纪80年代至90年代初，内部控制发展到内部控制结构阶段。美国注册会计师协会1988年5月发布了《审计准则公告第55号》，提出了"内部控制结构"的概念，并指出："企业内部控制结构包括提供为取得企业特定目标的合理保证而建立的各种政策和程序。"公告中还具体提出了内部控制结构构成的三个要素,它们分别是控制环境、会计制度和控制程序。在这一阶段,人们开始认识到控制环境的重要性,注重管理者对内部制度的认识、态度的重要作用,并首次将控制环境纳入内部控制结构的构成要素中。

(四)内部控制整合框架阶段

内部控制发展的第四个阶段——内部控制整合框架阶段。在这一阶段,人们深化对控制机制的研究,并将它内化、整合为一个有机的框架。1985年,美国注册会计师协会与美国会计协会、国际内部审计协会、全美会计师协会和财务经理人协会等会计职业团体发起成立全美反对舞弊性财务报告委员会(又称Treadway委员会),该委员会呼吁所有公众公司的董事会、最高管理层、学术界、美国证券交易委员会和其他监管机构以及相关立法机构共同致力于财务报告过程的重塑。在Treadway委员会倡议下,又成立了研究内部控制问题的COSO委员会。1992年,COSO委员会发布了指导内部控制实践的纲领性文件——《内部控制——整合框架》的研究报告,经过两年的修改,1994年,该委员会提出了对外报告的修改篇。

内部控制是受机构的董事会、管理当局和其他人员的影响,旨在取得运营的效果与效率,确保财务报告的可靠性,遵循适用的法律法规等目标而提供合理保证的一个过程。

内部控制的三个目标是:经营的有效性和效率、财务报告的可靠性以及法律法规的贯彻实施。内部控制整体框架主要由控制环境、风险评估、控制活动、信息与沟通和监控五个相互关联的组成要素构成,这些要素从管理当局运营的业务中衍生出来,并整合在管理过程中。其中,控制环境是影响内部控制其他要素的基础,其包括的内容有治理结构、内部组织机构设置、组织内部的权责分配、领导的管理哲学和经营作风、员工的职业道德和胜任工作的能力等。风险评估指在既定的目标下,评估控制目标实现过程中的不确定性因素。风险评估包括目标设定、风险确认、风险分析和风险应对。控制活动指组织为有效开展必要的活动,对经济业务确立和执行的控制政策与程序。控制活动的具体内容包括有职务相互分离、关键岗位和关键人员控制、实物资产控制、会计系统控制和信息处理控制等。信息与沟通指围绕内部控制其他构成要素而建立的信息与沟通系统，包括在经济业务发生后要进行确认和记录、采用科学的价值计量方法进行计量和在财务报告中合理反映。监控是指对整个过程的监督、评价以及必要时采取的修正措施。监控包括单位的日常管理监督活动，还包括单位与外部组织和团体进行信息交流的监控。

2002年7月，美国国会通过了《萨班斯——奥克斯利法案》。2004年9月，COSO发布《企业风险管理——整体框架》（即ERM框架），该框架将全面风险管理定义为：全面风险管理是一个由企业的董事会、管理层和其他员工共同参与的，应用于企业战略制定和企业内部各个层次和部门的，用于识别可能对企业造成潜在影响的事项并在其风险偏好范围内管理风险的，为企业目标的实现提供合理保证的过程。

根据ERM框架，内部控制包括三个维度：第一个维度是企业的目标，包括战略目标、经营目标、报告目标和合规目标。第二个维度是全面风险管理要素，与COSO的《内部控制——整合框架》相比较，增加了三个新的要素，分别是目标设定、事项识别和风险应对。目标设定是指组织的管理者要采取恰当的程序来设定风险管理的目标，以此为基础，才能识别影响目标实现的潜在事项并采取措施来应对风险。事项识别是指组织要识别可能产生影响的潜在事项，这些潜在事项既包括给组织带来风险的事项，也包括给组织带来机会的事项，还包括给组织同时带来机会和风险的事项。风险应对是指管理当局选择一系列措施使风险与企业的风险容忍度相适应，风险应对的措施包括风险回避、风险承担、风险降低和风险分担等。第三个维度是主体层次，包括集团、部门、业务单元和分支机构四个层面。

从ERM的三个维度的分析而言，内部控制，首先是公司层面的内部控制，即所有者要建立完善的治理结构，理顺组织内部的责权利关系，并建立科学的组织架构，通过各项规章制度，在组织内部达到权力的制衡。为实现组织目标，所有者对经营管理者要通过多种方法进行激励和约束，促使他们科学决策和努力工作。其次是业务层面的内部控制，即经营者通过对各项具体业务过程的管理和控制，提高组织的管理效益和效果。

二、内部会计控制的相关理论

（一）有机整体的系统论

系统论强调用整体的观点和思维来分析所研究的事物，认为一切事物都是在一定的环境条件下，由相互联系、相互依存的各个因素形成的有机整体，并从系统论的角度找到研究对象的解决方案。系统论作为一门科学所提供的新思路和新方法，为人类的思维打开了新思路。贝塔朗菲的一般系统论原理，是系统论学科的基础理论。贝塔朗菲于1968年出版的《一般系统论基础、发展和应用》一书进一步奠定了系统论的理论基础，被认为是系统论的代表作，被学术界广泛认可。贝塔朗菲系统论的核心观点指出，任何系统都是一个有机的整体，系统的整体功能和特点不是各个要素与要素、要素与系统、系统与环境之间的简单组合及叠加，系统所表现的整体功能和特性是各要素在单独存在状态下所不同的特质，贝塔朗菲系统论用"整体大于部分之和"来强调系统的整体观念，反对要素性能好，整体性能一定好，以局部说明整体的机械论的观点。

贝塔朗菲的系统论认为，系统是由很多个以不同结构形式连接起来的因素形成的具有特定功能的有机整体，它由系统、要素、结构、功能四个概念组成，阐述了要素与要素、要素与系统、系统与环境之间的关系。贝塔朗菲强调，每个要素在系统中都有着重要位置，起着独特的作用，要素之间是紧密联系的而不是孤立地存在着，要素之间构成一个不可分割的整体。某一个要素都是整体中的一部分，任何脱离了整体独立出来的要素都将失去它在整体中的特性。

基于系统论的理论特点，系统论在对所研究的对象进行分析探索时，不是针对单独要素来分析研究，而是从整体角度来分析系统的结构和功能，根据系统、要素、环境、结构之间的相互关系和变动的规律性，用整体观点来分析问题、解决问题。系统是普遍存在的，大至渺茫的宇宙，小至微观的原子等都是系统，世界上任何事物都可以看成是一个系统，整个世界就是系统的集合。

（二）监督管理的控制论

控制论通过信息的收集、整理及利用，实现对组织系统的结构进行调整的目的。在任何组织中，控制是基于信息为基础的方法，以确保整个系统在高效有序的框架内运作。控制论是以研究机器、生命在社会中控制和通信的一般规律为基础的科学。经过一定时期的发展，控制论的研究广度及深度逐渐加大，控制论研究对象和目标从一切事物内部的控制与通信的一般规律逐步演变成为研究众多学科系统的控制、信息交换、反馈调节的交叉学科，具体研究如人类工程学、控制工程学、一般生理学、神经生理学、心理学、数学、逻辑学、社会学等。

控制论发展到今天已成为跨学科的科学。维纳于1948年出版的《控制论：或关于在动物和机器中控制和通信的科学》奠定了控制论的基础，作为一个科学的系统体系具有主体性是控制的特点。在控制体系中存在两个角色即控制主体和控制对象，在系统中控制主体发出具体操控指令，被控制者按照控制主体发出的指令来执行具体的行为，以此达到控制目标。

控制论由于是通过信息的收集、整理及利用实现对组织系统的结构进行调整来实现组织的控制目的，具有调节和监督管理功能。在组织运营中得到了广泛的应用，而在组织系统中组织的运营管理则强调计划性，希望通过建立一个自我调节和控制的系统来构建内部会计控制。基于控制的以上特点，控制论在经济界得到广泛的应用，可以和很多学科融合发展。控制论与内部会计控制理论的切合点在内部会计控制中既强调注重各项业务的控制，同时对会计活动进行监督管理，也需要会计信息的传输、沟通与及时反馈。具体体现在以控制论理论作为指导，采用科学有效的方法优化和改进企业的内控体系，激发内控作用，确保组织开展各项工作。

（三）信息共享的信息论

信息论属于应用数学学科范畴，是科学家以数学学科中概率论与数理统计的方法为基础并与通信实践结合总结出来的一门学科，是专门研究信息的有效处理和可靠传输的一般规律的科学，具体研究内容包括信息、通信系统、数据传输、密码学、数据压缩等问题。1948年《通信的数学理论》一书的发表奠定了现代信息论的基础，开辟了现代信息论研究的先河，它的作者——克劳德·香农也被称为"信息论之父"。尽管信息论的发展稍晚于系统论和控制论，但由于现代通信技术的飞速发展和其他学科的交叉融合和渗透，信息论的研究已经不局限于通信系统的数学理论，而是发展成信息科学的庞大体系，成为在管理实践中对主客体产生的反馈。

信息论的核心观点是信息的反馈。客观事物可以反馈出一定信息，我们可以通过一定手段对客观事物折射出的信息进行响应并获取它，我们经过对获取事物的正确信息进行分析研究，判断事物的风险发生的可能性，并对风险发生的不确定性进行提前的有效的干预，达到减少风险发生的可能性，降低组织损失的目的。内部会计控制也正是通过实施过程中信息传输和沟通获取有效信息，对信息进行有效处理后，及时选择有效的控制活动进行控制。信息对内控工作的开展起到关键性作用。在信息论体系中信息与控制密不可分，相辅相成，控制工作的前提是获取有效信息，而传送获取有效信息是高效完成控制工作的必要条件，信息的管理和活动控制共同完成管理活动。信息论在内控方面的指导意义在于在开展内控管理工作时要实现信息共享。

（四）权责分离的受托经济理论

受托经济责任关系中体现所有者、经营者及经营执行者三者之间的关系，具体是指"财产所有者通过授权或委托的方式，将自己的财产授权委托给管理者进行经营和管理，他们之间所形成的财产委托经营管理和财产受托经营管理关系以及经营管理者与经营管理执行者之间所形成的关系"[1]，它是资源财产所有者对资源财产有效管理和使用的必要手段和保证机制。

随着经济的不断发展变化，经济社会分工越来越细化，资本所有者累积逐渐增加，促使企业的所有权和经营权分离，为了更好地提高经济效益，在这种经济背景下受托经济责任理论得以产生。受托经济理论往往在委托人和代理人的经济合同中得以体现，在委托—代理的合同关系中，授权人将企业经营管理权交付给受托人进行管理，受托经营管理者必须承担受托责任。对于一个组织体系而言，委托代理关系体现在委托人的经济和财务内容上，同时组织的管理者和组织的执行者之间也形成委托关系，它与内部会计控制密不可分，需要对经济责任情况进行监督和管理。

近年来，在高等学校内部也形成了一种产权分离的经营管理现状，在这种产权分离的发展中，我们可以明确地看到高等学校的内外部受托经济责任即在高校与教育主管部门之间存在着一个委托—代理的关系，高校的负责人在经营管理的过程中需要对上级负责，而教育主管部门则有权行使监督权；高校的经营管理者将高校的财产和经济活动委托给下一个层级的管理人员，形成了委托—代理的契约关系，而这些中层或者基层管理人员也就承担了受托经济责任。由

---

[1] 易艳红. 高校内部控制与风险防范 [M]. 北京：国家行政学院出版社，2019：6.

于高校是公益性质，不属于完全竞争市场中委托—代理的契约关系，需要更多地考虑社会效益而不是经济效益，这就加大了对受托方的监督和管理的难度，鉴于此，高等学校的内部会计控制对受托经济责任更加受到关注。

（五）分权制约的制衡论

权力制衡分为广义和狭义两个范畴，广义的权力制衡是指在公共政治权力内部或者外部，存在着与权力主体相抗衡的力量，强调的是政治权力制衡，在权力主体发挥作用时，行使制衡权限，对权力进行有效的监督和制约，保证公平、有序、高效行使权力，合理保证权力总体平衡和牵制，这些牵制往往来源于个人、群体、机构和组织等，实现社会有序健康发展，保证社会整体目标的实现。狭义的权力制衡是指在组织内部权力制衡，内部权力制衡属于动态监督机制，是组织内部开展监督和管理的控制体系。一般以管理和组织为契机，通过制定科学合理的制度、有效的工作程序和方法，对业务活动中潜在的风险进行评价、防范、控制和管理来实现制衡目的。权力制衡的开展能够有效应对和防范风险，确保各项控制活动发挥积极有效的作用。制衡论制约机制的关键特点是它认为每项控制活动都要在两个或多个彼此存在的制约关系的控制环节中实施，各项控制活动在其他人员或部门的控制及辅助下才能发挥作用。基于以上特点，我们可以说权力制衡理论是内部控制至关重要的组成部分。权力制衡也属于风险控制机制的范畴，在风险管理控制方面也发挥关键作用。

第三节 高校治理、内部控制与风险管理的关系辨析

一、高校治理与内部控制的关系

高校属于行政事业单位，具有许多与政府、企业等其他社会组织同样的组织特性，同时，高校作为学术性组织和公益性事业单位，又有其自身的运行规律。我们认为，同公司一样，高校的内部控制缺陷不仅是内部控制自身的问题，

还是由于高校治理的问题产生的，离开高校治理很难深入探究我国高校内部控制的完善路径，因此，我们要先分析高校治理与内部控制的联系与区别，然后重点研究高校治理与内部控制的连接与互动。

（一）高校治理与内部控制的相互联系

高校治理和内部控制彼此存在着很强的联系，这种联系主要体现在以下几个方面。

1. 高校治理与内部控制的产生具有同源性

高校治理与内部控制都产生于委托代理问题，在委托代理的关系当中，由于委托人与代理人的效用函数不相同，委托人追求的是自己的财富更大，而代理人追求自己的工资、津贴、奢侈消费和闲暇时间最大化，这必然导致两者的利益冲突，在没有有效的制度安排下，代理人的行为很可能最终损害委托人的利益，因此，委托代理理论的中心任务是研究在利益相冲突和信息不对称的环境下，委托人如何设计最优契约激励代理人。

高校和政府间存在着委托—代理问题，我国高校公有产权的性质决定了其存在着多级委托—代理关系，在委托—代理链上，政府是初始委托人，它为大学提供资产，并做出相应的制度安排，委托一定层级的代理人（高校的党委书记和校长）按设定的目标管理大学。高校内部控制是由高校全体员工共同实施的，为保证单位经济活动合法合规、资产安全和使用有效、提高公共服务的效率和效果的一系列程序和政策。内部控制是为了解决高校经营管理中不同层次管理者之间的委托代理问题，主要是从校长到院长以及下属的各执行部门之间的委托代理问题。因此，高校治理和内部控制虽然两者产生于不同的背景，服务于不同的目的，但两者具有思想的同源性，即委托代理关系。但是，高校治理和内部控制两者委托代理的层次是不同的，高校治理产生于两权分离，是基于所有权和管理权相分离的事实而建立的约束、激励和监督机制，试图解决委托人与代理人之间的委托代理问题，而内部控制则是解决组织内部不同层次管理者的委托代理问题。因此，在存在委托代理关系的前提下，高校治理和内部控制的连接是决定高校管理效率的关键要素。

2. 高校治理与内部控制存在内在关联性

（1）目标上的衔接性。高校的三大职能是人才培养、科学研究和社会服务。高校治理的目的是增强高校活力，提高办学水平，保证高校三大职能的实现。根据《行政事业单位内部控制规范（试行）》，高校等行政事业单位的内部控制目标主要包括：合理保证单位经济活动合法合规、资产安全和使用有效、财务信息真实完整、有效防范舞弊和预防腐败、提高公共服务的效率和效果。由此可见，内部控制目标是高校治理目标的具体化，为实现高校治理的目标，必须实现高校内部控制的目标。

（2）控制主体的交叉性。高校治理的主体是从政府以及相关主管部门到高校党委，再到校长委托代理链上的各个节点，其中校长是核心。而内部控制的主体是从高校校长到各学院院长，再到各执行岗位的委托代理链中的节点，核心也在于校长。因此，校长既是高校治理的主体，也是内部控制的主体。

（3）控制手段的一致性。为实现高校治理和内部控制的目标，高校需要采用控制和激励两种方式对职工进行管理。

（4）控制内容的关联性。在高校治理中，决策权、执行权和监督权都要落实到具体的单位和部门，并通过内部控制制度加以规范和管理。

（二）高校治理与内部控制的主要区别

（1）高校治理与内部控制的实施主体不一致。高校的所有者为国家，每一个人或每一类人都不能对高校行使独立控制权，因此高校是一个典型的利益相关者组织，高校治理的主体包括政府及相关管理部门、高校管理层、教师和学生等。内部控制的主体仅限于高校内部，主要是高校的财务会计部门及相关职能管理部门和高校的教职工等。

（2）高校治理与内部控制的内容不一致。高校治理通过相关制度或机制来协调高校与利益相关者之间的关系，以保证高校决策的科学化，并维护各方面利益。高校治理的内容主要有高校法人财产权制度、决策制度、内部管理制度和制衡、约束与激励机制以及利益相关者共同治理机制等。

(3) 高校治理与内部控制的机制不一致。高校治理的机制主要是约束机制和激励机制，即为实现组织目标，就学校内部的组织机构设置及其各岗位的权力配置、制衡与激励等所做的制度设计，以及对高校与外部利益相关者等关系相协调的机制安排。高校内部控制由预防机制、纠错机制和激励机制三个运行机制共同组成。预防机制是通过优化控制环境，为高校建立良好的风险管理基础，并运用不相容职务相互分离、授权审批等方法建立控制体系。纠错机制对已经发生的带来风险的事件及时制止，并采用相应的补救措施以防类似事件再次发生。此外，高校还必须对内部控制的实施状况进行评价，制定相应的奖励与惩罚措施，即建立激励机制。

总而言之，高校治理与内部控制之间既存在差异，又相互影响、相互促进。高校治理是内部控制有效运行的保证，只有在良好的高校治理环境下，内部控制才能真正发挥作用，高校治理如果失败的话，无论内部控制的设计如何完美，都必将流于形式而无法取得既定效果。另外，良好的内部控制又是完善高校治理的重要手段，有效的内部控制可以规范高校的各项经营活动，既可以保证会计资料的真实和完整，也可以保证资产的安全和完整，还可以确保有关法律、法规和内部规章、制度的贯彻执行，从而促进高校治理的完善。

二、内部控制与风险管理的关系

（1）从内部控制理论的发展历程来看，内部控制的内涵和外延不断拓展，从最早的会计系统角度发展到企业控制的操作层面，再拓展到企业的整体层面，从最初的授权、实物控制和职责分离等控制活动发展到全面风险管理。全面风险管理继承了内部控制的内涵，并将其不断深化。

（2）内部控制和风险管理的控制活动是一致的。风险管理将控制管理提前，侧重于围绕目标设定对风险的识别、评估和应对处理，如果能站在战略层面将内部控制中的"风险评估"要素进行扩展，将内部控制对象扩展为风险，内部控制和风险管理的主要内容一致。

（3）从管理的手段和方法分析，内部控制和风险管理所采用的管理手段和方法有许多是类似的，风险管理涵盖了内部控制的所有内容，适当的内部控制能够降低企业所有风险至可接受的水平。

（4）从内部控制和风险管理演进路径分析，内部控制和风险管理从不同的路径共同到达了全面风险管理的阶段。内部控制和风险管理都受到目标驱动，组织中的每个人都对内部控制和风险管理的工作负责。内部控制和风险管理都是动态过程，两者都与企业经营管理过程相结合。

第二章　高校财务内部控制体系的构建

第一节　高校内部控制建设的体系

近年来，随着我国高等教育事业不断发展，高校的业务规模逐步扩大，高校的内部控制建设质量和水平也不断提高，为高校健康有序发展提供了有力保障。与此同时，"高校在推进内部控制建设过程中，遇到了新问题和新挑战，这就要求高校不断完善内部控制工作，并提高管理水平。"❶

关于内部控制的表述不尽相同，主要有：①内部控制是由主体的董事会、管理层和其他员工实施的，旨在为经营的效率和有效性、财务报告的可靠性、遵循适用的法律法规等目标的实现提供合理保证的过程。②内部控制是实现控制目标的完整过程，具体是由企业的董事会、监事会、经理层和全体员工来实施的。内部控制的目标是合理保证企业经营管理的合法性、合规性以及资产安全完整、财务报告及相关信息的真实可靠，进而提高经营管理的效率和效果，最终促进企业发展战略目标的实现。

综上所述，结合我国高校的特定情况，可以将高校内部控制定义为高校管理层及全体员工要严格遵循国家的法律法规，保障高校业务活动正常有序进行，保证财务会计信息真实可靠、财产资金安全完整，提高资金使用效益、降低财务风险和经营风险。在高校内部管理体系中建立一套自我协调、自我约束的控制系统。

---

❶ 张江涛，程晓芳．高校内部控制建设若干问题思考［J］．行政事业资产与财务，2022（13）：61．

一、高校内部控制建设的意义

随着高校规模不断扩大，高校内部控制逐渐被提上议题，国家也先后出台了相关制度和文件对其进行规范，从近年来我国涉及高等学校内部控制制度、规范的相关文件进行对比，可以看出在《行政事业单位内部控制规范（试行）》出台前，有一些文件虽然已经涉及高校内部控制的某个方面或部分，但是与《行政事业单位内部控制规范（试行）》相比，无论是从目标还是内容上，都缺乏全面性和系统性。《行政事业单位内部控制规范（试行）》的出台就是在这种对建立专门的内部控制制度解决行政事业单位内部控制问题的需求下应运而生。将事业单位目前面临的内部控制问题有效整合，成为单位内部控制制度的纲领性文件。同时，使高校内部控制以正式文件的方式确定，成为规范高校内部控制最具权威性的文件。

（1）有利于有效防范财务风险。高校从过去仅靠国家财政拨款的单一资金来源渠道，逐步形成了多渠道资金来源的格局。与此同时，基础设施支出激增，高校财务在收入和支出业务上复杂程度不断提高，从而导致财务风险越来越大。因此，从总体而言，为了将高校财务风险控制在一个合理的范围内，建立一个科学的高校内部控制体系是必经之路，这不仅能够对防范高校财务风险，维护高校国有资产稳定起到积极作用，同时也对促进高校健康可持续发展，确保高校自身竞争力意义重大。

（2）有利于提高资金使用效率。高校实施内部控制能够提高教育经费的使用效率，缓解高校教育经费紧张的现状。目前，高校的快速扩张和教育经费的不足成为高校亟待解决的问题，很多高校都面临着支出增长过快、教育经费不足、收支无法平衡等严峻形势。实施内部控制制度，能够有效地遏制重复建设，提高资金的使用效率，合理配置学校资金，避免教育经费的浪费和无效投入。

（3）有利于预防高校不良现象的滋生。伴随高校规模不断扩大，教学科研水平不断提升，在日益复杂的高校经济业务中，众多高校频发经济案件。由于内部控制制度的缺失和内部控制意识缺乏，一系列不良行为出现在高校招生就业、基础建设、对外投资、科研教学、后勤保障等各个环节。这充分说明，只有建立健全完备的内部控制体系，实施严格的内部控制制度，才能提前进行风险防范和管控，从而避免造成不可弥补的损失。

（4）有利于提升高校核心竞争力。高校实施内部控制能够提高高校日常管理工作水平，促进高校更好发展，提升核心竞争力。随着高等教育的普及，高等院校在办学规模不断扩大的同时，面临的经济业务也趋于复杂，原有单一的会计控制预算体系等高校制度已经不能适应高校目前的需求。因此，全面、系统的内部控制制度不仅能够满足高校日益复杂的日常管理工作，同时也是提高高校管理质量，促进学术科研发展的必要措施。

二、高校内部控制建设的要求

《行政事业单位内部控制规范（试行）》是处理解决高校内部控制问题的纲领性文件，对可能存在的经济活动的风险进行防范和管控为主要目标，以运用内部控制手段，制定制度、实施措施和执行程序为主要手段，全面系统地对高校内部控制可能存在的问题进行梳理，并加以规范。

（一）规范高校内部控制的目标

《行政事业单位内部控制规范（试行）》阐明其主要目的是提高行政事业单位内部管理水平，规范单位内部控制制度，加强廉政风险防控机制建设，这也是高校内部控制的目标。近些年由于高校内部控制制度的缺失，管理工作无序混乱，甚至影响到日常教学活动。与此同时，随着高等学校的规模不断扩大，高校资金来源不再依靠原有的政策性拨款，资金流入方式呈现出多资源、多渠道的特点，增加了经济活动的风险，由于内部控制制度的不健全，不能及时对风险进行评估。因此，《行政事业单位内部控制规范（试行）》明确了高校内部控制的目标，为高校规范内部控制制度，提高日常管理工作水平，加强风险管控指明了方向。

（二）规范高校内部控制的方法

《行政事业单位内部控制规范（试行）》中指出，内部控制的控制方法包括不相容岗位相互分离控制、内部授权审批控制、归口管理、预算控制、财产保护控制、会计控制、单据控制和信息内部公开，这也是高校实施内部控制规范的基本方法，通过这些方面的规范，高校可以基本建立起较为系统的内部控制体系，提高日常管理工作的办事效率，有效防范和管理控制可能存在的财务风险和工作舞弊，为建设稳定、有序的校园提供坚实基础。

（三）规范高校内部控制的要素

（1）控制环境是实施内部控制的基础，没有一个良好的组织环境，内部控制的实施就缺乏成熟的土壤。

（2）风险评估是内控的目标，内部控制的最终目的就是对可能存在的风险进行防范和管控，把风险约束在可控范围内。高校的风险更多的在于财务风险和舞弊问题。

（3）控制活动也是实施内部控制的方法，是高校实施内部控制的措施、手段和程序，通过一系列的控制活动，内部控制贯穿于高校整个日常管理工作，全面系统地对各方面风险进行管控。

（4）信息交流和沟通是内部控制能够有效实施的保证，信息之间的流动可以及时、准确地传递管理信息、教学信息和财务信息，使单位内部信息公开透明。同时，信息的沟通让单位与外部环境的联系更加顺畅，能够更及时地获得外部信息。

（5）监督是内部控制实施的规范，没有监督内部控制的实施就缺乏管理，没有力度。要想不断完善高校内部控制制度，监督是必要手段，只有在监督下，不断发现问题、解决问题，内部控制实施才能得到更好保证。

第二节 高校内部控制建设的独特性分析

一、高校内部控制需要偏重社会效益

我国高校主要是以政府建设、国家拨款的形式设立。高等院校属于公益性单位，主要职责为传道授业、人才培养、科学研究、服务社会等。因此，高等院校内部控制制度更偏重提升教学质量，提供科研成果和服务，同时增强高校的竞争优势和核心竞争力。我们在制定和执行高等院校内部控制制度时，要意

识到高校的使命和职责,根据高校自身行政管理和学术研究相结合的特点建立完善高校内部控制制度。高校对财物管理和利润收益的重视程度远低于企业。高校更加注重社会效益。对于企业而言,企业的内部控制程度的高低,对企业盈利情况和经营状况会有直接影响,所以企业的董事会及管理层对企业的内部控制关心程度较高;而对于高校而言,高校内部控制主体是校长及党委负责人,高校的内部控制主体更关心高校的教育水平和科研成果,以提升高校的声誉和社会影响力,对内部控制并没有太大关注。所以,企业注重追求经济效益,而高校更注重于社会效益。

二、高校内部控制体系的复杂程度较高

高等院校规模不断扩大,办学自主化增强,资金来源渠道呈现多元化趋势。近年来,在国家各项惠及高校的政策下,高等院校自主权不断增加,资金来源和使用呈现多元化和复杂化。高校不再像过去单纯依靠国家财政拨款,以地方政府建设和学生学费收入为主,而是通过银行贷款、校办企业、社会捐赠、科研收入、校舍租赁、培训教育和联合办学等各种方式筹集资金。同时,高校也面临着复杂的经济业务活动,资金业务可能涉及教学科研、基础建设、对外投资采购等各个方面,每一项业务都应有详细的内部控制流程。因此,资金筹集方式的多元化和经济业务的复杂化必然导致高等院校内部控制的复杂和困难。高校的支出已经不仅仅是为教育教学提供维持性支出,更是为支持学校多元化发展提供可靠的保障。

三、高校内部控制要兼顾行政与学术并行特点

高等院校普遍采取党委统一领导,校长负责管理的方式。学校党委负责学校的办学方向、指导思想和发展规划,校长负责学校日常管理工作。而高校区别于一般的行政事业单位之处在于高校对学术和科研的发展才是增强高校核心竞争力的重中之重,学术管理与行政管理同等重要,甚至高校的行政管理在根本上是服务于高校学术研究和教学管理的。因此,高等院校的内部控制制度需要在制度上平衡学术管理与行政管理,将学术管理与行政管理相分离,双线并行管理,并从制度上设计适应学术管理的控制体系。

第三节　高校投融资内部控制体系的构建

"完善内部控制体系并提升内部控制执行效果是推进高校治理体系和治理能力现代化的重要抓手。"❶下面围绕高校投融资内部控制体系构建进行分析。

一、高校投融资内部控制的基本原则

投融资内部控制的原则，是指"在实施投融资内部控制管理时必须遵循的基本规定和所要达到的基本要求"❷，这些是投融资内部控制经过长期实践经验总结出来的规律，是投融资内部控制的精髓。投融资内部控制管理如果不按照这些原则行事，就会遇到很大困难，甚至可能导致管理上的完全失控或失败。因此，投融资内部控制设计必须遵守以下原则。

（一）合法性、有效性原则

投融资内部控制制度的建立，一定要符合国家法律、法规和各项规章制度，以及有关会计规范及实施办法的要求。而且，它必须符合高校的实际情况，对高校投融资控制活动具有明确的指导意义，内部控制内容具体、细致，容易落到实处，控制手段简单、易掌握，成为高校管理层及普通教职员工开展投融资业务的制度和校内机构严格遵守的行动指南。

（二）广泛约束性、全面性和系统性原则

投融资内部控制包括高校内部涉及投融资控制活动的所有相关岗位，并将投融资控制活动实施过程中的关键控制点一一落实，将控制活动涉及的决策、执行、监督、评价、反馈等各个环节都纳入投融资内部控制体系，不能留有任何盲点。

---

❶ 陈燕玲. 新建本科高校内部控制建设存在的问题及对策 [J]. 高校后勤研究，2021（10）：58.
❷ 洪涛，戴永秀，王希. 高校财务内部控制建设与风险防控体系研究 [M]. 北京：中国财富出版社，2019：37.

投融资内部控制还要对高校内部涉及投融资控制活动的所有人员产生约束作用，高校的决策层、管理层、执行层，都应该无条件地严格遵守执行，不能存在任何例外，只有这样，投融资内部控制才能真正发挥作用。

（三）审慎性、及时性、不断完善原则

投融资内部控制的核心是有效防范投融资控制活动所面临的各种风险，保障学校事业的发展，防止国有资产的流失，降低学校投融资风险，以审慎的原则查找高校投融资控制活动的关键控制点，并建立相应的控制制度和程序。同时，随着外部环境的变化、学校业务职能的调整和管理要求的提高，对于高校发展中的"新生事物"，应采取"先立后破"的方式和有效的控制措施，并不断修订和完善。

（四）不相容职务分离和遵循成本效益原则

1. 不相容职务分离原则

对投融资内部控制所涉及的机构、岗位，要合理设置，对涉及人员的职责权限，要合理划分，坚持在同一个控制活动中业务的申请、审批、执行、记录、资产的保管、监督评价这些不相容职务相互分离，确保不同机构和岗位之间权责分明、相互制约、相互监督，在存在管理人员职责交叉的情况下，要为负责检查、评价的人员提供可以直接向最高管理层报告的渠道，最终使单独的一个人或一个岗位对任何一项或多项业务活动都无完全的自主处理权。

2. 遵循成本效益原则

完善的投融资内部控制制度可以帮助高校避免过度投资风险，防范贷款风险，降低资产购置和工程项目建设中资金浪费的风险，可以有效防止投融资控制活动中的管理漏洞。

完善的投融资内部控制体系为学校带来的收益，既有有形的、可量化的、近期的，也有潜在的、定性的和远期的，而高校为建立健全投融资内部控制制度所付出的成本却全部都是有形的、近期的和可量化的，因此对投资决策、执行与筹资环节进行内部控制设计时，既要针对投融资控制活动的关键控制点进行，也要考虑成本原则，力求以最小的、合理的控制成本，通过合理而科学的

体系设计达到最佳的投融资内部控制效果。

二、高校投融资内部控制的关系处理

一项好的投融资内部控制，应该达到以下标准：全面、具体可操作、程序规范、重视过程控制、有良好的效果。从目前我国高校投融资内部控制的实践操作来看，实施有效的投融资内部控制，必须研究和解决以下四个方面的问题。

（一）授权度"大"与"小"的关系

投融资内部控制制度授权度"大"与"小"的界定，是实际操作中的一个难点。高校投融资内部控制是一个系统工程，要保证这个系统能正常运行，必然要进行合理授权。但是在投融资控制活动中，如果授权度不够，必然会造成工作效率低下，汇报决策链过长，花费时间过多，从而错失投融资机会；如果授权过大，也必然使相关人员凌驾于投融资内部控制制度之上，而让投融资内部控制制度形同虚设，形成无法控制的局面。除了对投融资内部控制的权力机构有授权大小的问题外，对投融资内部控制制度执行，人员的授权也有"度"的学问，对不同的控制环节要有不同授权，才能使相关制度有效运行。无论哪个环节，在具体授权时，都应既能保证决策科学合理，又能保证执行及时、准确落实。

（二）被控对象受控度"多"与"少"的关系

投融资内部控制的被控对象就是指投融资控制活动中所涉及的人、财、物，以及在控制活动过程中所形成的一系列组合关系和组合形式。有效的投融资内部控制制度，是要对高校投融资控制活动实施全方位控制。社会实践告诉我们，控制与反控制的矛盾广泛存在，因此提高被控对象的受控度，就自然成为投融资内控制度实施的一个难点。

一般而言，投融资内部控制中最难约束的对象是高校的权力部门，尤其是在政府对高校的控制还比较宽松时，提高权力机构的受控度便成为投融资内控制度是否有效的关键。

（三）控制程度"深"与"浅"的关系

如果被控对象的受控度的"多"与"少"是关于投融资内部控制的面的问题的话，那控制程度的"深"与"浅"要解决的就是投融资内部控制的点的问题。只有针对投融资内部控制的各个环节找出关键控制点并形成相应的制度和处理程序，才能让管理者和执行者在控制活动中知道该干什么和怎样干。这里的重点，是对高校投融资内部控制不同的控制环节、控制活动制定出"怎样干"的标准，这个标准的制定，无疑也是一个难点。

（四）控制人员的工作熟练程度

任何科学而完美的投融资内控制度，都需要人来执行和操作，当控制人员对内部控制体系还不够熟练时，就容易发生判断失误、对指令产生误解的情况，严重时有可能使整个投融资内部控制系统陷入瘫痪。因此，一个设计良好的投融资内部控制体系，一定要对控制人员进行培训，以增加控制人员对内部控制的了解和信任，从而内化为自觉地遵守投融资内部控制。

三、高校投融资内部控制体系设计

（一）高校投融资内部控制的主要目标

目标就是想要达到的一种境界或目的，它伴随着计划和行动产生。我国发布的《企业内部控制基本规范》是这样描述内部控制目标的：内部控制目标为企业经营的合规性、资产的安全性、财务报告的可靠性、经营的效率性提供合理保证。然而，这些目标是对企业确定的，高校相对于企业而言有它的特性。

因此，在设定高校投融资内部控制的目标时，要进行必要的修正。目标的设定要符合高校投融资内部控制的要求。投融资内部控制的目标，是指投融资内部控制要达到的预期效果和基本任务。投融资内部控制的目标是投融资内部控制存在的基础，也是建立投融资内部控制体系以及进行投融资内部控制构建、评价和考核的指导原则与参照。只有目标明确了，相应的内容才能确定。

高校的投融资内部控制目标可设为总体目标和具体目标两个目标体系。总体目标是保障高校生存和持续发展，它应是长远目标，也是战略目标。具体目标可分为三类：遵从性目标、操作性目标、信息性目标。投融资内部控制的三种类型的具体目标之间并非各自独立的，而是密切联系、相互影响，共同确保总体目标的实现。

（二）高校投融资内部控制模型构建

根据 COSO 内部控制框架，高校投融资内部控制可分为五个要素：环境控制、风险评估、活动控制、信息与沟通、监控。

1. 环境控制要素

投融资内部控制环境由众多要素组成，包括高校文化、组织结构、管理体制、员工的能力和发展、管理者经营风格和权力与责任的分配等。要建立好的投融资内部控制环境，需要注意以下方面的问题：

（1）建立完善的治理结构，根据权力机构、决策机构、执行机构、监督机构相互独立、权责明确、相互制衡的原则，实现对高校投融资的治理。

（2）根据高校的发展现状，对现有机构设置与权责分配进行相应调整。如现阶段，高校处于高速发展期，它的基本建设投资规模处于历史高点，也由此带来高校有史以来的风险高发期，此时，按日常的机构设置已无法满足现时的需要，这时就需要根据实际情况对投资和融资设立专门机构——投融资决策委员会，对其进行控制。现在高校实行的管理体制为党委领导下的校长负责制，在学校组织结构中，集体决策权力机构处于核心地位，因此必须加强集体决策机构的建设，明确集体决策机构内部分工，在集体决策权力机构下设立投融资决策委员会、审计委员会等控制机构，既可确保"不丧失控制的授权"，又能保证学校政策的落实和目标的实现。

（3）高校的人事管理，主要是将员工的职业道德修养和专业胜任能力作为选拔和聘用员工的重要标准。员工素质是投融资内部控制得以有效实施的关键。在人事管理中，还要注意建立关键岗位员工的定期轮换制度。

（4）加强高校文化建设，应用文化的力量树立一种行为准则、价值观念和道德规范，培养员工的归属感、积极性、创造性，引导员工为高校发展而努力。

2. 风险评估要素

风险是指完成目标的不确定性。风险评估是学校及时识别，系统分析日常活动中与实现内部控制目标相关的风险，并合理确定风险应对策略。要进行投融资风险识别，先要建立投融资风险评估的指标体系，下面分别针对投资活动和筹资活动的风险进行指标体系设计。

（1）高校过度投资评价指标体系的构建。过度投资的定义是，经理将现金投资于未来净现值小于零的项目，进而产生企业规模不断扩大而股东的收益却并没有随之增加的问题，过度投资满足了经理的私利。高校的投资活动最主要的风险就是投资过度,因为投资过度必然会带来投资效益低下的结果。

此处借鉴企业过度投资的相关研究成果来构建高校的过度投资评价指标体系,但是企业是以盈利为目的的,而高校作为非营利组织,产生的效益主要是社会效益,而非经营效益,这就决定了合理、准确地量化高校的投资效益是一个难点,这也是很多研究者从不同角度提出和构建高校投资效益评价指标体系和方法,但是始终没有形成一个比较统一、切实可行的高校投资效益的评价标准的原因。正是因为缺少这样的标准,对高校投资是否为过度投资的情况无法衡量,也就无法采取相应的手段制止高校的过度投资,这在一定程度上也加剧了高校过度投资的蔓延,同时造成投资效益低下、资金利用率不高的结果。随着高校的快速发展,经费不足已成为高校发展的瓶颈,若投资效益低下、资金利用率不高的情况长期存在,高校必然会陷入财务风险。依据上述对高校投资效益评价指标体系和方法的研究成果,下面从简便、易计算、容易掌握的角度出发,拟采用现金流量指标来衡量高校的过度投资。

根据詹森的自由现金流理论,自由现金流是过度投资的主要资金来源,而且大量关于企业过度投资的研究文献表明,投资与自由现金流量之间存在显著的正向关系,投资高度依赖于内部资金。因此,自由现金流和企业投资规模的关系,可作为是否过度投资的判断依据。

$$现金流量指标 = 投资规模 / 自由现金流量 \qquad (2-1)$$

当现金流量指标小于1时,说明没有过度投资;当现金流量指标大于1时,说明存在过度投资。

因为高校为非营利组织,其产出除了经济效益外还有社会效益,社会效益是无法量化的,所以高校投资带来的未来净现值也就无法量化。任何事物的发展都会经历从产生到灭亡的过程,而高校的过度投资现象也存在产生、加剧、缓解和彻底解决四个阶段。目前高校的过度投资正处于从加剧到缓解的阶段,短期内应该以高校能够承受的资金压力衡量高校的投资规模,使高校不致因资金链断裂而造成各种无法预料的后果;从长远来看,随着我国政府加大对高校的投入,高校自主创收能力提升,高校过度投资问题将会得到缓解。因此,目前对过度投资进行分析,可将高校财务可承受多大资金压力作为衡量标准。

根据高校的核算特点，将自由现金流量修正为非限定性净收入，在高校的资金来源中，只有非限定性净收入才是高校可以自由支配的资金，才符合自由现金流量的定义，非限定性净收入就等于非限定性收入（无指定用途的高校收入）扣除高校正常运转和发展所需的必要的刚性支出以后的余额，即：

$$非限定性净收入 = 非限定性收入 - 必要的刚性支出 \qquad (2-2)$$

其中，非限定性收入＝学费收入＋附属单位缴款＋其他经费拨款＋上级补助收入＋其他收入；必要的刚性支出＝科研支出＋已贷款利息支出＋对附属单位补助支出＋其他支出。必要的刚性支出未包括教职工工资和日常办公费、设备购置费等，是因为这些支出部分一般是有指定用途的财政拨款。

因此，高校的现金流量指标公式如下：

$$高校的现金流量指标 = 投资规模 / 非限定性净收入 \qquad (2-3)$$

高校的非限定性净收入来源主要为筹融资和事业结余，而我国高校筹资手段单一，基本上都是利用银行贷款来进行投资建设，故在这里将指标进一步修正为：

$$高校的现金流量指标 = 投资规模 / 可筹资额 + 事业结余 \qquad (2-4)$$

（2）高校贷款风险评价指标体系的构建。由于高校属于事业单位，实行的是"收付实现制"，因此目前高校所反映的财务信息与实际情况多有出入，如高校的固定资产不计折旧，所形成的资产账面价值与实际价值严重不符；大型基建项目的付款时间滞后，有时应付而未付工程款会达到工程总造价的50%以上，但由于采用的是"收付实现制"核算方式，对这部分欠款无法在高校财务信息进行真实反映，使财务信息严重失真。因此，尽管有关高校贷款风险评价模型的研究已经很多，甚至有教育部和财政部提出的高等学校银行贷款额度控制与风险评价模型和它的若干改善版本，还有银行业从自身角度提出的高校贷款风险评价体系表，以及很多其他研究者根据自己的工作经验与研究设计的一系列贷款风险评价模型，但是，高校财务信息核算存在的问题，使得这些评价模型并未得到推广运用，而且有的评价模型运算复杂，不易掌握，含有较多不确定因素，因此在实际工作中也无法得到有效运用。

3. 活动控制要素

为维护学校的整体利益，必须强化对投融资活动的过程控制，实现经营效益和社会效益"双丰收"。

投融资控制活动主要有投融资授权批准、投融资业务经办、财产保管、会计记录、投融资审核监督。在投融资控制活动中，主要采用了不相容职务分离控制的方式，而投融资授权审批控制分为常规授权和特别授权。授权一般采用书面形式，有制度、通知、委托书、授权书等。在投融资控制活动中，财务会计控制是所有控制活动的核心。

4. 信息与沟通要素

一个良好的信息沟通体系能够规范控制活动中的行为，保证投融资内部控制所需数据的完整、准确、可靠，并有助于提高投融资内部控制管理的效率和效果。

根据信息经济学，信息在单位内部的各个层级是不对称分布的。在单位内部，信息层层递减，最高管理层的指令难以准确地传递到下一级，下一级的经营活动也难以真实地反馈到最高管理层，从而影响信息传递的效率，同时影响到信息的时效性，造成信息孤岛，影响高校投融资内部控制目标的实现。因此，信息与沟通就显得尤为重要。

通过前述的内控环境改善和风险评估手段，可以降低投融资风险，但是仍需加强投资与融资的实施部门对投融资事项的相互、及时的沟通。一般而言，投融资信息沟通体系的建立，有助于提高日常投融资工作的透明度，减少机会主义行为，从而规范投融资控制活动，使各相关部门之间形成相互制约和相互监控的关系。

要实现信息化管理，还应该建立信息化平台，对重要信息进行控制并备份，如融资实施部门应该建立融资的统计数据库，时时关注利率变动、政府贷款政策调整，分析贷款利率和变动趋势等。

对高校投融资内部控制而言，最重要的信息沟通方式仍然是财务报告。当然，投融资信息沟通体系的重要形式还有内部报告，内部报告是指高校内部层级之间传递投融资内部管理信息的过程。内部报告的主要内容有工程项目进度分析报告、工程质量和造价报告、资产采购执行情况报告、投资效益和融资成本分析报告、资金利用率报告等，应当充分利用信息技术，采集、汇总、生成内部报告，并构建科学的、高效率的内部报告体系，并规定报告频率、详略程度等。

5. 监控要素

监控是在投融资内部控制运行过程中，适时对控制活动执行质量、控制最终结果进行监督、评估，并在此基础上进行适当修正。投融资内部控制是过程控制，是通过纳入大量制度和程序来实现的。因此，要确保投融资内部控制系统被切实执行且执行得良好，必须要受到监控，并在必要时予以修正。监控可通过日常的、持续的监督活动来完成，也可以通过进行个别的、单独的评估来实现，或两者结合。监控主要是由内部审计机构来执行的。

通过对绩效评价体系的研究可见，建立高校评价系统是十分必要的，评价是高校投融资内部控制持续改进过程中重要的信息反馈渠道。因此，按照监督、评价的实施步骤，结合高校特点，科学地设计评价系统，通过对学校投融资经营活动实施过程的监控达到总体目标的要求，并结合实际结果的评价来完成事后监督，能为投融资内部控制目标的修正提供依据和保证。

在高校投融资内部控制模型中，上述五要素是互相影响、相互作用的，环境控制是实现整个控制体系的基础；风险评估是保证内部控制目标得以实现的保证；活动控制在执行中与经营活动融为一体，是内部控制的重要手段；信息与沟通是内部控制得以顺利进行的重要条件；监控是内部控制的重要环节。

（三）高校投融资内部控制的注意事项

要进行高校投融资内部控制体系设计，一方面，应该对高校现有的投融资内部控制制度和程序进行梳理，经过一系列的步骤梳理后形成高校投融资内部控制体系，但是在形成上述体系之后仍需严格按周期循环进行，以便于查错纠弊，保证高校投融资体系的持续有效。另一方面，在此基础上，参考《企业内部控制配套指引》，确定由环境控制、风险评估、活动控制、信息与沟通、监控组成的制度和程序管理系统，梳理、对比和分析高校现行投融资管理制度和程序的完备性，并给各主导部门提出评估意见和修订方向。根据诊断分析，整理和确定出投融资的程序框架和制度框架，并确保由此构成的投融资内部控制体系基本覆盖高校的主要投融资业务流程。

四、高校投融资内部控制的评价指标

高校投融资内部控制评价指标体系的作用，在于评价高校投融资内部控制状况。下面根据内部控制的相关理论，以综合实践为基础，结合高校的特点以及前述的高校投融资内部控制的理论框架，采用定性与定量相结合的方法，设计出高校投融资内部控制评价指标体系。

（1）指标体系设计及权重确定。高校投融资内部控制指标体系分为三层，在充分考虑投融资环境控制及风险评估等因素的基础上，确定以环境控制、财务会计管理系统和制度建立作为评价项目，最终选取3个一级指标、11个二级指标、27个三级指标，组成高校内部控制评价指标体系。采用层次分析法（AHP法）对指标体系进行赋权，得出高校投融资内部控制评价指标体系。

（2）层次分析法。对高校投融资内部控制评价指标体系的赋权，采用层次分析法（AHP法），它是一种定性分析和定量分析相结合的、系统化的、层次化的分析方法。其解决问题的基本步骤为：①分析系统中各因素之间的关系，建立系统的层次结构，一般层次结构分为三层，第一层为目标层，第二层为准则层，第三层为方案层。②构造两两比较矩阵（判断矩阵），将同一层次的各因素与上一层中某一级中某一准则（目标）进行两两比较，构造出两两比较的判断矩阵。③由比较矩阵计算被比较因素对每一准则的相对权重，并进行判断矩阵的一致性检验。④计算方案层对目标层的组合权重并进行组合一致性检验和排序。

第三章 高校财务内部控制的运行环境

第一节 高校发展规划与内部治理结构

一、高校发展规划

高校发展规划对推动高校人才培养、科学研究、社会服务和文化传承创新等职能的拓展具有重要的作用与价值，是一项系统性、科学性、先导性、综合性的工作，是对学校的办学理念、办学宗旨和未来发展方向、目标任务、精神价值具体化的技术思路和安排，以及对各种能影响学校发展的资源进行合理分配与优化调整的设想，制定发展规划是高校进行科学管理和决策的必要手段。科学有效、目标合理、符合校情的发展规划，对高校未来的改革发展有极其重要的推动作用，能引导高校围绕重点任务和目标牢牢把握发展机遇，采取有效手段和方法抢占发展主动权，推动学校各项事业又快又好的科学发展。

高校发展规划立足历史和现实并放眼未来，反映出大学的管理理念，也是高校的战略管理目标。高校发展规划实质是一个学校发展进程中的动态变化过程，也是一个决策过程。

高校是一个以"人"为中心的活动场所，其管理活动是一种事实与价值相统一的过程。大学管理理念应以人为本，既是大学管理的本质体现和高等教育发展的必然，也是人类社会管理发展的一般规律。大学发展规划的制定、实施和评价是通过育"人"的活动来完成的，需要在一定的教育情境下激发所有参与者的教育智慧、教育经验。因此，作为高校管理体系中至关重要的一环，财务管理工作必然和大学发展规划紧密相关。

另外，高校发展规划的着力点体现在学科建设、科研规划等方面，支撑这些活动的是资源的投放和配置。以财政资金为主的各类资金进入高校，继而流向各个教学、科研领域，在这个过程中，财务部门涉及记录、核算、监督、评价等具体环节，进而向决策层提供数据信息，为发展规划的高效执行、动态调整，起到基本的支撑作用。

不同层次、规模、类型的高校，自身定位、实现路径、落实的办法，必然各有特点，从起点上决定了高校在资源获取、配置、管理以及核算、监督等环节，大同之下存在小异。例如，进入"双一流"建设序列的高校，资金预算过百亿属于常态，地方院校资金预算规模远不能相比，但这并不是说其财务管理和相应的内部控制有本质区别，只是随办学规模、层次不同具体工作有差异而已。正是由于存在差异，各高校的发展规划对自身财务内部控制环境才提出了不同的要求和任务。

目前，国内高校普遍独立设置了发展规划部门，例如，发展规划处或者办公室，具体负责学科建设等战略性任务。从具体职能来观察，发展规划部门实际上承担了资源配置的操盘手任务。在规划学科建设、科研战略的同时，也就同步提出了相应的资源配置需求，而财务管理部门随后承担了具体的资金管理工作，包括分配、核算、监督、风险控制和绩效管理等具体工作。

二、高校内部治理结构

"参与内部治理、发挥治理效应是高校内部审计谋求自身发展的逻辑必然，也是高校应对外部监管、推进内部治理体系和治理能力现代化的逻辑必然。"❶

《中华人民共和国民法典》将法人分为营利法人、非营利法人和特别法人。按照《中华人民共和国高等教育法》的规定，高校自批准设立之日起取得法人资格，高校是以社会公益作为自己的最终目的。法人是一个有机的组织体，需要具有完备的组织结构体系，并保障整个体系正常运转。如果法人缺少了其作

---

❶ 夏午宁,张键琦.高校内部审计参与内部治理研究——基于《"十四五"国家审计工作发展规划》的启示[J].会计之友,2022（19）：24.

为核心的治理结构，势必严重影响法人功能的正常实现。高校作为团体组织，决策权力不应完全集中在一个人身上，因而法人治理结构的确立尤为重要。从世界范围来看，一般都将董事会或理事会作为组织的法人机关。《中华人民共和国公司法》规定，公司的法人代表由董事长、执行董事或者经理担任。《中华人民共和国高等教育法》规定，高校的法人代表由校长担任。高校法人治理结构可以分为内部治理结构和外部治理结构两个部分，其中内部治理结构是法人治理结构的核心。

高校内部治理的关键是权力机构之间的"制衡"，即高校的决策领导机构、执行机构和监督机构应相互制约，从而达到平衡运行。其中，决策领导机构的职责是统筹学校活动，通过发挥协调和调控作用处理好横向和纵向机构之间的各种关系，以保证高校各项活动正常开展；执行机构则需要制定方案和管理制度，保证各项政策、措施能够顺利进行；监督机构是高校顺利运行的保障，一方面保证各项工作高效完成，另一方面通过监督所回馈的信息及时调整方案，降低或减少决策、命令等执行过程中的失误，三者之间通过权力的有效制衡来保证学校和校系各项工作正常、有效地进行。

高校的决策领导机构保障是高校人才培养、高校正常运行的重要机构，决策是否科学、合理决定着高校未来发展前景及核心竞争力。高校是权力多元化的社会组织，决策的过程实质体现为不同利益团体之间的力量博弈过程。对中国高校而言，科学的决策体制是高校决策质量和决策效率的前提，如果体制不合理，就会导致决策系统紊乱，各方面工作失去平衡，高校的法人治理机构是否合理、健全、科学是高校健康发展的前提和保障。

（一）高校内部的授权体系与决策议事机制

制衡机制的设置是建立单位内部控制体系的核心内容。在进行权力分配时确保将单位决策权、执行权和监督权进行"三权分离"，是实现科学决策、有序执行和有效监督的基本保障。高校明确单位授权体系设置的相关要求，确保单位建立有效的制衡机制，保证单位建立良好的针对重大决策、重大事项、重要人事任免以及大额资金支付业务等事项的议事决策机制、高效的执行机制和有效的监督机制。

1. 高校内部的授权体系

单位在设置授权体系及制衡机制时，确保将单位决策权、执行权和监督权进行"三权分离"。决策机构能够客观评估经济活动的风险，根据资源配置最优化要求作出科学决策，从起点上控制和约束执行机构；执行机构能够根据已有的决策，进一步细化执行过程中的职责和权限，协调有序地执行决策，并通过反馈使决策机构实现决策的优化调整；监督机构以独立于决策和执行的身份，对决策机构是否作出科学合理的资源配置决策、决策执行机构是否严格执行已有决策进行监督，以及时发现单位内部控制中存在的问题，促进单位完善内部控制体系。

高校在办理经济活动的业务和事项之前，必须经过适当的授权审批，特别是重大事项，如大型采购、基本建设及与之相关的大额资金支付业务等，还必须经过集体决策和会签制度，任何个人不得单独进行决策或者擅自改变集体决策的意见。

高校通过对决策过程、执行过程的合规定性及执行的效果进行检查评价，确保经济活动的各项业务和事项都经过了适当的授权审批，确保经办人员按照授权的要求和审批的结果办理业务。

2. 高校内部的决策机制

高校党委是学校的领导核心，行使对高校工作的统一领导权，高校党委按照《高校党委常委会议事规则》规定的议事范围、决策程序、会议要求等研究决策相关事项。校长办公会是高校的行政议事决策机构，校长按照《校长办公会议事规则》规定的议事范围、决策程序、会议要求等组织召开会议并研究决策相关事项。纪律检查委员会是高校的党内监督机构，在高校党委和上级纪律检查委员会的领导下，围绕高校中心开展工作。高校议事决策机构由党委常委会、校长办公会、教职工代表大会、纪律检查委员会等构成，对重大经济活动决策实行集体决策制度。

3. 高校内部的议事机制

高校应建立健全集体研究、专家论证和技术咨询相结合的决策辅助机制，集体讨论决策重大事项。单位重大事项一般包括大额资金使用、大宗资产采购、基本建设项目、重大外包业务、重要资产处置、信息化建设以及预算编制调整等。重大事项均应由领导班子集体研究决定。讨论过程中可以征求相关职能处室负责人、经办人的意见。

在党委常委会、校长办公会会议决议前，相关经济活动事项应实现内部信息公开，相关工作方案（或决策建议）应在规定的范围内事先讨论、充分酝酿，让单位的党政领导都能够充分行使职权，发表意见；如有不同意见，应将不同意见做成会议纪要，同时应按照少数服从多数的原则进行决策。

高校内部议事决策事项、决策内容、决策主体和决策程序的具体内容见表3-1。

（二）高校内部的机构责任分工

单位的权责结构是形成单位纵向层级和横向处室体系的基础，是组织分工、组织法规和组织纪律的实际体现。单位通过明确内部各处室、人员的权利和所承担的责任，将权利与责任落实到各个责任主体，为内部控制的有效实施创造良好条件，旨在规范单位权责结构的设置，保证单位内的职责分工科学、合理，单位内部职能机构及岗位各司其职，且满足"不相容岗位相互分离"的控制要求。

1. 高校内设机构的职责

单位各职能处室为各类经济业务活动实施内部控制的工作主体，要配合内部控制归口管理部门对行政单位相关的经济活动进行流程梳理和风险评估，提出具体的内部控制措施和手段；认真执行内部控制管理制度，落实相关工作要求。对于未设立相应职能部门的行政单位，也应根据内部控制的需要设立相应的岗位。高校重点职能部门的分工和责任如下：

（1）高校财务处职责。高校财务处负责承担内部控制的归口管理工作，负责组织协调内部控制日常工作；研究提出行政单位内部控制体系建设方案；组织单位内部跨部门的重大决策、重大风险、重大事件和重要业务流程的内部控制工作；组织协调单位内部跨部门的重大风险评估工作；研究提出风险管理策略和跨部门的重点风险管理解决方案，并组织实施；组织协调相关部门或岗位落实内部控制的整改计划和措施。

表 3-1　高校内部议事决策机制

决策事项	决策内容	决策主体	决策程序
学校中、长期发展规划	研究制定学校中、长期发展规划草案	党委常委会	根据上级主管单位要求提出→相关部门调研论证，拟订规划草稿→组织专家论证→领导小组审议→提交教职工代表大会讨论草案→提交常委会审定草案→上报市教委等主管部门审批→组织发布→组织协调贯彻落实→组织执行反馈评估
机构编制调整	研究审定新增或调整结构、编制的方案	党委常委会、校长办公会	校领导提出→人事处调研论证，拟订方案→征求相关部门意见→分管校领导审议→提交校长办公会、党委常委会→会议讨论审定方案→需要上级主管部门批准的，履行报批手续→相关单位组织落实→人事处负责执行反馈和评估
中层干部任免	讨论决定各部门中层干部任免	党委常委会	组织部提出任免方案→分管领导审议→提交校党委常委会→会议讨论决定→按照规定报上级主管部门备案→组织部组织办理任免事项
重大项目安排	讨论决定基础设施和基本建设项目投资、重大科研项目、重大外包服务等重大项目安排	党委常委会	项目负责单位调研论证，拟定项目安排方案→征求相关部门意见→组织协调外部专家咨询、论证→磋商→修订完善方案→分管校领导审议→提交党委常委会→会议讨论决定→财务处会同相关单位组织实施→财务处会同相关单位进行执行反馈
大额度资金的使用	讨论决定大额度资金使用的制度、计划、管理和监督	党委常委会、校长办公会	财务处提交大额度资金使用的相关事项→征求相关单位意见→分管校领导审议→提交校长办公会→根据审批权限，提交党委常委会→会议讨论决定→财务处组织具体落实并负责执行反馈
年度预决算	讨论审定年度预算、决算报告，预算、决算的调整	党委常委会	财务处根据市财政局及主管教育部门要求部署→各单位编制预算→财务处汇总拟订预、决算报告方案→分管校领导审议修订完善方案→提交党委常委会→会议讨论审定→上报教育主管部门及市财政局批准→财务处组织执行并负责执行反馈
内部审计	确定重大事项审计、领导干部经济责任审计、预决算审计方案，提交审计报告	党委常委会、校长办公会	校领导提出重大事项审计意见、组织部研究提出领导干部离任、任期经济责任审计名单→审计办公室拟订审计工作方案→分管校领导审核→提交校长办公会→根据审批权限，提交党委常委会→会议讨论批准→审计办公室组织实施审计办公室拟定报告→分管校领导审核→提交校长办公会→根据审批权限提交党委常委会→会议讨论审定→相关单位组织整改→审计办公室负责执行反馈和评估

财务处还负责组织本单位的财务会计制度的制定；负责组织本单位的预算编制，指导和监督各部门的预算执行；负责组织本单位的决算工作和财务报告的编制；负责财务报销和会计核算等。没有财务处的行政单位，则由办公室行使相应职能。

（2）高校国有资产管理处职责。高校国有资产管理处负责对高校的资产进行全面管理；根据国家规定制定本单位资产管理制度；制定本单位的资产配置标准；负责非现金资产的日常管理；负责组织本单位资产的政府采购、维修和维护、资产的处置；负责与财务部门一起开展资产盘点和清查等。

（3）高校审计处职责。高校审计处负责组织对本单位的经济活动进行内部审计工作，开展绩效评价等；督促各部门和相关人员，对内部审计和绩效评价过程中发现的问题进行整改。

（4）高校法律事务办公室职责。高校法律事务办公室负责对本单位的各项制度的起草、制定、审核和发布，并督促各部门高校内部治理结构遵照执行；负责对本单位的各项合同进行审核，评估经济活动面临的法律风险；协调和解决本单位面临的法律纠纷；其他与政策和法律相关的事项。

（5）纪检监察办公室职责。纪检监察办公室负责研究制定内部监督管理制度；组织实施对内部控制的建立和执行情况是否能有效进行监督检查，并提出改进意见或建议。

信息管理处将行政单位内部控制业务纳入信息系统管理，做好系统开发、部署实施；建立覆盖部门、岗位职级的信息安全保障机制；加强日常维护和管理，确保信息系统安全、有效地运行。

2. 高校内部控制的不相容岗位设置

单位在各岗位职责定位和分工过程中，要充分体现不相容岗位相互分离的控制要求，确保不相容岗位相互分离、相互制约和相互监督，降低舞弊风险。

（1）预算业务控制不相容职务岗位。预算编制与预算审批职务分离。预算编制岗位负责预算的编制工作。高校党委常委会审批单位年度预算方案，并在规定的时间内报送财政部门经教育主管部门审核报财政主管部门批复预算后，按规定执行；预算批复和预算执行职务分离。高校内部各职能处室具体负责本处室预算的编制、执行、控制、分析等工作,并对本处室和预算执行结果承担责任;预算执行与分析评价职务分离。预算执行人员不能同时担任预算考核人员。财务处负责按预算指标考核各部门,建立完善配套的奖惩措施和相应的激励机制,贯彻奖惩制度。

(2) 收入和支出业务控制不相容职务岗位。收入业务各环节的不相容职务岗位:收入预算的编制和批准岗位分离;票据的使用与保管岗位分离;收入征收与减免审批岗位分离。支出业务各环节的不相容职务岗位:支出标准、预算的编制与审批岗位分离;支出的执行与审批岗位分离;支出的执行与相关会计记录岗位分离。

(3) 政府采购业务控制不相容职务岗位。政府采购预算的编制和审定岗位分离;政府采购需求制定与内部审批岗位分离;招标文件起草与复核岗位分离;采购合同的订立与审核岗位分离;合同签订与验收岗位分离;验收与保管岗位分离;审批与付款执行岗位分离;采购执行与监督检查岗位分离;采购、验收与相关记录岗位分离。

(4) 资产业务控制不相容职务岗位。第一,货币资金。货币支付的审批和执行岗位分离,货币资金的保管和收支账目的会计核算岗位分离,货币资金的保管和盘点清查岗位分离,货币资金的会计记录和审计监督岗位分离。第二,非货币资产。非货币资产购置预算的编制、请购与审批岗位、审批与执行岗位分离;非货币资产采购、验收与款项支付岗位分离;非货币资产处置的申请与审批岗位、审批与执行岗位分离;非货币资产的取得、保管及处置业务的执行与相关会计记录岗位分离。

(5) 合同管理业务控制不相容职务岗位。合同的拟订与审核岗位分离,合同的审核与审批岗位分离,合同的审批与订立岗位分离,合同的执行与监督岗位分离。

(6) 内部监督与日常管理的不相容职务岗位。高校内部监督工作与日常经济活动业务保持相对独立性,根据监督事项设立纪检监察、内部审计部门。单位内部审计工作与财务管理工作应归属于不同的部门。

3. 高校内部控制关键岗位责任制示例

（1）财务处处长，所属部门为财务处，其岗位职责为在主管校长的领导下，全面负责财务处工作，指导、监督、检查学校财务核算工作；严格贯彻执行国家、上级主管部门的财经方针、政策、法律、法规，结合高校实际情况，负责制定、修订并组织落实学校各项财务规章制度；围绕学校中心工作，负责制定财务处中长期工作规划及年度工作计划，落实学校下达的目标任务，检查和总结年度财务工作；根据高校事业发展规划，负责编制学校年度财务收支预算，并组织努力落实；负责编制学校年度财务决算，分析学校资金使用情况和财务状况，为学校领导各项经济决策，提供财务依据；完成各部门年度经费预算分配工作，对各部门预算执行情况进行监督检查；负责组织学生收费的收缴工作，及时、准确上缴财政专户，做到收支两条线；负责学校固定资产财务管理工作，防止国有资产的流失，确保学校财产的安全、完整；负责专款项目资金的使用和管理工作；负责组织财会人员的政治理论学习和业务技术的培训，不断提高财会队伍综合素质，全面提升学校财务管理水平；组织实施财政投资项目库建设，执行政府采购法规和有关规定，负责组织实施全校的采购、招标、项目验收及绩效评价工作。

（2）预决算管理岗，所属部门为财务处，其职责为根据国家和上级主管部门的规定及学校的发展目标和规划，全面协助财务处长做好财务管理、会计核算、招标及项目采购等工作；完善会计核算的制度和办法，制订年度工作计划并认真实施；牢固树立为广大教职工服务的思想，优化管理程序；严格执行财经法规和学校的财务管理规定，做好财务预决算、会计报表编制、统计等工作；对财务数据进行分析，为改进财务工作和学校进一步改革提供决策参考和建议；编制、报送学校部门预算；负责收集、整理学校有关基础数据，为部门预算做好基础工作；报送学校项目预算；编制、报送学校部门决算；负责基建账户的管理、核算及决算工作。

（3）采购管理岗，所属部门为财务处，岗位职责为根据国家和上级主管部门的政策法规及学校的规章制度、发展目标及规划，负责协调财政投资项目库建设，执行政府采购法规和有关规定，负责全校的采购、招标、项目验收及绩效评价工作；负责财政投资项目库建设；项目评审及立项、验收和绩效考评，负责财政组织的项目绩效考评的现场财务部分答辩；负责财政组织的项目绩效考评与事务所的沟通；参与专项经费申报工作；按照财政批复文本审核招标文件，联系项目负责人确认招标文件及招标后中标结果的确认；负责组织学校采购工作，负责采购合同备案。

（4）审核制单岗，所属部门为财务处，其岗位职责为根据国家财经法规、上级相关文件和学校文件、行政事业单位会计制度办理项目会计核算，认真贯彻执行相关财务管理规定和财务报销制度，根据经费审批权限，负责审核项目经费支出，审核票据的真实性、合理性、合规性；负责根据财政批复审核各专项的项目采购计划，审核购买的商品、工程、服务是否需政府采购，政府采购是否超标；根据财经法规及主管部门相关文件审核发票等原始凭证的真实性、有效性；根据财经法规及主管部门相关文件审核业务是否符合标准；根据财经法规及主管部门相关文件审核签字是否有效、合规定性；直接支付申请书的审核；审核专项中采购商品是否需要政府采购；审核专项中政府采购商品数量是否与预算批复相符；审核会议政府采购是否超标准；完成政府采购计划的审核等工作。

（5）复核岗，所属部门为财务处，岗位职责为牢固树立为广大教职工服务的思想，优化管理程序，复核记账凭证的内容是否完整、编制是否规范。复核政府采购付款是否全面履行程序，基本支出与项目支出是否符合管理规定。复核二级账户对外报送的年度报表是否正确。做好财政授权支付令的审核及打印，配合处长完成部门决算工作，加强财务信息的使用效率。审查各项财务收支是否属于预算安排范围内。审核学校及二级账户（包括培训中心、工会及团校共三个）的业务收支原始凭证及其他附件的合法性、正确性、完整性，尽力杜绝学校各账户内假发票的出现，检查收支内容的合法性、合理性。复核记账凭证的内容是否完整、编制是否规范。

（6）收费管理岗，所属部门为财务处，岗位职责为根据国家和上级主管部门的规定及学校的发展目标和规划，完善学生收费和会计档案管理的制度和办法，制订年度工作计划并组织实施。牢固树立为广大教职工和学生服务的思想，优化管理程序，做学费收缴管理，补助发放，档案装订整理等工作。对学费数据进行统计分析，为改进工作和进一步降低欠费率积极总结。负责收取在校计划内学生，党校、夜大、自考、留学生等学生的学费住宿费。负责现金和批量扣款两种方式进行费用收缴并开出相应发票。负责给批量扣款的学生办理银行卡。负责固定资产报废收入和自有资产出租出借收入的收取。对各系各级每个学年度的学费情况进行记录统计，了解每名学生的缴费情况。向各系和各部门提供相应学生的欠费情况。

（7）出纳岗，所属部门为财务处，岗位职责是根据规定，负责学校基本账户、工会账户、培训中心账户、国库集中支付零余额账户、基建账户、学生贷款账户、非税账户和团校账户的日常现金收入支出业务，每天盘点库存现金，确保现金的安全完整。购买和签发银行支票，负责工资、酬金、奖学金等的发放，负责公务卡结算，负责办理各种银行结算业务等。认真审核原始凭证，核对原始凭证与记账凭证，确定无误再收付款，并及时加盖"现金收讫""现金付讫"章；收取党费，并及时送存银行；每日业务终了，盘点现金库，填写库存现金盘点表；核对账面余额与库存现金，发现问题及时查对；负责国库集中支付业务支付令的录入、报送和现金支取；负责现金、财务章、空白支票的保管等工作。

（8）国有资产管理处处长，所属部门为国有资产管理处，其岗位职责为在分管校长领导下，全面负责学校的后勤工作，认真贯彻上级有关高校后勤工作的方针政策，努力为学校提供优质服务和正常的教学秩序。制订部门发展规划、年度计划和总结以及各种规章制度。实现目标管理，对各科室的岗位责任制执行情况进行监督检查。做好后勤队伍建设，搞好政治和业务教育培训，不断提高队伍的政治素质和业务能力。抓好全处人员的考核、评比，及时向分管领导报告工作。负责年度办公经费开支及预算编制。全面掌握后勤经费预算、计划、使用和管理。负责学校资产管理工作，完成校领导交办的其他工作。

（9）固定资产管理岗，所属部门为国有资产管理处，其岗位职责为根据国家和上级主管部门的规定及学校的发展目标和规划，建立完善固定资产管理的制度和办法，制订年度固定资产管理工作计划并组织实施。做好固定资产的验收入库、日常对账、实物流转调拨、定期清查盘点等工作，保证固定资产账实相符，做好固定资产的合理配置使用工作，监督固定资产的使用效率，为学校的各项教学行政工作顺利进行提供充足保障，不断提高国有资产的使用效益和效率。

（10）合同管理岗，所属部门为法制办公室，其岗位职责为根据国家法律法规起草学校合同管理相关的规章制度，并组织实施、解释、修订等工作；审查合同相关方的主体资格、经营范围、履约能力、资信状况等。审查合同文本的合法性、严密性和可行性；参与重大合同的谈判、起草、签约；协助法律顾问处理涉及合同的争议或纠纷及仲裁、诉讼等法律事务工作；管理和使用学校合同专用章，统一办理学校法人授权委托书；统一登记、统计、归档学校合同文本及相关资料。

（三）高校内部信息系统建设与维护

内部控制的信息化系统是指将内控理念、控制活动、控制手段等要素通过信息化手段固化到信息系统，实现内部控制体系的系统化、常态化。通过信息化，可以提高信息的时效性和准确性、有效固化业务流程以减少人为因素的影响、提高不相容职务分离控制的执行力、提高授权审批控制效力及为单位提供更加有利的沟通环境。

高校要明确信息系统建设与维护的相关要求，确保合理开展信息系统建设、保证系统安全运行，促进单位内部控制效率和效果的提高。

对信息系统建设实施归口管理，规范系统开发、运行和维护流程，建立用户管理制度、系统数据定期备份、信息系统安全保密和泄密责任追究制度等，保护信息安全。根据自身情况，制定信息系统建设的相关规划。在进行规划时，充分调动和发挥信息系统归口管理处室与其他相关处室的积极性，使各处室参与，充分沟通，提高规划的科学性、前瞻性和适应性。根据自身情况明确信息化建设的方式，方式包括自行开发、外购调试、业务外包等。在建设过程中，单位必须明确建设需求，同时确保相关技术可行。单位各经济活动业务流程通过信息化手段进行固化，自动记录和跟踪业务流程的运行状态，并将不相容职务相互分离和内部授权审批控制嵌入信息系统中，减少人为操纵因素。制定信息系统使用操作程序、信息管理制度以及相关操作规范，及时跟踪、发现和解决系统运行中存在的问题，确保信息系统按照规定的程序、制度和操作规范持续稳定运行。信息系统归口管理处室切实做好系统运行记录，尤其是对于系统运行不正常或无法运行的情况，应对异常现象发生时间和可能的原因做出详细记录。对因利用信息化产生的新的风险,根据风险评估情况制定相应的控制措施。

第二节 高校财务岗位设置与队伍建设

一、高校财务岗位设置

高校岗位分为三种类别,即管理岗位、专业技术岗位、工勤技能岗位。管理岗位是指在学校、学院以及其他内设机构中担负领导职责或管理任务的工作岗位,其设置是以提高工作效率、提升管理服务水平和增强学校运转效能为目的。专业技术岗位分为教师岗位、其他专业技术岗位和附设专业技术岗位。其中,其他专业技术岗位是指为教育教学和科学研究工作提供技术支持或辅助服务、具有相应专业技术水平和能力要求的工作岗位。

高校财务管理岗位主要涉及管理岗和其他专业技术岗,管理岗主要是部门负责人,其他专业技术岗覆盖了其他大部分人员,通常具有相应的专业资格。《高等学校财务制度》规定,"高等学校财务机构应当配备专职财会人员。财会人员应当具备与其工作岗位相适应的资格和能力。财会人员的调入、调出、专业技术职务评聘以及校内二级财务机构负责人的任免、调动或者撤换,应当由学校一级财务机构会同有关部门办理。"

目前,我国高校一般都设置了独立的财务处(部),负责学校的财务管理工作。从高校整体经济活动来看,高校内部控制关键岗位包括预算业务管理、收支业务管理、政府采购业务管理、资产管理、建设项目管理、合同管理以及内部监督等经济活动的重要岗位。

具体到财务管理层面,相应的内部控制关键岗位包括预算业务岗、会计核算岗、资金业务岗、会计稽核岗、信息系统管理岗等。前四个岗位(预算业务岗、会计核算岗、资金业务岗、会计稽核岗)是传统的关键财务业务岗位,信息系统管理岗则是近年来高校会计信息化程度不断提升的结果。

关键岗位就是高风险岗位,此类岗位在业务管理和流程操作中面临风险较多,执行失败将会给单位带来重大损失。各高校应当综合考虑自身经济活动的规模、复杂程度和管理模式等因素,加强财务内部控制各关键岗位的科学设置和专业人才的合理配备,为关键岗位配备能力和资质合格的业务人员。

(一)高校财务预算业务岗

由于各高校的经济活动、收支规模、历史因素等情况不尽相同,其预算管理体系的设定也在一定程度上存在差异,但是在一般情况下都设有预算业务管理决策机构、预算业务管理工作机构、预算执行机构,并且至少保证预算编制与审批、预算审批与执行、预算执行与决算评价等岗位的相互独立。

一般而言,预算业务岗的主要职责包括:负责学校综合财务预算的编报,对学校综合财务预算及专项资金预算执行进行监督管理和分析;负责学校部门预算和部门决算的编报工作;为学校领导提供必要的财务资料,例如有关会计核算和经费分配的数据,向其他部门对外编制报表提供基础的财务数据。

预算业务管理工作机构负责预算业务的日常管理工作,通常设置在财务部门,由财务部门负责人组织开展工作。还可以设置预算归口管理部门,对内部跨部门的经济业务先由归口管理部门对预算执行机构提出的预算建议数进行审核,再由预算业务管理工作机构进行汇总平衡。归口管理部门的职责主要是汇总审核其管理范围内的预算执行机构提交的预算建议数和细化调整数,对相关预算执行机构提交的预算追加调整申请、预算执行申请进行审核等。归口管理部门的提前把关对提高预算编制的科学性和有效性具有重要作用。

(二)高校财务会计核算岗

会计核算业务涵盖了收入和支出业务,主要职责就是正确记录经济活动。具体到岗位业务,主要职责包括:审核原始单据(发票、收据、合同、请款单和领款表等),编制并复核记账凭证;监督各项经费的使用进度,准确做好经费的年终结转等,保证经费财政、银行和账面等各方一致;定期清理往来款账户,提高学校资金使用效率;定期与学校资产管理部门核对国有资产的报账情况,做到账实相符;整理装订会计凭证及账簿,做好会计档案管理工作。

（三）高校财务资金业务岗

负责资金业务的传统会计业务主要是出纳岗位。《行政事业单位内部控制规范（试行）》第四十一条规定："单位应当建立健全货币资金管理岗位责任制，合理设置岗位，不得由一人办理货币资金业务的全过程，确保不相容岗位相互分离。"

随着技术手段的快速进步，会计电算化、信息化水平不断提高，现金业务已经在高校财务的日常管理中逐渐淡出，甚至消失，现金保管、送存银行等业务也随之隐退。

因此，资金业务岗的主要职责包括：准确处理资金的往来收付，严格核查控制资金流动，确保账、表、单彼此相符；建立健全并严格执行资金支付的控制制度，确保资金收付安全；保管好涉及资金支付的网络设备的硬件，确保密码不得外泄。

（四）高校财务会计稽核岗

会计稽核岗位的主要职责是对财务管理部门的各项业务、各工作岗位进行内部核查，及时发现问题，化解风险，并正确指导日常业务的开展，起到引导、营造良好工作状态的作用。

（五）高校财务信息系统管理岗

高校财务管理随着技术手段的进步，信息系统管理工作的重要性与日俱增，在可预见的会计核算人工智能化的趋势下，信息系统管理岗的人员和地位有着较大的发展空间。

就目前而言，信息系统管理岗的主要职责包括：会计电算化管理工作，软件的开发及使用；财务部门相关网站功能的维护、网络数据库的更新工作；严格执行会计电算化管理的有关规定，确保财务处计算机网络的安全和正常运转；做好会计数据的备份工作；做好内部其他岗位人员的专业教育和培训工作。

二、高校财务队伍建设

会计机构的设置和会计人员的配备是内控建设的一项重要内容，加强会计机构建设要完善会计机构设置，加强会计人员队伍建设，设立会计人员上岗条件,建立定期轮岗制度、培训制度、激励制度以及关键岗位退出机制等。但是,当前一些高校出现了财务机构不健全,会计人员缺乏,违反不相容岗位分离原则,一人多岗,缺乏必要的内部牵制机制等各类问题。各高校应当根据单位实际经费收支规模、财务部门职责及当前对财务管理工作的新要求,加强财务工作力量,科学合理配备财务人员编制和数量,并按事业发展需要动态调整,逐步优化性别、年龄、学历和职称结构,并保持财务干部队伍的相对稳定,以保证财务工作正常开展。

(一)高校财务队伍的基本结构

高校财务管理队伍的结构,应当从专业技术结构、年龄结构和性别结构三个角度把握。

从专业技术结构的角度看,高校财务管理队伍的主体应当是经过专业教育、具备相应职业资格、专业技术职称的专业人员,具体专业包括会计、计算机、税务、金融、工商管理、法律等。换言之,高校财务管理队伍的专业技术结构是以会计为主的复合型结构。今后,更需要注意会计和计算机复合型人才的培养。

从年龄结构的角度看,高校财务管理队伍需要注意老中青的梯度建设。2000年以来,我国高等教育事业投入不断增加,财务管理队伍也随之扩充。但就目前观察到的情况来看,财务人员面临青黄不接、年龄结构不尽合理的问题。

从性别结构的角度看,当前高校财务管理队伍男女比例失调的现象较为突出,女性人员占比偏高。从内部控制环境的角度来看,这是队伍建设必须注意的一个问题。

各高校要按照专业化队伍建设的要求,严格新进财务人员录用和管理。合理设置会计系列职称评定条件和要求,培育财务人员专业素养和执业能力,逐步提高中、高级以上专业技术资格人员比例,有效维护财务人员的合理合法权益,享受与其他系列专业技术职务同等待遇。

(二)高校财务队伍的提升与退出机制

高校财务人员定期轮岗至少有两个作用:一是避免个人长期在关键岗位工作带来的风险,二是培养财务人员多岗多能。

科学的财务人员轮岗制度是轮岗有序、合理运行的保障。根据高校财务人员轮岗目标，高校财务管理部门要设计详细的财务人员轮岗计划、编制、对象、周期、人数及考核评价等工作，同时明晰奖惩制度，处理好财务人员轮岗工作的协调、沟通等问题，全面推进财务人员轮岗工作顺利有序开展。

轮岗要根据高校人事等部门要求，明确培养方向及轮岗者去向，避免大面积轮岗影响财务部门工作的正常开展。根据财务工作岗位性质、分层分批错开进行，每批财务岗位轮换人数控制在总财务人数的20%左右比较合适。根据财务工作岗位要求和性质，明确轮岗年限。一般财务人员轮岗的期限以三年左右为宜，较高级别的财务人员可考虑延长2～3年，从而保持高校财务队伍的稳定性。

关键岗位人员的退出机制，主要针对已经不再适合从事关键岗位工作，同时不适合轮岗的人员，例如不具备能力无法从事财务管理工作的、违反纪律必须清退的有关人员。退出机制体现的是能上能下、能进能出的财务队伍管理状态，是高校财务内部控制环境自我清洁的机制。

（三）高校财务队伍建设的主要制度

1. 高校财务队伍的培训制度

财务管理部门的从业人员必须具备与其工作岗位相适应的资质和能力。学校要采取合理的人事用工管理制度，确保关键岗位管理人员的配备，加强工作人员业务培训和职业道德的教育，制订切实可行的培训计划，加强关键岗位人员的道德、法制、诚信和自律建设，使每名管理者都能自觉地贯彻执行国家的相关法律规定。

当前中国高校的转型发展，实质上是中国高等教育供给侧结构性改革。从供给侧的角度看高校财务人员培训工作，一方面是提高财务人员培训的质量、效率和创新性，使培训更贴近财务人员的实际工作，做到既能满足财务人员个性发展的需要，又能聚焦高校转型发展的需要；另一方面是丰富财务人员培训的供给结构，为财务人员提供丰富、多元、可选择的培训模块、培训资源和培训环境的新供给侧结构，替代和打破原有单一的培训模式、统一的课程资源的供给结构。

2. 高校财务队伍的激励制度

激励制度是营造高校财务内部控制环境良好氛围不可或缺的一个重要内容，

对于振奋士气、提高工作效率、提高工作质量有积极的作用。通过满足财务管理人员的物质、荣誉、情感等需求，来调动工作人员的积极性和创造性。所以要确立一套完整的激励体制用在高校财务队伍管理上，从而达到效率最优的目的。

一般而言，激励措施包括物质激励、精神激励、奖惩激励等形式。结合高校财务管理的实际情况看，精神激励、奖惩激励起到的作用可能远大于物质激励。

第三节 高校财务运行机制与信息化建设

一、高校财务的运行机制

（一）高校财务运行机制的重要性

高校财务管理内涵丰富，财务管理体制顺畅是高校发展的重要保障。现阶段，一些高校的财务管理仍停留在校长负责、中层干部辅助的阶段，高校财务部门主管只负责财务管理工作，现实当中对各单位的财务监管力度不够；有些高校管理制度不统一，容易形成各部门之间的差异，影响高校教职工的教学积极性，对高校健康发展产生不利影响。

随着我国高等教育事业进入新阶段，需进一步深化财务管理机制改革，加强开源节流，提高资金使用效益，建立、健全学校最高决策机构对重大事项决策、重要干部任免、重要项目安排以及大额资金使用集体讨论决定制度。强化防范财务风险，形成财务预算管理与实时监督监控相结合的财务管理体系，构建经营性资产和非经营性资产分类管理的资产管理架构。按照管理层次，建立单位负责人、各级财务主管以及财务人员的经济责任制，构建多层次的经济责任监管体系，形成结构合理、决策科学、执行顺畅、监督有力、运转高效的内部运行机制。做到管资金、管资产相互分离，相互制约，相互监督，充分满足高校内涵式发展的新需要。

第一，决策机制。高校的财务管理体制是统一领导、分级管理、集中核算，党委常委会是高校财经活动的最高决策机构，校长是学校财经工作的第一责任人。高校的重大经济决策、重大经济事项、大额资金支付业务等，应当按照规定的权限和程序实行集体决策审批或者联签制度，并应以纪实方式记录集体决策过程。对于重大事项，任何个人不得单独进行决策或者擅自改变集体决策意见。重大经济决策、重大经济事项、大额资金支付业务的具体内容或标准由高校根据实际情况自行确定。

第二，内部控制执行机制。高校应建立并完善包括不相容岗位相分离、内部授权审批控制、归口管理、预算控制、资产保护控制、会计控制、单据控制、信息公开控制、信息技术控制等措施在内的内部控制执行机制。

第三，业务流程协同机制。高校应当建立健全以预算为主线、资金管控为核心的业务流程协同机制，积极发挥财务、政府采购、基建、资产管理、科研、合同管理等与经济活动相关部门或岗位的作用，保证内部控制在分权的基础上充分高效地运行。

第四，监督机制。高校应充分发挥内部审计、纪检监察部门的作用，通过内部控制评价和内部审计监督及时发现内部控制建立和实施中的问题和薄弱环节，并及时改进，确保内部控制体系得以有效运行。内部监督应当与内部控制的建立和实施保持相对独立。

第五，内部控制自我评价机制。高校应当建立健全内部监督制度，明确各相关部门或岗位在内部监督中的职责权限，规定内部监督的程序和要求，对内部控制建立与实施情况进行内部监督检查和自我评价。

目前，高校对内部控制自我监督和评价工作的看法并不一致，有的高校在财务管理部门设置了专门的科室开展此项工作，但更多的高校则依赖内部审计部门。今后随着高校的发展变化，高校应积极思考、研究内部控制自我评价体系的建设。

（二）高校财务运行机制的改进

内部控制的最基本原则是权力制衡，高校应该充分运用内控的制衡原理，在单位内部进一步完善决策权、执行权和监督权三权分立的机制，完善内控规范的评价和监督机制，发挥流程控制作用。一般而言，高校要明确各项经济活动的管理机构。高校在确定岗位职责和分工的过程中，应当体现不相容职务相互分离的要求。

决策过程就是授权审批过程,建立适当的授权审批制度,重大决策、重要人事任免、重大项目安排和大额度资金运作事项要建立集体决策和会签制度。执行过程是按照审批结果和适当的权限办理业务的过程,明确授权和审批程序,监督过程确保经济活动的各项业务和事项都经过适当的授权审批,确保经办人员按照授权的要求和审批结果办理业务。

健全议事决策机制。高校应制定议事决策规则,具体包括议事成员构成、决策事项范围、投票表决规则、决策纪要撰写、流转和保存以及对决策事项的贯彻落实和监督程序等。根据各学校情况的不同,明确需要集体决策的重大事项的范围,做好决策纪要的保管工作,制定对决策执行的追踪问责制度,并严格按制度对相关人员追究相应责任。

二、高校财务的信息化建设

(一)财务信息化对内部控制的主要影响

高校的财务内部控制是高校在进行财务管理业务时所形成的相互监督、相互制约、彼此联结的控制方法、措施和程序。传统财务管理系统的内部控制已形成了一整套行之有效的方法和制度,但是,随着高校财务信息化程度的不断提高,原有的会计内部控制制度和方法在各方面都受到了挑战。主要表现在以下方面:

第一,信息化影响了原有岗位的设置,改变了原模式下的各岗位之间内部控制的方式。高校财务信息化对高校会计工作的分工提出新的要求,各岗位职责、权限也发生了变化,使传统的不同岗位之间形成的内部控制作用弱化甚至逐渐消失。

例如,高校传统的会计试算平衡是通过设置科目汇总岗位、凭证汇总岗位、登记总账岗位、登记明细账岗位、报表岗位来进行账、证、表的平衡试算的,实施财务信息化后,会计中的这种试算已经转移到了计算机系统内部,所有的财务信息在进入系统存入凭证库前必须经过平衡试算,这就保证凭证库中的数据始终是平衡的,而账和表的数据都是直接或间接从凭证库中取出的,同出一源,如果信息系统没有问题,则一定是平衡的,自然也就没有必要再设置这些传统岗位进行手工试算了。

第二，信息存储方式的改变，对高校财务信息的安全提出了挑战。例如，在手工方式下，会计信息资料以账本、凭证、报表等形式存储于纸张上，增加、删除、修改了的会计凭证或会计账本都可以从会计人员的笔迹和印章上分清责任。实现财务信息化后，原会计系统中严格的凭证制度控制功能会逐渐弱化。财务信息化把各种财务信息转化为二进制的形式存储在磁（光）介质上，因为这种存储介质自身的性质，使得这些二进制的财务信息修改、擦除和拷贝均不会留下痕迹，因此极易被篡改，伪造、变造业务，导致会计资料失真，账、证、表、实不符。另外，数据集中在磁（光）介质中，一旦发生火灾、被盗、感染病毒等，容易造成数据丢失。

第三，高校财务信息化后，授权与批准制度的执行产生新的风险。授权批准控制使经济业务在发生时就得到了控制，它规定了各级管理人员的职责范围和业务处理权限，明确所承担的责任。在原会计工作方式下，这种授权与批准制度的实行是靠财务工作岗位的设置，人员的分工与牵制来执行的。而财务信息化后，新增的信息化岗位，如系统维护人员、数据管理员等，具有信息数据系统的最高权限，完全可以绕过授权与批准而进行各种数据操作，这就使得授权与批准的执行产生新的威胁。

第四，高校财务信息化改变了货币资金收入与支付方式，对内部货币资金控制提出了新的课题。货币资金的控制是高校传统财务内部控制中最重要的内容之一，传统的模式下，对货币资金的内部控制主要是采用岗位分工支付审批、库存限额、票据与印章管理等方式来实现的。实行财务信息化后，传统的货币资金收入与支出方式发生了根本的改变，特别是网上银行的接入，高校与银行间无现钞、无支票的工作方式成为出纳工作的主要方式，原高校财务中实施的库存限额、支票印章等的内控制度也就失去了存在条件。

第五，财务信息化为高校内部监督与检查增加了新的内容。目前高校对财务的内部监督与检查主要是通过内部审计机构，由审计机构完成内部监督与检查的职能。由于计算机技术、网络技术等现代信息技术的引入，使一些会计工作的形式发生变化，同时也对内部审计工作提出了更高的要求。高校财务信息化的特点及固有的风险，决定了审计内容必须包括对财务信息系统处理和控制功能的检查，以证实其对交易事项处理是否真实合法、安全可靠，这是传统审计所没有的。

（二）财务会计信息化和技术手段的进步

随着技术手段的进步，大数据、云计算、电子发票、数据挖掘、移动支付、机器学习、移动互联、图像识别、区块链、数据安全技术等一系列手段付诸实践，逐步应用于财务信息化的建设，给财务从业人员、从业环境带来快速、深刻的变化，挑战和机遇携手而来。

德勤率先推出财务机器人产品，瞬间引起了财务圈的关注。同属国际四大会计师事务所的毕马威、普华永道、安永也相继推出自己的财务机器人以及财务机器人解决方案。

德勤研发的财务机器人产品的主要功能包括：替代财务流程中的手工操作，管理和监控各自动化财务流程，录入信息、合并数据、汇总统计，根据既定的业务逻辑进行判断，识别财务流程中的优化点。

德勤研发的财务机器人产品能够解决的主要问题包括：①财务流程中有高度重复的手工操作，耗费大量的人力和时间。②跨岗位的实务操作需要协同处理，沟通成本高且效率低下。③手工处理存在较高差错率，且获取的数据准确性低。④人工处理财务相关事务，无法快速响应业务变化和拓展。⑤受困于时间、人力，某些合规性复核和审计工作，通过抽样的方式进行，无法达到100%全覆盖。

因此，财务机器人被迅速投入运用，例如，中化国际（控股）股份有限公司财务共享中心选择普华永道机器人，双方项目组经过努力，快速完成业务流程梳理、测试验证及部署工作，并正式投入运营。完成部署后，税务及财务工作效率提升明显，四个业务过程在效率和准确性上有重大提升：①银行对账。财务机器人每日自动完成15家银行80个银行账号的对账和调节表打印工作，全部过程无须人工干预。②月末入款提醒。财务机器人自动记录银行借贷款信息，并自动发送邮件给指定的人员确认款项事由。③进销项差额提醒。税务机器人定期从企业管理解决方案软件（SAP系统），开票系统，进项税票管理系统及PDF文件四个数据源生成提醒表格，并发送给业务人员。④增值税验证。

税务机器人将需要验证真伪的增值税发票提交到国税总局查验平台验证真伪，并反馈记录结果。

毕马威曾运用流程自动化（RPA）/财务机器人工具，协助国际领先的商业银行在华分支机构实现了贸易融资和大宗商品交易部门试点业务流程的数字化转化工作，在这以前这些业务流程都需要大量人工的手工工作，而该银行期望通过流程自动化技术能力实现流程和员工效率的提升，提高客户满意度，提升部门应对业务大量增长的能力，这样让员工能够集中精力去处理一些更有价值的工作。

高校财务信息化必然随着社会整体的进步而推进，相应的具体工作从业务流程到档案管理，都将遇到新的问题，新的风险也会随之而来，这些必然要求我们不断改造内部控制环境，跟上时代的步伐。在财务相关岗位，会计电算化、凭证录入、数据统计分析等，未来被人工智能取代是非常有可能的，人的价值越来越体现在做有创造性的工作上，近年来管理会计在实践层面的推广运用就是很好的佐证。

（三）财务信息化与财务风险防范

在高校财务信息化建设过程中可能存在影响信息化目标实现的各种不确定性因素，即"高校财务信息化风险"。具体而言，可将其分为环境风险、管理风险、技术风险、非技术风险四种类型，其中技术风险、非技术风险是由内部因素引起的，而环境风险、管理风险则受外部因素影响较大。

面对高校财务信息化的新特点，从内部控制环境的角度，可以加以改进，并防范风险，主要内容如下。

第一，有针对性地调整岗位分工，分离职责，防范新型舞弊行为，降低财务风险。岗位设置可分为系统管理、监控、操作等，系统管理岗位主要负责日常管理、维护、用户授权、数据备份等，监控岗位可以通过信息网络平台对系统管理岗位和操作岗位的工作流程和结果进行识别、记录，防止利用网络进行欺诈舞弊等行为；操作岗位具体负责信息的采录与研判分析，细分为录入、审核、档案管理等岗位；现实中，系统管理、监控和操作岗位应由专人负责且应分工明确、互不干涉。例如，接触实物资产和经常接触会计记录数据文档的岗位人员必须实现职责分离，否则这两种接触的特权放在一起容易产生舞弊和欺诈。

第二，创新体制，完善内部控制。加强内控制度建设，应对财务舞弊、数据窃取、行为人的恶意破坏等违法行为。高校财务内控制度建设需要进一步完善管理制度，例如，网络维护与管理制度、数据安全与维护制度、机房管理制度、计算机软件操作及维护制度、操作权限控制、计算机软硬件使用与维护制度、业务处理流程、设备管理制度等，从源头上对高校财务工作人员进行行为约束。进一步提高对数据访问和运用的审核机制，对高校财务信息系统的各类重要数据参数及敏感资料进行实时监控，根据不同人员设置类别不同的使用权限，未经有效授权严禁拷录、使用系统资源，避免数据窃取、程序和系统被破坏的现象出现，切实提高财务信息风险管控水平。建立健全高校财务信息化系统的安保体系，确保网络和信息畅通，防止人为破坏。

第四节　高校财务内部控制评价与监督

一、高校财务内部控制评价

（一）高校财务内部控制评价的原则

内部控制评价主要包括定期评价和专项评价。定期评价是指学校按照上级主管部门内部控制评价的要求，结合学校内部控制目标，定期对建立与执行内部控制的有效性进行的评价；专项评价是指学校在特定时点对特定范围的内部控制的有效性进行的评价。进行内部控制评价时应当遵循以下原则：

第一，全面性原则。评价范围应覆盖学校管理的全过程及所有的部门、业务和岗位。

第二，一致性原则。评价的准则、范围、程序和方法等应保持一致，以确保评价结果的客观、可比。

第三，风险导向原则。评价应依据风险和内部控制的具体情况，关注重点区域、重点业务和重要流程。

第四，及时性原则。评价应按照规定的时间间隔持续进行，当管理环境发生重大变化时，应及时进行重新评价。

（二）高校财务内部控制的自我评价

内部控制自我评价是指由高校负责人负责实施的、对高校内部控制的有效性进行评价，形成评价结论，出具评价报告的过程。高校通过内部控制自我评价发现内部控制的高风险点和薄弱环节，有针对性地修补管理控制过程的漏洞，从而实现内部控制的不断完善，旨在确保单位内部控制自我评价的有效实施，建立内部控制自我评价制度，明确各有关处室及岗位在内部控制自我评价中的职责权限，并规范相关程序、方法和要求。

高校校长办公会对内部控制评价工作负责，授权内部控制评价的主责部门审计办公室具体组织和实施内部控制评价工作。根据学校实际需要也可以委托专业的中介机构实施内部控制评价。各职能处室按照内部控制自我评价要求，配合审计办公室完成各项工作。内部控制评价部门应独立于内部控制设计部门，对内部控制设计及运行的有效性进行定期或不定期评审，负责出具内部控制评价报告，并向校长办公会汇报评价结果。

内部控制评价工作应当根据国家有关法律法规和监管规则，结合学校实际情况，围绕合理保证学校经济活动合法合规、资产安全和使用有效、财务信息真实完整，有效防范舞弊，提高公共服务的效率和效果等单项或整体控制目标的实现程度，组织实施对学校内部控制系统设计和执行的有效性进行定期或不定期的调查、测试、分析和评估，以合理保证单位目标的实现。

1. 自我评价的工作组织与分工

为了内部控制自我评价工作的有序、高效开展，高校应明确内部控制自我评价的组织机构。各处室在内部控制自我评价中的职责划分以分工制衡、协调工作、提高效率为宗旨。为了保证内控评价的客观性和公正性，保证高校决策权、执行权、监督权的相互制约、相互协调，内控自我评价机构与内控建设机构相对独立。一般而言，参与高校内部控制自我评价的岗位和处室主要包括单位负责人、审计处和纪检监察部门，根据实际情况，高校也可以成立跨处室的内控自我评价工作小组以开展内控自我评价工作。

(1) 高校校长职责。高校负责人对内部控制自我评价承担最终责任,对内部控制自我评价报告的真实性负责。高校负责人需要审议内部控制自我评价报告的内容,审定内部控制重大缺陷、重要缺陷整改意见,协调内部控制自我评价工作实施过程中的困难与问题。

(2) 审计处职责。审计处作为内部控制自我评价的牵头机构,在高校负责人的授权范围内组织、领导、监督单位的自我评价工作。参与审议内部控制自我评价报告的内容,审定内部控制重大缺陷、重要缺陷整改意见,协调解决权限与能力范围的困难与问题,及时向高校负责人汇报自评工作进度与情况。

(3) 纪检监察室。纪检监察室侧重管理内部职工工作中违反廉政建设的监督监察工作,从"管人"角度对参与高校各业务流程的内部控制环节之中的相关岗位人员进行监督。纪检监察处需审核内部控制自我评价报告,监督领导班子在建立与实施内部控制过程中的责任履行,监督重要及特殊事务的处理程序的规范。

(4) 内控自我评价小组。在高校管理成熟且条件允许的情况下,通过高校负责人的授权,可以组建内部控制自我评价工作小组来独立开展内控自我评价工作。内部控制自我评价工作小组成员由跨处室的人员组建,对高校内部控制设计及运行的有效性进行评价,出具内部控制自我评价报告,向高校负责人汇报内控评价的结果,督促内控缺陷的落实整改。

(5) 中介机构评价。高校内部控制自我评价工作必须得到高校领导班子的高度重视和大力支持,使高校内控自我评价机构有充分的权威性。同时,内控评价人员必须具备相关的专业胜任能力和职业道德素质。在实践中,如果高校内部考虑到人手缺乏、力量单薄、专业胜任能力不足等因素,可以委托具有专业能力的中介机构实施内部控制评价。此时,审计处需加强对内部控制评价工作的监督与指导。从业务性质上讲,中介机构受托为高校实施内部控制评价是一种非保证服务,内部控制评价报告的责任仍然由高校负责人承担。

2. 自我评价的主要内容和标准

(1) 高校内部控制评价的内容。

第一,学校层面的内部控制评价。在学校层面内部控制评估中重点关注的内容包括以下方面：①内部控制机制的建设情况，包括经济活动的决策、执行、监督是否实现有效分离，是否建立健全议事决策机制、岗位责任制、内部监督机制等机制。②内部管理制度的完善情况，包括内部管理制度是否健全，执行是否有效。③内部控制关键岗位人员管理情况，关键岗位人员责任制是否健全，不相容职务是否相互分离、相互制约。

第二，业务层面内部控制评价。评价标准模式包括：①目标性，控制目标是否适当。②合理性，控制措施是否针对控制目标，通过充分识别管理过程和风险而设定合理的控制方法和程序，能否合理保证控制目标的实现。③有效性，控制措施能否得到有效执行。

（2）内部控制的认定标准。对内部控制的认定，应当以构成内部控制的内部监督要素中的日常监督和专项监督为基础，由内部控制小组进行综合分析后提出认定意见，审计办公室按程序进行审核，报经校长办公会审议并最终确定。

第一，内部控制评价从属于内部监督，是内部监督结果的总体体现。在学校正常的管理运行中，内部控制评价倚重内部监督。

第二，在充分利用日常监督与专项监督结果的基础上，评价小组按照规定的时间对内部控制水平进行相对独立的评价，全面的、综合的分析，提出认定意见，报校长办公会审定。

第三，学校开展内部控制监督评价，应结合自身情况和关注的重点，确定内部控制重大缺陷、重要缺陷和一般缺陷的具体认定标准。

第四，内部控制缺陷的认定需经校长办公会审议确定，在确定内部控制缺陷的认定标准时，应当充分考虑内部控制缺陷的重要性及其影响程度。

3. 自我评价的方法与程序

内部控制自我评价工作组通过对被评价单位进行现场测试，综合运用个别访谈、调查问卷、专题讨论、穿行测试、实地查验、抽样和比较分析等方法，充分收集被评价单位内部控制设计和运行是否有效的证据，按照评价的具体内容，如实填写评价工作底稿，研究分析内部控制缺陷。

内部控制自我评价程序一般包括制定评价工作方案、组成评价工作组、实施现场测试、汇总评价结果、编报评价报告等。概括而言，主要分为以下阶段。

(1) 高校自我评价准备阶段。

第一，制定评价工作方案。内部控制自我评价机构需根据单位日常监督与专项监督情况和管理要求，分析单位经济活动管理过程中的高风险领域和重要业务事项，确定检查评价方法，制定科学合理的评价工作方案，经单位领导班子批准后实施。评价工作方案需明确评价主体范围、工作任务、人员组织、进度安排和费用预算等相关内容。评价工作方案既可以以全面评价为主，也可以根据需要采用重点评价的方式。

第二，组成评价工作组。评价工作组是在内部控制自我评价机构领导下，具体承担内部控制检查评价任务。内部控制自我评价机构根据经批准的评价方案，挑选具备独立性、业务胜任能力和职业道德素养的评价人员实施评价。评价工作组成员需要吸收单位内部相关处室熟悉情况、参与日常监控的负责人或业务骨干参加。单位根据自身条件，建立长效内部控制评价培训机制。

(2) 高校自我评价实施阶段。

第一，了解被评价单位基本情况。充分与单位沟通组织文化和发展战略、组织机构设置及职责分工、领导班子成员构成及分工等基本情况。

第二，确定检查评价范围和重点。评价工作组根据掌握的情况进一步确定评价范围、检查重点和抽样数量，并结合评价人员的专业背景进行合理分工。检查重点和分工情况可以根据需要适时调整。

第三，开展现场检查测试。评价工作组根据评价人员分工，综合运用各种评价方法对内部控制设计与运行的有效性进行现场检查测试，按要求填写工作底稿、记录相关测试结果，并对发现的内部控制缺陷进行初步认定；评价小组应当根据批准的评价实施方案，依据评价原则和内容，开展对学校内部控制自我检查控制评价与监督工作，选择适当的评价方法进行必要的测试，获取充分、可靠的证据对内部控制的有效性进行评价，并做出书面记录，确认内部控制中的缺陷和不足。

(3) 高校自我评价报告编制阶段。评价工作组汇总评价人员的工作底稿，初步认定内部控制缺陷，形成现场评价报告。评价工作底稿须进行交叉复核签字，并由评价工作组负责人审核后签字确认。评价工作组将评价结果及现场评价报告向被评价单位通报，由被评价单位相关责任人签字确认后，提交内部控制自我评价机构；内部控制自我评价机构汇总各评价工作组的评价结果，对工作组现场初步认定的内部控制缺陷进行全面复核、分类汇总；对缺陷的成因、表现形式及风险程度进行定量或定性的综合分析，按照对控制目标的影响程度判定缺陷等级；内部控制自我评价机构以汇总的评价结果和认定的内部控制缺陷为基础，综合内部控制工作整体情况，客观、公正、完整地编制内部控制评价报告，并报送单位领导班子。

（4）高校自我评价报告反馈和跟踪阶段。对于认定的内部控制缺陷，内部控制自我评价机构结合单位领导班子要求，提出整改建议，要求责任单位及时整改，并跟踪其整改落实情况。已经造成损失或负面影响的，追究相关人员的责任。

4. 自我评价报告的主要内容

高校每年至少进行一次全面性自我评价，以每年年末作为年度内部控制自我评价报告的基准日，于基准日后一定时间内与审计报告一同报出。高校的内部控制评价报告是内部控制评价的最终体现，内部控制评价对外报告一般包括以下内容。

（1）高校领导班子声明。高校领导班子对报告内容的真实性、准确性、完整性承担个别及连带责任，保证报告内容不存在任何虚假记载、误导性陈述或重大遗漏。

（2）内部控制自我评价工作的总体情况。明确高校内部控制自我评价工作的组织、领导体制、进度安排；内部控制自我评价的依据：说明高校开展内部控制自我评价工作所依据的法律法规和规章制度。

（3）内部控制自我评价的范围。描述内部控制自我评价所涵盖的被评价高校，以及纳入评价范围的业务事项，还有重点关注的高风险领域。内部控制自我评价的范围如有所遗漏的，需说明原因，及其对内部控制自我评价报告真实完整性产生的重大影响等。

（4）内部控制自我评价的程序和方法。描述内部控制自我评价工作遵循的基本流程及评价过程中采用的主要方法。分析内部控制实施后,对高校各项业务与内部管理提升的促进作用。

(5)内部控制缺陷认定及整改。描述适用本校的内部控制缺陷具体认定标准,并声明与以前年度保持一致或做出的调整及相应原因;根据内部控制缺陷认定标准,确定评价期末存在的重大缺陷、重要缺陷和一般缺陷,并对缺陷进行分析,阐述发生原因与源头,提出详细的整改方式与计划;内部控制缺陷的整改情况;对于评价期间发现、期末已完成整改的重大缺陷,需阐述高校的整改结果。对于评价期末存在的内部控制缺陷,需阐述高校拟采取的整改措施及预期效果。

(6)内部控制有效性的结论与完善对策。对不存在重大缺陷的情形,出具评价期末内部控制有效结论;对存在重大缺陷的情形,不得作出内部控制有效的结论,并需描述该重大缺陷的性质及其对实现相关控制目标的影响程度,以及可能给高校未来运行带来的相关风险。自内部控制评价报告基准日至内部控制评价报告发出日之间,发生重大缺陷的,高校需责成内部控制评价机构予以核实,并根据核查结果对评价结论进行相应调整,说明高校拟采取的措施。无论高校内部控制是否有效,都需针对本高校在内控建设中遇到的障碍与问题提出建议。

5. 自我评价认定缺陷的整改与报告

(1)自我评价认定缺陷的整改。

第一,高校内部控制缺陷的认定。内部控制缺陷是描述内部控制有效性的一个负向维度。学校开展内部控制评价工作,主要内容之一就是要找出内部控制缺陷并有针对性地进行整改。内部控制缺陷的认定在一定程度上决定内部控制评价的成效,且具有一定难度,还需要运用职业判断。

按照内部控制缺陷成因或来源,内部控制缺陷包括设计缺陷和运行缺陷。设计缺陷是指缺少为实现控制目标所必需的控制,或现行内部控制体系设计不适当,即使正常运行也难以实现控制目标。运行缺陷是指设计有效(合理且适当)的内部控制由于运行不当(包括由不恰当的人执行、未按设计的方式运行、运行的时间或频率不当、没有得到一贯有效运行等)而形成的内部控制缺陷。

影响内部控制目标实现的内部控制缺陷，按照严重程度划分为重大缺陷、重要缺陷和一般缺陷。重大缺陷是指一个或多个控制缺陷的组合，可能导致内部严重偏离控制目标。当存在任何一个或多个内部控制重大缺陷时，应当在内部控制评价报告中作出内部控制无效的结论。重要缺陷是指一个或多个控制缺陷的组合，其严重程度低于重大缺陷，但仍有可能导致偏离控制目标。重要缺陷的严重程度低于重大缺陷，不会严重危及内部控制的整体有效性，但应当引起学校领导班子的充分关注。一般缺陷是指除重大缺陷、重要缺陷以外的其他控制缺陷。

第二，单位对于认定的内部控制缺陷，应及时采取整改措施，切实将风险控制在可承受度之内，并落实有关机构或相关人员的整改责任。单位内部控制自我评价机构，就发现的内部控制缺陷与各职能处室共同商议，提出整改建议，并报单位领导班子批准。获批后，各职能处室需制定切实可行的整改措施，包括整改目标的内容、步骤、措施、方法、期限和责任人等。整改期限超过一年的，整改目标需明确近期和远期目标以及相应的整改工作内容。单位内部控制自我评价机构需跟进内控缺陷的整改情况，对整改效果进行评价，督促各职能处室不断完善自身的内控流程。

（2）高校自我内控评价报告的处理。校长办公会对于内部控制评价报告中列示的问题，应当督促有关部门或单位采取适当的措施进行改进，对于重大缺陷应当追究相关人员的责任。评价结果应纳入对相关部门或负责人当年度绩效考核，并按照相关规定报送主管领导审批或备案。

校长办公会应当授权内部控制评价的主责部门对各部门内部控制缺陷的整改情况进行检查和确认。对学校内部监控的健全性、合理性和有效性进行监督评价，形成书面报告并提出有针对性的改进建议。

对内部控制监督检查时，可以采取谈话、现场考察、财务审计等形式进行。各部门对内部控制监督检查工作有配合义务，接受检查的部门或负责人应组织相关人员按内控部门的要求，及时提供检查所需的凭证、报表、文件等相关资料，如实回答检查人员的提问。

二、高校财务内部控制的监督

（一）高校财务内部控制监督——审计业务内容

高校财务内部控制监督主要是高校内部的控制审计业务。"内部控制审计是单位内部开展的、独立的、客观的监督和评价活动，是内部控制的重要手段。"❶ 内部审计通过应用系统的、规范的方法，评价并改善风险管理、控制及治理过程的效果，帮助单位实现其目标。

高校财务内部控制监督，需要确保单位建立完善的内部审计工作机制，促进单位形成有效的经济活动监督机制，建立内部审计制度、审计标准，为内部审计工作的科学性、规范性提供支持；建立精干、高效的内部审计队伍，促进内部审计工作的有序开展。单位的审计处是单位内部审计的归口管理部门，负责根据本单位的业务特点开展内部审计工作，及时发现管理的薄弱环节和管理中存在的问题，并不断改进和提升。各职能处室根据内部审计的要求，配合审计处开展工作。

1. 高校内部控制审计的关注重点

在内部审计工作准备阶段，应避免无内部审计计划、未能有序组织的内部审计工作，造成内部审计人力、物力的浪费，影响内部审计工作目标的实现。在内部审计项目组建时，应当注意内部审计人员的甄选，避免未具备审计专业能力、素质水平要求的人员负责内部审计工作，影响内部审计工作质量。在内部审计实施过程中，应当注意避免内部审计实施方案制定不完整，审计实施程序不明确，影响内部审计工作的实施。在内部审计现场工作完成后，避免未能与被内部审计进行充分沟通，或没有针对内部审计问题进行反馈和改进，达不到促进相关部门和责任人进一步完善工作的目的。

2. 高校制订内部控制审计计划

审计处每年初根据单位具体情况及相关负责人要求，确定审计重点，编制年度审计工作计划，内容包括：纳入内部审计范围的单位、责任人、经费类别等；时间安排；内部审计项目的组织形式，即自行评价、委托中介机构评价、其他

---

❶ 易艳红. 高校内部控制与风险防范[M]. 北京：国家行政学院出版社，2019：196.

方式的评价：拟聘内部审计项目的负责人。年度审计工作计划根据单位授权情况，经相关负责人审批后执行。

3. 高校组建内部控制审计项目组

审计处根据经批准的年度审计工作计划，结合具体情况，确定审计对象，组织审计小组，并制定项目负责人。当审计处人员能力不足以完成工作任务时，可提出申请由外聘专家或者其他专业人士协助完成审计工作，或经批准后委托中介机构独立完成。

4. 高校实施内部控制审计工作

审计项目负责人在初步了解被审计单位的情况的基础上，编制项目审计方案，确定具体审计时间、范围和方式等内容，经相关负责人审批后执行。审计处根据批准的项目审计方案，在项目审计开始前的规定时间，将审计的时间、范围、内容、方式、要求及审计人员名单等事项通知被审计单位。审计小组依据工作计划，实施各项审计程序，收集审计证据。审计处在对审计事项进行审计后，应进行综合分析，写出审计报告初稿，征求被审计单位意见。审计处在征求被审计单位意见后，提出正式审计报告，由单位相关负责人审批后，相关负责人作出审计决定或由审计处作出审计意见书，抄送被审计单位并通知其执行。

5. 高校内部控制审计档案归档

审计处办理的每一审计事项都必须按规定要求在审计结论和决定后的规定时间内建立审计档案，并妥善保管，以备考察。审计档案未经单位相关负责人批准不得销毁，亦不得擅自借给其他单位和调阅。

（二）高校财务内部控制监督——审计业务实践

1. 内部控制审计工作方案

（1）单位基本情况。如高校名称、内设机构等。

（2）审计目标。通过审计，促进校内各有关部门、单位完善内部控制机制，加强内部管理，防止风险、舞弊行为的产生，提高管理水平和办学效益，达到遵守国家有关法律法规和学校内部各项规章制度，信息真实、可靠，资金、资产安全、完整,办学资源有效使用,提高管理运营的效率和效果情况的目标。

(3)审计范围。针对学校重要业务活动的内部控制,包括内部环境、风险预防、控制措施、信息与沟通、内部监督五个要素进行审计。

(4)审计内容和重点。

第一,建立与实施内部控制原则遵循情况,主要查看高校建立与实施内部控制时是否遵循四大原则,即全面性、重要性、制衡性和适应性原则。如内部控制是否贯穿单位经济活动的决策、执行和监督全过程,实现对经济活动的全面控制,有无内部控制的盲区;在全面控制的基础上,是否突出重点,关注高校重要经济活动和经济活动的重大风险;在高校内部的部门管理、职责分工、业务流程等方面是否形成相互制约和相互监督;内部控制是否符合国家有关规定和单位的实际情况,并随着外部环境的变化、高校经济活动的调整和管理要求的提高,不断修订和完善。

第二,风险评估机制建设情况。风险评估机制建设情况主要查看单位是否建立风险定期评估机制,对经济活动存在的风险进行全面、系统和客观评估。经济活动风险评估是否做到至少每年进行一次;外部环境、经济活动或管理要求等发生重大变化的,是否及时对经济活动风险进行重估。高校开展经济活动风险评估是否成立风险评估工作小组并由高校领导担任组长。经济活动风险评估结果是否形成书面报告并及时提交高校领导班子,作为完善内部控制的依据。风险评估主要分单位层面和经济活动业务层面。

一是单位层面的风险评估。单位层面的风险评估应当重点关注以下方面,见表3-2。

表3-2 单位层面的风险评估

类别	具体内容
内部控制工作的组织情况	主要包括是否单独设置或者确定内部控制职能部门或牵头部门,负责组织协调内部控制工作;是否建立单位各部门在内部控制中的沟通协调和联动机制;是否充分发挥财会、内部审计、纪检监察、政府采购、基建、资产管理等部门或岗位在内部控制中的作用

续表

类别	具体内容
内部控制机制的建设情况	主要包括经济活动的决策、执行、监督是否实现有效分离；权责是否对等；是否建立健全集体研究、专家论证和技术咨询相结合的议事决策机制；重大经济事项的内部决策，是否由单位领导班子集体研究决定；重大经济事项的认定标准是否根据有关规定和本单位实际情况确定，一经确定是否随意变更。是否建立健全岗位责任制，明确岗位职责及分工，确保不相容岗位相互分离、相互制约和相互监督。是否实行预算、收支、政府采购、资产、建设项目、合同管理以及内部监督等经济活动的内部控制关键岗位工作人员的轮岗制度，明确轮岗周期。不具备轮岗条件的单位是否采取专项审计等控制措施；是否建立健全内部监督等机制，明确各相关部门或岗位在内部监督中的职责权限，规定内部监督的程序和要求，对内部控制建立与实施情况进行内部监督检查和自我评价
内部管理制度的完善情况	包括内部管理制度是否健全，执行是否有效。不相容岗位相互分离制度是否健全，内部授权审批控制制度、重大事项集体决策和会签制度，是否根据本单位实际情况，按照权责对等的原则，成立联合工作小组并确定牵头部门或牵头人员等方式，对有关经济活动实行统一管理。是否强化对经济活动的预算约束，使预算管理贯穿于经济活动的全过程。是否建立资产日常管理制度和定期清查机制，采取资产记录、实物保管、定期盘点、账实核对等措施，确保资产安全完整。是否建立健全本单位财会管理制度，加强会计机构建设，提高会计人员业务水平，强化会计人员岗位责任制，规范会计基础工作，加强会计档案管理，明确会计凭证、会计账簿和财务会计报告处理程序。是否根据国家有关规定和单位的经济活动业务流程，在内部管理制度中明确界定各项经济活动所涉及的表单和票据，要求相关工作人员按照规定填制、审核、归档、保管单据。是否建立健全经济活动相关信息内部公开制度，根据国家有关规定和单位的实际情况，确定信息内部公开的内容、范围、方式和程序
内部控制关键岗位工作人员的管理情况	包括是否建立工作人员的培训、评价、轮岗等机制；工作人员是否具备相应的资质和能力，特别是内部控制关键岗位工作人员是否具备与其工作岗位相适应的资格和能力。是否根据《中华人民共和国会计法》的规定建立会计机构，配备具有相应资质和能力的会计人员。是否加强内部控制关键岗位工作人员业务培训和职业道德教育，不断提升其业务水平和综合素质
财务信息的编报情况	包括是否根据实际发生的经济业务事项按照国家统一的会计制度及时对经济业务事项进行账务处理；是否按照国家统一的会计制度编制财务会计报告，确保财务信息真实、完整

需要注意的是，如果有其他需要关注的情况，审计中同样应该予以关注。

二是经济活动业务层面的风险评估。经济活动业务层面的风险评估应当重点关注以下方面（表3-3）。

表 3-3　经济活动业务层面的风险评估

类别	具体内容
预算管理情况	预算管理情况主要包括单位内部各部门之间在预算编制过程中是否充分沟通协调，是否将预算编制与资产配置相结合，预算编制与具体工作是否相对应；是否按照批复的额度和开支范围执行预算，进度是否合理，是否存在无预算、超预算支出等情况；决算编报是否真实、完整、准确、及时
收支管理情况	收支管理情况主要包括是否实现收入归口管理，是否按照规定及时向财会部门提供收入的有关凭据，是否按照规定保管和使用印章和票据等；是否按照规定审核各类支出凭据的真实性、合法性，是否有使用虚假票据套取资金的情形
政府采购管理情况	政府采购管理情况主要包括是否按照预算、计划和政府采购规定组织实施政府采购业务，是否按照政府采购规定执行验收程序，是否按照规定保存政府采购相关档案
资产管理情况	资产管理情况主要包括是否实现资产归口管理并明确使用责任，是否定期对资产进行清查盘点，及时处理账实不符的情况，是否按照规定处置资产
建设项目管理情况	严格履行审核审批程序，建立有效的招投标控制机制；是否有截留、挤占、挪用、套取建设项目资金的情形；是否按照规定保存建设项目相关档案并及时办理移交手续
合同管理情况	合同管理情况主要包括是否实现合同归口管理，明确应签订合同的经济活动范围和条件；是否有效监控合同履行情况，建立合同纠纷协调机制

三是业务层面内部控制审计。

第一层面：预算业务内部控制审计，见表 3-4。

表 3-4　预算业务内部控制审计

类别	主要内容
预算管理	是否合理设置岗位，明确相关岗位的职责权限，预算编制、审批、执行、评价等不相容岗位是否相互分离。预算编制是否做到程序规范、方法科学、编制及时、内容完整、项目细化、数据准确。是否建立内部预算编制、预算执行、资产管理、基建管理、人事管理等部门或岗位的沟通协调机制，并按照规定进行项目评审，根据工作计划细化预算编制。是否根据内设部门的职责和分工，对按照法定程序批复的预算在单位内部进行指标分解、审批下达，规范内部预算追加调整程序。是否建立预算执行分析机制，以定期通报各部门预算执行情况，召开预算执行分析会议，研究解决预算执行中存在的问题，提出改进措施
决算管理	决算是否真实、完整、准确、及时，是否实施决算分析工作，强化决算分析结果运用，建立健全单位预算与决算相互反映、相互促进的机制。是否实施预算绩效管理，建立"预算编制有目标、预算执行有监控、预算完成有评价、评价结果有反馈、反馈结果有应用"的全过程预算绩效管理机制

第二层面：收入业务内部控制审计，见表3-5。

表3-5　收入业务内部控制审计

类别	主要内容
收入核算管理	各项收入是否由财会部门归口管理并进行会计核算，有无设立账外账情况。业务部门是否在涉及收入的合同协议签订后及时将合同等有关材料提交财会部门作为账务处理依据。财会部门是否定期检查收入金额与合同约定相符；对应收未收项目是否查明情况，明确责任主体，落实催收责任。有政府非税收入收缴职能的单位是否按照规定项目和标准征收政府非税收入，按照规定开具财政票据，并及时、足额上缴国库或财政专户；有无以任何形式截留、挪用或者私分的情况
票据管理	是否建立健全票据管理制度。财政票据、发票等各类票据的申领、启用、核销、销毁是否履行规定手续。是否按照规定设置票据专管员，建立票据台账，做好票据的保管和序时登记工作。票据是否按照顺序号使用，有无拆本使用情况，是否做好废旧票据管理。负责保管票据的人员是否配置单独的保险柜等保管设备，并做到人走柜锁。是否存在违反规定转让、出借、代开、买卖财政票据、发票等票据，擅自扩大票据适用范围的情况

第三层面：支出业务内部控制审计。支出业务内部控制审计主要包括：单位是否建立健全支出内部管理制度，确定单位经济活动的各项支出标准，明确支出报销流程，按照规定办理支出事项。是否合理设置岗位，明确相关岗位的职责权限，支出申请和内部审批、付款审批和付款执行、业务经办和会计核算等不相容岗位是否相互分离。是否按照支出业务的类型，明确内部审批、审核、支付、核算和归档等支出各关键岗位的职责权限。支出业务内部控制审计具体见表3-6。

表3-6　支出业务内部控制审计

类别	主要内容
审批审核管理	是否明确支出的内部审批权限、程序、责任和相关控制措施，审批人是否在授权范围内审批，有无越权审批情况。是否全面审核各类单据，包括单据来源是否合法，内容是否真实、完整，使用是否准确，是否符合预算，审批手续是否齐全。支出凭证是否附能反映支出明细内容的原始单据，并由经办人员签字或盖章，超出规定标准的支出事项是否由经办人员说明原因并附审批依据
支付管理	是否明确报销业务流程，按照规定办理资金支付手续。签发的支付凭证是否进行登记。使用公务卡结算的，是否按照公务卡使用和管理有关规定办理业务。实行国库集中支付的是否严格按照财政国库管理制度有关规定执行。财会部门是否根据支出凭证及时准确登记账簿，与支出业务相关的合同等材料是否提交财会部门作为账务处理的依据

续表

类别	主要内容
债务管理	举借债务的单位是否建立健全债务内部管理制度，明确债务管理岗位的职责权限，有无由一人办理债务业务全过程的情况。大额债务的举借和偿还属于重大经济事项，是否对其进行充分论证，并由单位领导班子集体研究决定。是否做好债务的会计核算和档案保管工作。是否加强债务的对账和检查控制，定期与债权人核对债务余额，进行债务清理

第四层面：政府采购业务内部控制审计，主要包括是否建立健全政府采购预算与计划，政府采购活动、验收管理等政府采购内部管理制度。是否明确相关岗位的职责权限，政府采购需求制定与内部审批、招标文件准备与复核、合同签订与验收、验收与保管等不相容岗位是否相互分离。政府采购业务内部控制审计具体见表3-7。

表3-7　政府采购业务内部控制审计

类别	主要内容
预算和计划管理	是否建立预算编制、政府采购和资产管理等部门或岗位之间的沟通协调机制。是否根据本单位实际需求和相关标准编制政府采购预算，按照已批复的预算安排政府采购计划
采购活动管理	是否对政府采购活动实施归口管理，在政府采购活动中建立政府采购、资产管理、财会、内部审计、纪检监察等部门或岗位相互协调、相互制约的机制。是否加强对政府采购申请的内部审核，按照规定选择政府采购方式、发布政府采购信息。对政府采购进口产品、变更政府采购方式等事项是否严格履行审批手续
项目验收管理	是否根据规定的验收制度和政府采购文件，加强对政府采购项目验收的管理；是否由指定部门或专人对所购物品的品种、规格、数量、质量和其他相关内容进行验收，并出具验收证明
记录和统计管理	是否加强对政府采购业务的记录控制。是否妥善保管政府采购预算与计划，各类批复文件、招标文件、投标文件、评标文件、合同文本、验收证明等政府采购业务相关资料。是否加强对涉密政府采购项目的安全保密管理。对于涉密政府采购项目，是否与相关供应商或采购中介机构签订保密协议或者在合同中设定保密条款。是否定期对政府采购业务信息进行分类统计，并在内部进行通报

第五层面：资产业务内部控制审计。主要包括是否对资产实行分类管理，建立健全资产内部管理制度。是否合理设置岗位，明确相关岗位的职责权限。具体见表3-8。

表3-8 资产业务内部控制审计

类别	主要内容
货币资金管理	是否建立健全货币资金管理岗位责任制，合理设置岗位，有无由一人办理货币资金业务的全过程，有无不相容岗位没有分离的情况。出纳是否兼管稽核、会计档案保管和收入、支出、债权、债务账目的登记工作。有无一人保管收付款项所需的全部印章，负责保管印章的人员是否配置单独的保管设备，并做到人走柜锁。按照规定应当由有关负责人签字或盖章的，是否严格履行签字或盖章手续。是否加强对银行账户的管理，严格按照规定的审批权限和程序开立、变更和撤销银行账户。是否加强货币资金的核查控制，指定不办理货币资金业务的会计人员定期和不定期抽查盘点库存现金，核对银行存款余额，抽查银行对账单、银行日记账及银行存款余额调节表；对调节不符、可能存在重大问题的未达账项是否及时查明原因，按照相关规定处理
实物资产和无形资产管理	是否明确相关部门和岗位的职责权限，强化对配置、使用和处置等关键环节的管控。是否对资产实施归口管理，明确资产使用和保管责任人，落实资产使用人在资产管理中的责任。贵重资产、危险资产、有保密等特殊要求的资产，是否指定专人保管、专人使用，并规定严格的接触限制条件和审批程序。是否按照国有资产管理相关规定，明确资产的调剂、租借、对外投资、处置的程序、审批权限和责任。是否建立资产台账，加强资产的实物管理。是否定期清查盘点资产，确保账实相符。财会、资产管理、资产使用等部门或岗位是否定期对账，发现不符的，是否及时查明原因，并按相关规定处理。是否建立资产信息管理系统，做好资产的统计、报告、分析，实现对资产的动态管理

第六层面：合同管理内部控制制度审计，具体包括：①是否建立健全合同管理制度，明确划分相关岗位的职责权限，做到不相容岗位相互分离。②对外签订合同是否经授权审批，是否存在未经授权擅自对外签订合同的现象。③合同的订立、履行、变更以及价款结算等是否按照相关规定执行。④是否对合同实施归口管理，包括合同的登记、保管、归档和统计等。⑤是否建立财务部门与合同归口管理部门的沟通协调机制，实现合同管理与预算管理、收支管理相结合。⑥合同纠纷、违约责任的处理是否按约定条款依法进行，处理是否及时。

（5）审计人员安排及时间安排。

第一，审计组成员及分工。具体分工如下：①审计组组长：编制审计实施方案，编制单位整体层面审计工作底稿，编制业务层面资产管理和采购管理审计工作底稿，负责对业务人员的指导，负责与单位沟通意见，负责编写审计报告。②审计组成员：编制业务层面预算审计工作底稿、收支审计工作底稿，执行现场审计程序。编制业务层面合同审计工作底稿、建设项目审计工作底稿，执行现场审计程序。

第二，审计工作时间：①准备阶段——了解被审计单位基本情况，进行审前调查，制定审计实施方案，报审计处批准。被审计单位准备需要提供的审计资料。②现场实施阶段——召开进点会、收集审计资料、实施内部控制测试、实施现场审计、访谈和沟通确认审计工作底稿。③报告阶段——草拟审计报告征求意见稿、形成正式征求意见稿。根据征求意见书、反馈意见表及审计意见采纳情况表，形成正式审计报告。如特殊原因需要延长审计时间，则作出相应调整。

（6）工作要求。

第一，提高认识，精心组织。审计人员要充分认识本次审计工作的重要性和艰巨性，贯彻"全面审计、突出重点"的工作方针，增强宏观意识，拓展思路，从多角度、多层次发现问题，客观全面提出审计意见及建议。

第二，统筹安排，保证力量。审计组要对审计人员作出统筹安排，保证审计工作所需人力和时间；同时，还要积极创造条件，聘请有关专家参与审计，充实审计力量，加大审计力度，提高审计效果；还要充分利用计算机等辅助手段，提高审计效率。

第三，加强沟通，注重信息。审计组要定期向学校审计处汇报工作进展情况，加强统一协调；重视审计信息的开发利用，对审计过程中发现的重大违法违纪问题或问题线索，要及时上报。

第四，落实审计责任，规范审计行为，保证审计质量，防范审计风险。审计组要加强对现场审计工作的组织和管理，工作要谦虚谨慎、严谨细致，保证质量，防范审计风险；严格执行《中国注册会计师执业准则》，确保审计查出问题和审计信息中反映的问题事实清楚、定性准确、数据可靠。

第五，遵守审计纪律。严格遵守审计廉政纪律，落实廉政责任，维护审计形象。进一步加强审计现场保密教育和管理，制定现场审计设备、审计资料、审计数据的管理制度。

2. 内部控制总体评价情况

(1) 单位基本情况。介绍单位总体情况，一般包括单位性质、隶属关系、机构设置、人员情况等。

(2) 内部控制总体评价情况。依据相关标准对学校内部控制单位层面及业务层面管理情况进行了评价，其中：①单位层面——内部控制工作的组织情况，内部控制机制的建设情况，内部管理制度建设与修订情况，风险评估机制建设存在缺陷。②业务层面——预算管理整体情况；预算分析机制有待建立；收支管理整体情况较好；收支审核及标准依据制定情况；采购管理制度尚需修订，采购执行应与制度规定保持高度一致；资产管理整体情况；合同管理整体情况；建设项目管理情况。

(3) 内部控制体系建设情况。工作机构设置；内部控制制度建立情况；内部控制手册建立与实施情况；风险评估情况；单位层面内部控制情况，重点分析内部控制工作的组织情况、内部控制机制的建设情况、内部控制关键岗位工作人员的管理情况、会计系统控制情况、信息系统建设情况、对所属单位内控监管情况；业务层面内部控制情况，重点分析预算管理情况、收支管理情况、资产管理情况、采购管理情况、合同管理情况、基建管理情况。

(4) 审计中发现的风险及问题。

第一，内部控制风险及缺陷。按照内部控制严重程度分类：重大缺陷（也称实质性漏洞）指一个或多个控制缺陷的组合，可能严重影响内部整体控制的有效性，进而导致无法及时防范或发现严重偏离整体控制目标的情形。如管理人员存在徇私舞弊行为，对已经公告的财务报告出现的重大差错未进行错报更正、更改财政预算用途，截留、挪用财政资金，学校决策程序导致重大失误，合同签订不完善存在损害学校经济利益的相关条款，合同审查不严格，未及时发现并更正不利于学校权益的条款，造成学校存在权益纠纷的风险等。重要缺陷指一个或多个一般缺陷的组合，其严重程度低于重大缺陷，但导致无法及时防范或发现严重偏离整体控制目标的严重程度依然重大，需引起管理层关注。如现存设计完好的控制没有按设计意图运行，或执行者没有获得必要授权或缺乏胜任能力以有效地实施控制，无上级政策法规严格规定，属于补贴、补助、劳务等经常性发生的支出业务，未制定相关制度或标准，未严格按制度规定执行审核、审批，相关审批权限设定级次较低，决策程序导致出现一般失误等。一般缺陷指除重要缺陷、重大缺陷外的其他缺陷。如未及时修订内控制度或管理制度不完善等。缺陷认定合理确定相关目标发生偏差的可容忍水平，从而对严重偏离的情形予以确定。

第二，单位层面的问题。包括组织机构设置及职责分工方面、风险评估工作方面、内控手册编制方面、对所属单位内控监管方面。

第三，业务层面的问题。包括预算管理方面、收支管理方面、采购管理方面、资产管理方面、合同管理方面、建设项目管理方面。

（5）审计建议。分单位层面及业务层面两方面，针对发现的问题重点从预算管理、收支管理、采购管理、资产管理、合同管理、建设项目管理等方面提出。

第四章 高校内部业务控制及其风险描述

第一节 高校预算业务控制及其风险描述

一、高校预算业务控制概述

(一) 高校预算的认知

高校预算是指高等学校根据事业发展规划和工作计划编制的年度财务收支计划，反映了一个预算年度内高校的资金收支规模和资金使用方向。高校预算由收入预算和支出预算组成。

高校预算按管理级次划分，包括校级预算和二级单位预算，校级预算是学校层面的预算，由学校财务部门汇总各二级单位预算后综合编制而成的；二级单位预算是高校预算的基础，它是由各部处、各学院等二级单位自行编制而成的。

高校预算按使用者划分，包括部门预算和校内预算，部门预算是上报给教育主管部门和财政部门的预算，使用者是政府部门；校内预算是高校根据下达的部门预算而编制的，使用者是高校领导和校内各部门。

1. 高校预算的基本构成

(1) 按资金性质划分，包括财政拨款、非财政拨款。

(2) 按预算类别划分，包括基本支出、项目支出。

(3) 按业务类别划分，包括教学科研、教学辅助、行政管理、后勤服务。

(4) 按经济分类划分，包括工资福利支出、商品和服务支出、对个人和家庭的补助、债务利息支出、基本建设支出、其他资本性支出。

（5）按科目划分，包括财政补助收入、教育事业收入、科研事业收入、上级补助收入、附属单位上缴收入、经营收入、其他收入。还包括教育事业支出、科研事业支出、行政管理支出、后勤保障支出、离退休支出、上缴上级支出、对附属单位补助支出、经营支出、其他支出。

2. 高校预算控制框架

高校预算控制指的是对高校预算业务的控制，它在高校财务控制中居于核心位置。高校预算控制是一个闭环管理控制系统，它由预算编制、预算审批、预算执行、预算调整、年终决算、绩效评价等环节组成，这些环节相互关联、相互衔接、相互作用，构成了完整的预算控制体系。

高校应当建立健全预算管理体制和运行机制，明确各相关部门的职责权限、授权批准程序和工作协调机制，制订和完善预决算管理各项规章制度，全面梳理和分析预决算管理各环节的风险，并采取合理手段进行有效控制。具体如图 4-1[1] 所示。

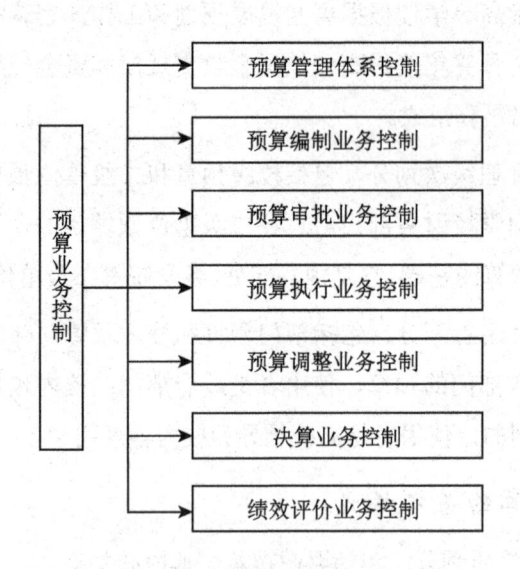

图 4-1 高校预算业务控制框架

---

[1] 刘罡. 高校财务内部控制实务 [M]. 北京：中国农业大学出版社，2018：58.

3. 高校预算编制原则

对于公立高校而言，国家拨款是其主要的经费来源，包括中央财政拨款和地方财政拨款。国家对高校实行核定收支、定额或定向补助、超支不补、结转和结余按规定使用的预算管理办法，具体而言，国家一方面通过设定生均拨款标准、核定在校学生人数向学校提供基本拨款；另一方面通过设置各类专项资金向高校提供定向拨款。对于高校超支部分国家不再补充，结转和结余资金按照国家相关规定使用。

因此，高校预算编制应当遵循"量入为出、收支平衡"的原则，不得编制赤字预算。收入预算应当积极稳妥，凡是应当纳入预算的各项收入都要纳入预算；支出预算编制应当统筹兼顾各类资金，重点保证人员支出和运行支出，资金投向尽可能向教学和科研倾斜，另外还要坚持勤俭节约的原则，大力压缩"三公"经费和一般性公务支出。

（二）高校预算业务控制目标

1. 预算管理体系控制目标

（1）建立健全预算管理体制，明确各相关部门的职责权限，制订和完善预决算管理各项规章制度。

（2）建立科学的预算管理运行机制，明确预算业务各环节的工作流程、工作要求、审批权限和责任划分。

（3）合理设置预算管理岗位，明确相关岗位的职责权限，确保预算业务各环节不相容岗位的分离。

2. 预算编制控制目标

（1）确保预算编制过程中学校内部充分沟通协调，流程设置合理顺畅，公开透明。

（2）确保预算编制与学校年度工作计划和事业发展战略规划的匹配性和一致性。

（3）保证学校年度预算编制科学、准确、合规、合理、及时、完整。

（4）统筹兼顾，保障重点，妥善安排各项资金需求，力争收支平衡。

3. 预算审批控制目标

(1) 确保预算审批流程设置科学，各个环节的审批要求和时限明确。

(2) 校内各个审批主体职责明确，分工合理，认真负责。

(3) 经批复后的预算指标分解细化，下达及时，不得影响各二级单位的预算执行。

4. 预算执行控制目标

(1) 预算执行主体明确，责任清晰，资金使用审批权限明确。

(2) 确保预算执行严格按照批复的要求执行，杜绝无预算或超预算执行。

(3) 预算执行严格按照规定的审批流程进行，严禁违规使用资金。

(4) 加快预算执行进度，力争达到预期的预算目标。

5. 预算调整控制目标

(1) 严格审核预算调整事项的必要性和可行性，没有特殊情况不得随意提出预算调整。

(2) 严格预算调整程序，保证调整程序合法合规，严禁未经批准擅自调整预算。

(3) 明确预算调整审批权限，确保审批符合规定。

6. 决算与绩效评价控制目标

(1) 决算控制目标：①保证高校年度决算报告编制真实、完整、及时、准确，能够真实反映学校的财务状况和收支情况。②确保决算编制及审批程序合理，职责明确，工作顺畅有效。③加强决算分析及决算结果运用，为下一年度预算工作提供依据。

(2) 绩效评价控制目标：①建立"预算编制有目标、预算执行有监控、预算完成有评价、评价结果有反馈、反馈结果有应用"的全过程绩效管理机制。②明确校内预算绩效评价牵头单位，制定绩效评价方法和指标，科学合理地开展评价工作。③及时反馈评价结果，重视绩效评价结果运用，建立奖惩机制，落实奖惩责任。

（三）高校预算业务控制流程

高校可以根据预算管理的要求，结合学校实际情况，编制预算业务控制的流程图，具体包括预算编制、预算审批、预算执行、预算调整、决算、预算绩效评价等。

第一，预算编制业务控制流程（图 4-2）。

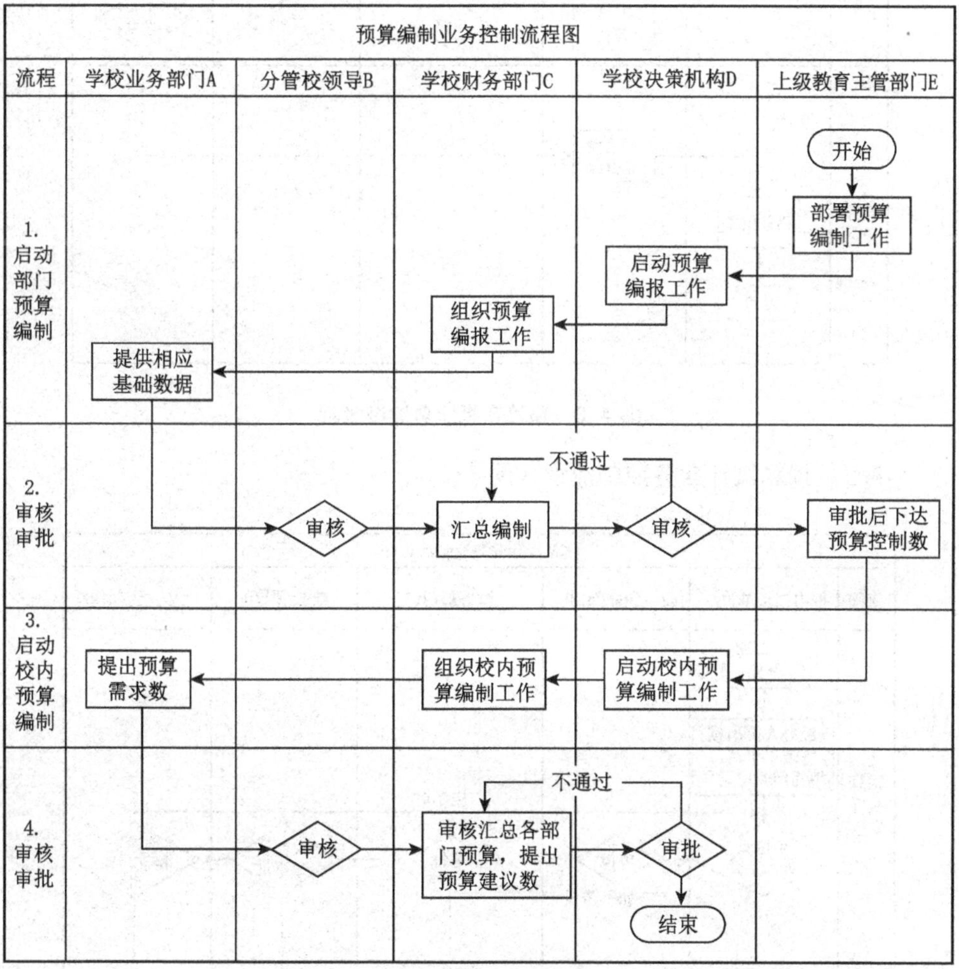
预算编制业务控制流程图
流程
学校业务部门A
分管校领导B
学校财务部门C
学校决策机构D
上级教育主管部门E
1.启动部门预算编制
开始
部署预算编制工作
启动预算编报工作
组织预算编报工作
提供相应基础数据
2.审核审批
不通过
审核
汇总编制
审核
审批后下达预算控制数
3.启动校内预算编制
提出预算需求数
组织校内预算编制工作
启动校内预算编制工作
4.审核审批
不通过
审核
审核汇总各部门预算，提出预算建议数
审批
结束

图 4-2 预算编制业务控制流程

第二，预算审批业务控制流程（图 4-3）。

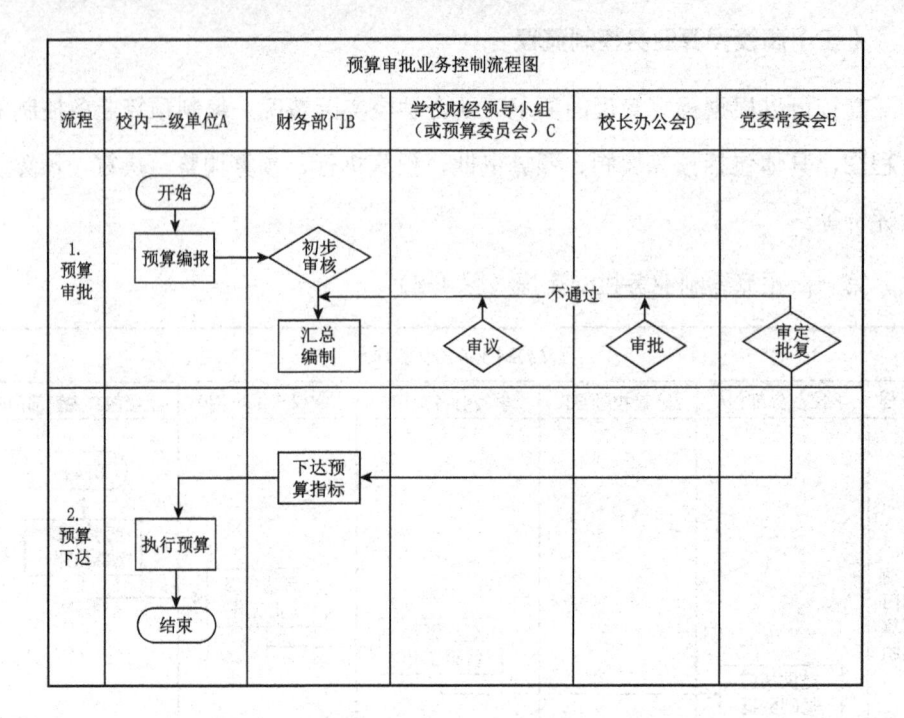

图 4-3　预算审批业务控制流程

第三，预算执行业务控制流程（图 4-4）。

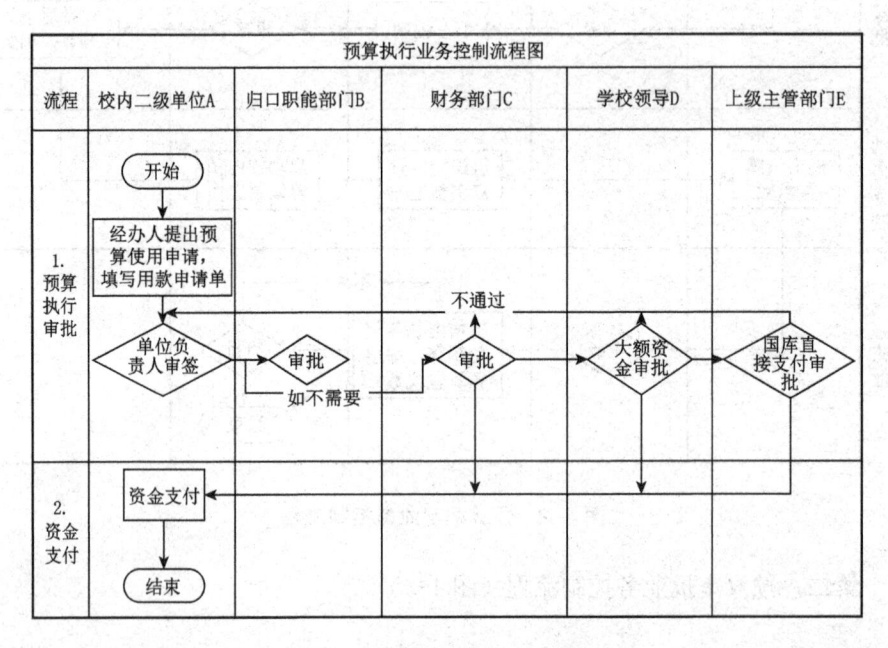

图 4-4　预算执行业务控制流程

第四，预算调整业务控制流程（图 4-5）。

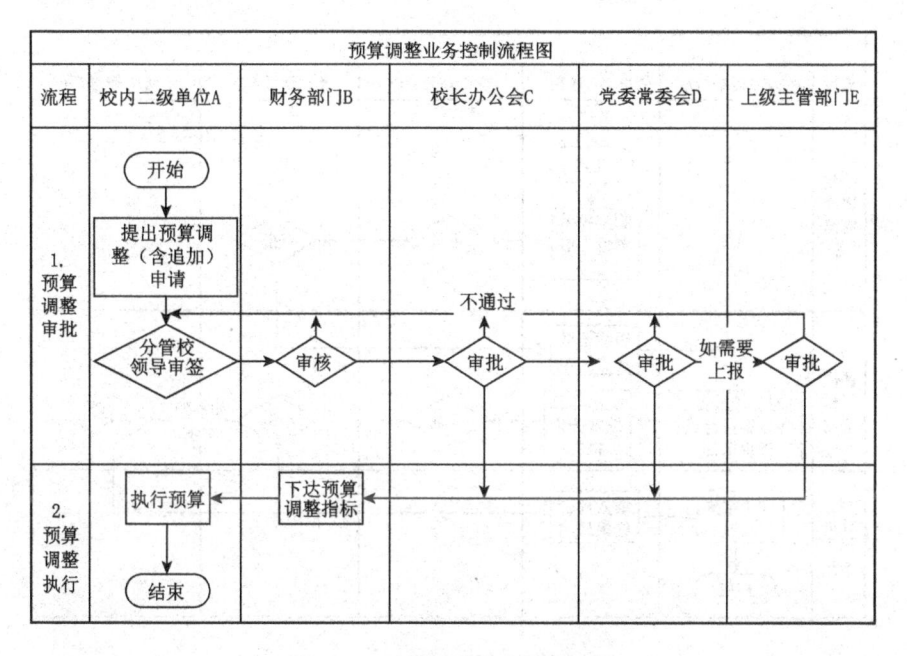

图 4-5 预算调整业务控制流程

第五，决算业务控制流程（图 4-6）。

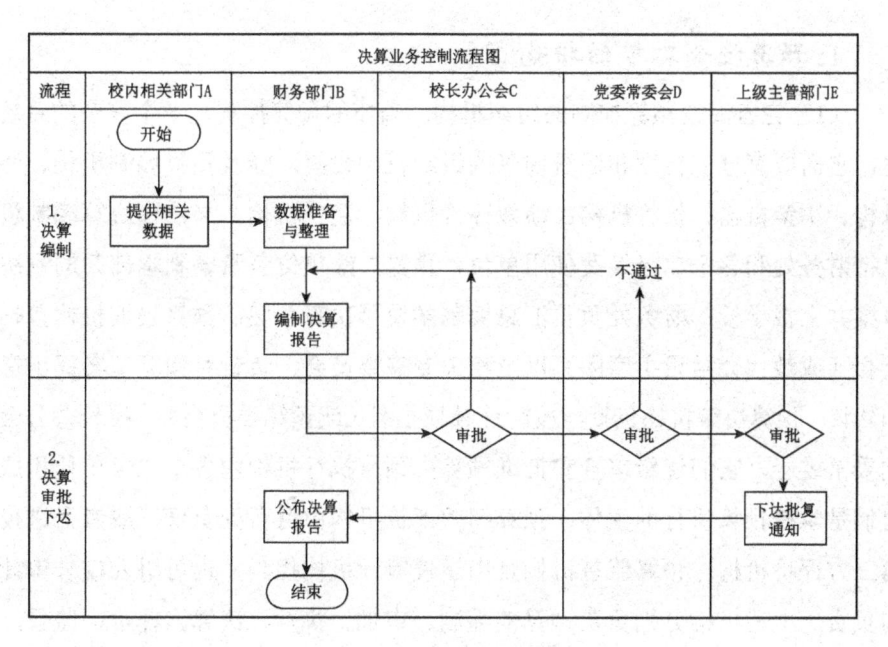

图 4-6 决算业务控制流程

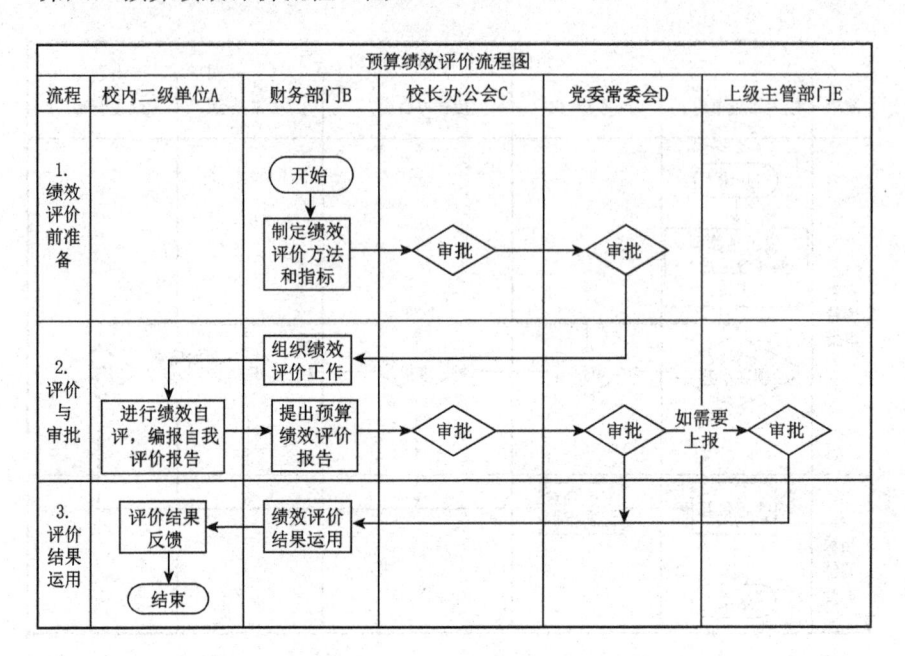

第六，预算绩效评价流程（图4-7）。

流程	校内二级单位A	财务部门B	校长办公会C	党委常委会D	上级主管部门E
1.绩效评价前准备		开始 → 制定绩效评价方法和指标	审批	审批	
2.评价与审批	进行绩效自评，编报自我评价报告	组织绩效评价工作 ← ； 提出预算绩效评价报告	审批	审批	如需要上报 → 审批
3.评价结果运用	评价结果反馈 → 结束	绩效评价结果运用			

图4-7　预算绩效评价流程

（四）高校预算业务控制措施

1. 预算控制环节的措施

（1）完善高校预算控制的组织机构。高校的预算控制是一个复杂的系统工程，它需要有分工合理和职责明确的组织机构设置，涉及预算编制机构、咨询机构、决策机构、执行机构、绩效评价机构、监督机构。高校预决算编制机构包括财务处和各个二级经费使用单位，预算二级单位负责编制本部门的预决算草案并上报学校，财务处负责汇总编制学校预决算草案；预算咨询机构包括教代会（或教代会常设主席团）以及相关专家委员会，负责对预算草案提出意见和建议；预算决策机构包括学校财经领导小组（或预算委员会）、校长办公会、党委常委会，它们逐级审查和批准预算；预算执行机构由各个二级单位构成，它们是学校预算执行的主体；预算绩效评价机构由财务处负责，或者引进校外第三方评价机构；预算监督机构则由学校审计机构担当，也可引入校外审计机构负责。上述机构分别负责预算的编制、审批、执行、决算、评价、监督，确保不相容岗位相互分离。

（2）建立健全预算管理的规章制度。高校应当根据国家预算法规和上级有关政策要求，结合学校实际情况，制定和完善预算管理制度，应当包括预算编制、预算审批、预算执行、预算调整、决算、绩效评价等内容，确保整个预算管理流程都依法依规进行。

（3）完善预算控制的运行机制。高校应当制定一套规范合理和顺畅的预算业务控制运行机制，并严格按照规定的流程和权限执行。高校预算编制与审批流程如图4-8所示。

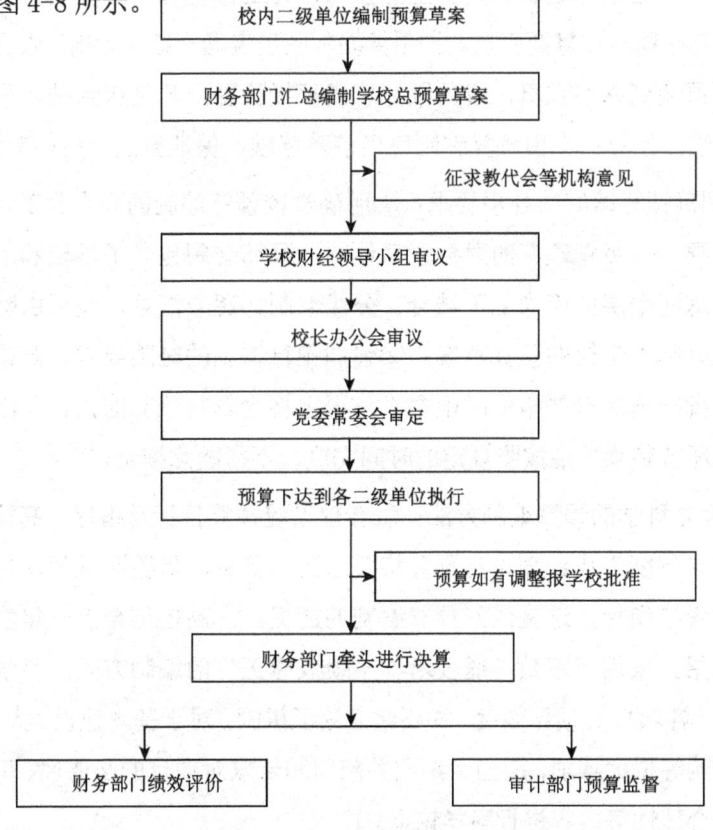

```
校内二级单位编制预算草案
        ↓
财务部门汇总编制学校总预算草案
        ↓
   征求教代会等机构意见
        ↓
   学校财经领导小组审议
        ↓
      校长办公会审议
        ↓
      党委常委会审定
        ↓
   预算下达到各二级单位执行
        ↓
  预算如有调整报学校批准
        ↓
    财务部门牵头进行决算
        ↓
财务部门绩效评价    审计部门预算监督
```

图 4-8　高校预算编制与审批流程

2. 预算编制环节的措施

高校预算编制环节是高校预算管理的起点，预算业务控制就是要保证年度预算编制依据合理、程序规范、要求明确、方法科学、内容完整、数据准确，保障学校收支平衡，妥善安排各项资金需求，确保学校年度工作计划和事业发展战略规划的实现。

（1）把握好高校预算编制的依据和原则：①严格执行国家预算法规、财政部相关预算编制的政策要求、上级教育主管部门的工作要求、高校制定的预算管理办法，确保预算编制合法合规。②关注国家经济形势和政府财政增长状况，这是以财政拨款为收入来源主体的公办大学的必修课，这样才能准确预计学校收入增长趋势，做好五年财政规划和三年滚动预算，为年度收入预算的编制打好基础。③预算编制务必与学校的事业发展规划和年度工作计划紧密衔接，根据规划和计划确定预算编制原则和重点投向，将工作任务与预算支出一一分解和对应，避免计划与预算两张皮。④预算编制应当遵循"量入为出，收支平衡"的原则，不得编制赤字预算，收入预算应当积极稳妥，凡是应当纳入预算的各项收入都要纳入预算；支出预算编制应当统筹兼顾、保证重点、厉行节约。

（2）明确预算编制的各项要求：①明确学校预算编制的职责分工，高校实行"统一领导，分级管理"的财务管理体制，预算编制包含了学校和二级单位两个层面，这两个层面应当上下结合、分级编制、逐级汇总，最后由财务部门综合平衡，编制出学校的预算草案。②强调预算编制的时限要求，高校预算编制从启动到批准下达有严格的时限要求，否则将会影响预算的执行，因此预算编制的各个环节必须严格按照规定的时间完成，不得随意拖延。

（3）建立科学的预算编制方法：①合理设置预算目标及指标，高校根据事业发展规划和年度工作计划设定预算将要达到的目标，借鉴财务管理目标来设置预算绩效考核指标，这是做好预算编制的前提。②高校结合上一年度预算执行的评价结果，采用"基数＋适度增长＋绩效修正"的编制方式，科学合理地确定各单位、各项目的预算额度。③要建立论证机制，对于基本建设、大型维修、大额物资采购等重大事项，应当组织相关部门和专家对项目的必要性、可行性、预算金额的合理性等内容进行科学论证。

3. 预算审批环节的措施

（1）健全预算审批机制。由于高校预算实行两级管理，涉及多个预算审批机构，包括二级学院的党政联席会、职能部处的处务会、财务处、教代会、学校预算委员会或财经领导小组、校长办公会、党委常委会等，这些机构分别履行各自的审批职责，从低到高，逐级审批，层层把关，形成了完整的高校预算审批机制。在此过程中发扬民主、充分讨论、集思广益、民主理财、全员参与，确保预算审批环节严谨可靠。

（2）明确预算审批权限。高校预算审批环节涉及校内多个部门和机构，每个机构在其中的权限是怎样的，应当承担怎样的审批责任，必须加以明确。例如，高校二级单位领导班子负责该部门预算的审批，财务处负责学校预算的初步审核，教代会负责预算听证，学校预算委员会或财经领导小组负责预算审议提出修改意见，校长办公会和党委常委会负责审定预算。通过明确各自的审批权限，就可以解决部门间权限重合或责任缺位问题，从而避免审批风险。

（3）规范预算审批程序。高校应当按照内部控制的要求，规范审批流程，明确审批流程中的先后顺序、审批时限要求等。具体包括，校内各二级单位提出预算需求，报到财务处进行初审和汇总编制，财务处提出学校预算草案，征求教代会意见后，提交学校预算委员会或财经领导小组负责预算审议，再次修改后提交校长办公会审议，最后由党委常委会审定通过后，下达预算到各二级单位执行。

4. 预算执行环节的措施

高校预算执行环节的控制是要确保预算按照批复的要求执行，确保资金使用合法合规，加快执行进度，最终达到预期的预算目标。

（1）强化预算刚性。高校的预算批复后，财务部门要对其进行细化下达，各二级单位要严格按照批复的预算执行：①明确责任，每个使用经费的单位就是责任主体，要对预算执行负有直接责任。②资金使用严格按照预算要求的项目和内容开支，不得随意变动开支内容，也不得擅自扩大开支范围，提高开支标准。③预算执行不得超出批准的额度，不得超预算开支，更不能在无预算安排情况下就发生支出，事后再补报预算。

（2）强化资金支付审核把关：①高校应当健全预算资金支付审批办法，明确资金审批权限，规范审核程序。②做好资金支付前准备工作，做好资金使用计划和论证，规范填写资金支用单据，及时提出支付申请。③加强审核把关，二级单位负责人要认真审核本单位的资金支付，并对其真实性、相关性和合法性负责；财务人员也要加强审核，确保资金支付符合预算要求，手续完整齐备。

（3）加快预算执行进度。高校应当高度重视预算执行工作，加强组织领导，落实执行责任。制订预算执行计划，按月分解用款额度，及时支付款项。建立预算执行的奖惩机制，加强结转结余资金管理，制定盘活财政存量资金政策，加快预算执行进度，提高预算执行质量。

5. 预算调整环节的措施

（1）严格控制预算调整的发生，为了确保高校预算的严肃性，学校预算下达后一般不予调整。但在预算执行过程中，由于特定原因的存在，也会允许一定的预算调整的发生，这也是为了确保预算顺利进行的必要举措，但是要从严控制。因此，高校要明确预算调整发起的因素和条件，具体包括：校内机构调整或职能转变，国家政策发生变化，外部环境的影响制约，工作任务发生变动，市场价格或支出标准发生变化等客观因素导致确需调整预算的，方可提出预算调整的申请。

（2）建立健全预算调整申请与审批程序。高校应当建立健全预算调整的流程，严格按照有关规定履行相应的预算调整审批程序。当确需进行预算调整时，预算执行单位先要提出预算调整的书面申请，报学校财务部门审核，财务部门同意后，根据预算调整的内容或金额，有的上报分管校领导审批，有的需要上报校长办公会、党委常委会决定，有的项目调整还需报上级主管部门审批。

6. 预算决算环节的措施

高校决算环节的控制目标是保证年度决算报告编制及时准确，编制及审批程序明确有效，能够真实反映学校的财务状况和收支情况。

（1）加强决算编制工作：①高校应当建立健全决算管理制度，强化财务部门的决算编制责任以及相关部门的协助责任，明确各自的权限分工；明确决算编制的范围、内容和时限要求。②确保决算编制准确完整，高校年终编制决算前，应当全面进行收入和支出核实、债权债务清理、对外投资核对、固定资产盘点、收入催缴及费用清算工作，这些工作应当明确专门的机构及人员负责，并在限定时限内完成，确保财务信息真实、全面、完整。③财务部门认真编制决算草案，决算应当符合法律法规的要求，做到收支真实、数据准确、内容完整、报送及时，确保决算编报质量。

（2）做好决算审批工作。高校应当加强决算审批工作，明确审批流程。决算草案编制完成后，财务部门应当进行内部会审，然后报送学校财经领导小组、校长办公会、党委常委会逐级审批，最后报送教育主管部门和财政部门审批；经批复后的决算及时归档保存。

（3）重视决算结果的运用。高校应当加强对决算数据的分析，科学设置分析指标，分析的内容包括预算与决算之间的差异分析，不同年度间收入、支出、结余的变动情况，资金使用效益分析等。高校应当综合运用各种分析方法，对学校整体财务状况及校内各部门的财务收支进行横向与纵向比较，并对存在的问题提出改进建议，为来年预算安排及学校重大决策提供依据。

7. 预算评价环节的措施

（1）建立预算绩效评价机制。高校应当高度重视并积极推进预算绩效评价工作，树立绩效的理念，建立绩效评价工作机制，明确工作牵头部门，制定绩效评价管理办法，确定工作流程和工作范围，建立绩效奖惩机制，扎实推进此项工作。

（2）设置科学合理的绩效评价目标。设置预算绩效评价目标是开展绩效评价工作的前提，它包括绩效内容、绩效指标和绩效标准。绩效目标应当与工作目标高度相关，能够清晰地反映预算资金的预期产出和效益，而且是比较具体的、可衡量的和可实现的；绩效目标应当在预算编制时设置，并随预算批复一并下达，它既可以针对高校整体的支出目标，也可以针对具体的项目支出目标。

（3）认真开展绩效评价。预算执行结束后，高校要及时地对照绩效目标开展绩效评价，重点评价产出的经济性、效率性和效益性；高校预算绩效评价可以分为两个层次进行，首先是预算具体执行单位对预算执行情况进行自我评价，提交自评报告，将实际绩效与目标绩效进行对比，如未实现绩效目标，必须说明理由；其次由学校层面组织开展的绩效评价，一般由牵头部门负责，在项目单位自评的基础上再次进行分析评价，查找未能实现绩效目标的原因，提出改进和提高资金使用效益的措施。

（4）做好绩效评价结果的反馈和运用。高校绩效评价工作牵头部门要及时将评价结果反馈给具体执行单位，督促其改进工作，完善管理，切实提高管理水平；同时也要将评价结果向学校管理层报告，作为以后年度安排预算的重要依据，并与项目单位负责人的年度考核挂钩，对严重违规的要建立问责机制。

二、高校预算业务控制的风险描述

（一）预算编制环节的风险描述

（1）对国家经济形势关注不够。国家经济形势的好坏决定了财政收入的增减，而财政收入的增减则直接决定了政府对高校的财政投入，如果不关注国家经济形势和财政投入，学校预算编制将会变得盲目。

（2）预算编制与学校事业发展规划不匹配。高校每五年会制定一个五年期的事业发展规划，对学校未来五年内的学科发展、师资队伍建设、人才培养、校园建设等做出详细规划，这些规划的完成需要相应的财力支持。高校预算编制如果没有与学校发展规划进行很好的衔接和匹配，将会给预算编制带来风险。

（3）预算编制的要求不明确。高校财务实行"统一领导，分级管理"的管理体制，如果高校预算编制制度不明确，学校和二级单位各自的编制责任、编制权限、具体编制流程、时限要求等不清楚，将给预算编制造成混乱。

（4）预算编制的方法不科学。目前相当部分高校的预算编制还在简单的沿用"基数＋增长"的方法，该方法虽然简单易行，但也存在编制不科学、不严谨、不合理的缺点。此外还存在预算目标不明确、重支出预算、轻收入预算以及校内、校外预算两张皮的现象。

（二）预算审批环节的风险描述

（1）预算审批机制不健全。有的高校在预算审批工作中还缺乏必要的组织机构和岗位设置；有的学校预算没有提交教代会讨论和征求意见，民主理财、全员参与预算方面做得不够；有的学校未设立学校预算委员会或财经领导小组来负责预算的综合协调和统筹谋划，这些问题将会影响审批环节的严谨性。

（2）预算审批权限不明确。高校预算审批环节涉及校内多个部门和领导机构，这些部门和机构的审批权限是什么，应当承担怎样的审批责任，有时并不明确，部门间权限重合或责任缺位的问题将会带来审批风险。

(3)预算审批程序不完善。虽然高校已有一定的审批流程,但与规范的内部控制要求相比还有差距,如审批流程设置、审批先后顺序、审批时限要求等仍有不明确的地方,这些程序上的不完善也将影响预算审批工作的进展。

(三)预算执行环节的风险描述

(1)预算执行刚性不强。有的高校的预算批复下达后执行主体不明确、责任不落实、执行过程不规范,导致预算约束力不强,具体表现为未按预算要求的项目和内容开支,随意变动开支内容;擅自扩大开支范围,提高开支标准;执行中存在超预算开支的情况,甚至存在无预算安排就发生支出,事后再补报预算的情况。这些行为的存在严重破坏了预算的刚性和严肃性,给预算执行带来隐患。

(2)资金支付审核把关不严。高校在预算执行时,如果资金支付前预算项目准备和论证不充分,资金审批权限不明确,资金支付流程不完备,审核把关不严格,就会导致资金支付随意性大,甚至造成廉政风险。

(3)预算执行进度滞后。高校的预算资金往往有执行进度方面的要求,特别是国库资金的执行要求更加严格,一般要求在年内执行完毕。但在预算执行中存在项目单位重视不够,责任不落实,组织措施不当等情况,导致资金使用困难,执行进度滞后,大量资金沉淀结余,存量资金居高不下,资金使用的效率和效益不高,预算执行效果不好。

(4)预算执行偏离预算目标。为了体现预算的科学性和效益性,高校年初预算时一般会设定预算目标,如果预算执行时偏离了既定目标,将会给预算执行分析和绩效考核带来困难。

(四)预算调整环节的风险描述

(1)预算调整随意性大。高校的预算一经批复,除特殊情况,一般不予调整。但有的高校预算的刚性和严肃性不够,经常性或随意性地进行预算调整,可能导致预算失去严肃性和约束力。

(2)预算调整程序不规范。如果高校没有明确和规范的预算调整程序,或者未严格按规定程序进行调整,或者干脆抛开程序自行调整,这样势必导致预算执行过程的混乱,预算执行的规范性和资金使用的效益性将大打折扣,产生较大的风险隐患。

(3) 预算调整审批权限不明确。高校的预算调整包括了预算任务调整、支出项目调整、支出标准调整、预算额度追加等各种情况，如果没有针对不同情况对审批权限进行设置和明确，可能造成预算调整审批混乱。

（五）预算决算环节的风险描述

(1) 决算与预算口径不一致。决算是指高校根据预算执行结果编制的年度报告，它反映了整个年度高校资金的使用全貌。决算和预算的编报口径不一致，就无法反映预算执行的真实情况，难以体现出预算执行的效益和效果。

(2) 决算责任不落实。决算工作涉及高校内部各个单位，如果没有明确和落实各部门的工作责任和任务，统筹工作安排和时限要求，明确工作流程，决算工作就难以按时按要求完成，从而影响决算工作的进度。

(3) 决算数据不准确。数据的真实和准确是做好决算工作的基本要求，这既依赖于财务日常基础工作的规范管理，也依赖于决算前相关数据的核实与和核对、有关资产的盘点、相关收支的清理，否则将导致决算数据失真，从而影响决算质量。

(4) 决算信息不完整。信息完整也是做好决算工作的要求之一，决算涉及高校内部相当多的信息，而这些信息也是由多个部门提供的。如果各部门之间的责任和任务不落实，工作协调不够，沟通交流不畅，财务部门检查核对不细致，将会影响决算信息的完整性，难以全面如实地反映年度的财务状况，也无法为学校决策提供扎实可靠的依据。

（六）绩效评价环节的风险描述

(1) 绩效评价的工作要求不落实。预算绩效评价是指预算执行完毕后，对预算资金的产出和结果进行评价，它是预算控制体系中必不可少的环节。但是大多数高校缺乏绩效的理念，并未正式开展绩效评价工作。另外，由于预算绩效评价工作缺位，高校内部普遍存在预算资金使用效果不理想的现象。

(2) 绩效评价机制不健全。高校不重视绩效评价工作，没有明确绩效评价的牵头单位，绩效考评的规章制度缺失，考评范围、工作流程不明确，人员配备不到位，预算绩效评价难以开展。

（3）绩效目标设置不科学。绩效目标的科学设置是做好绩效评价的前提和基础，而当前已有的绩效目标设置与学校实际不符，要么目标不够清晰难以操作，要么过于宽泛而无实际意义，要么过于窄化难以全面反映资金的产出和效果。没有科学的绩效目标和评价指标，极大地影响了绩效评价工作的正常开展。

（4）评价结果运用不充分。评价结果是否得到充分运用是绩效评价是否成功的重要标志。如果只是将绩效评价作为一种例行工作要求而已，而不重视评价结果的运用，没有把评价结果与下一年度预算安排挂起钩来，也没有作为预算执行的问责依据，必将导致绩效评价流于形式，无法发挥应有的作用。

第二节　高校收入业务控制及其风险描述

一、高校收入业务控制概述

根据《事业单位财务规则》（财政部令第108号）、《高等学校财务制度》（财教〔2022〕128号）以及《教育部直属高校经济活动内部控制指南》（试行），高校收入是指高校为开展教学、科研及其他活动依法取得的各项非偿还性资金，包括财政补助收入、事业收入、上级补助收入、附属单位上缴收入、经营收入和其他收入，各类收入具体包括以下内容。

财政补助收入是指高等学校当年从同级财政部门取得的各类财政拨款，包括教育补助收入、科研补助收入和其他补助收入。事业收入是指高等学校开展教学、科研及其辅助活动取得的收入，包括教育事业收入和科研事业收入，教育事业收入主要包括学费、住宿费、委托培养费、短训班培训费和考试考务费，科研事业收入主要包括除教育部财政科研拨款以外的中央和地方科研经费拨款，以及通过承接科研项目、开展科研协作、转化科技成果、进行科技咨询等取得的收入。上级补助收入是指高等学校从主管部门和上级单位取得的非财政补助收入。附属单位上缴收入是指高等学校附属单位按照有关规定上缴的收入。经营收入是指高等学校在教学、科研活动及其辅助活动之外开展非独立核算经营活动取得的收入。其他收入是指高等学校取得的除上述收入以外的各项收入，主要包括投资收益、捐赠收入、租金收入、银行存款利息收入、资产盘盈利得等。

高校收入业务控制是高校对经济活动资金流入过程的控制。收入业务主要涉及收入项目与标准确定、票据开具与管理、收入上缴、收入退付、收入确认、会计核算以及编制收入管理报告等具体环节。

高校收入具有以下意义：①高校收入是保障高校教育科研事业可持续发展的重要财力保证。通过收入业务控制加强业务部门、缴费单位或个人、财务部门之间的沟通，确保各类收入应收尽收、规范管理。②保证高校收入经济活动合法合规、资产安全、使用高效、财务信息真实完整，有效提高公共服务的效率和效果。③规范高校收入业务行为，保证收入资金安全，促进收入业务工作正常有效地开展。利用学校收入业务各相关部门之间的相互制约、相互联系的关系，形成具有控制职能的方法、措施、程序。

（一）高校收入业务控制目标

（1）建立健全高校收入管理制度，依法开展收入管理，确保各项收入应收尽收。严格按照国家有关规定合法合规组织收入，各项收费执行国家财政、物价等部门规定的收费范围和标准；按规定及时足额上缴各类应缴国库或财政专户的资金，确保没有"账外账"和"小金库"。

（2）完善高校收入管理机制，确保应收款项情况清晰，催缴责任明确。明确高校收入归口管理部门和收入执收主体，明确各自职责、分工和权限，合理设置收入业务相关岗位，做到岗位职责清晰，不相容岗位相互分离、相互制衡，保障各类收入安全、规范、高效。

（3）各项收入全部纳入财务部门统一核算与管理，严格遵守"收支两条线"，实行收缴分离，确保财务信息真实完整。按照"收支两条线"管理办法，学校学费、住宿费等非税收入应上缴财政专户，再由财政返还高校作为教育事业收入，不得"坐收坐支"。

（4）落实收费公示制度，实现收费透明、公开、有序、规范。在校园醒目位置或者网站公示收费项目、收费标准、收费依据以及举报电话，及时更新收费公示栏中有变动的项目。实现收费业务活动的透明、公开、有序和规范。

（5）建立健全收入分析报告和检查制度。定期或不定期分析和检查收入征收与入账情况，及时发现收入业务活动中存在的问题，确保收入业务正常进行。

（二）高校收入业务控制流程

第一，财政补助收入、上级补助收入业务控制流程（图4-9）。

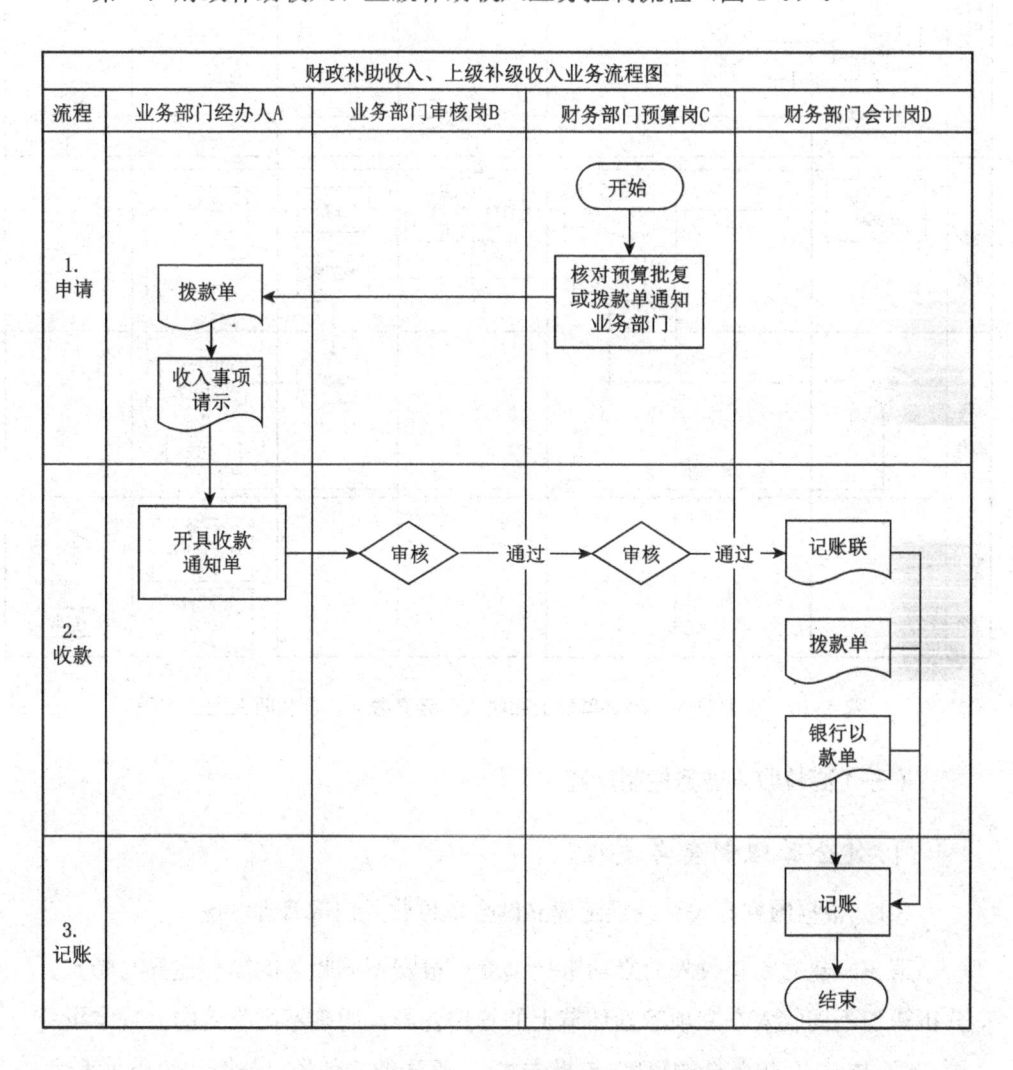

流程	业务部门经办人A	业务部门审核岗B	财务部门预算岗C	财务部门会计岗D
		财政补助收入、上级补级收入业务流程图		
1.申请	拨款单 ← 收入事项请示		开始 → 核对预算批复或拨款单通知业务部门	
2.收款	开具收款通知单	审核 —通过→	审核 —通过→	记账联 拨款单 银行以款单
3.记账				记账 → 结束

图4-9 财政补助收入、上级补助收入业务控制流程

第二，事业收入、附属单位上缴收入、经营收入、其他收入业务流程（图4-10）。

事业收入、附属单位上缴收入、经营收入、其他收入业务流程图

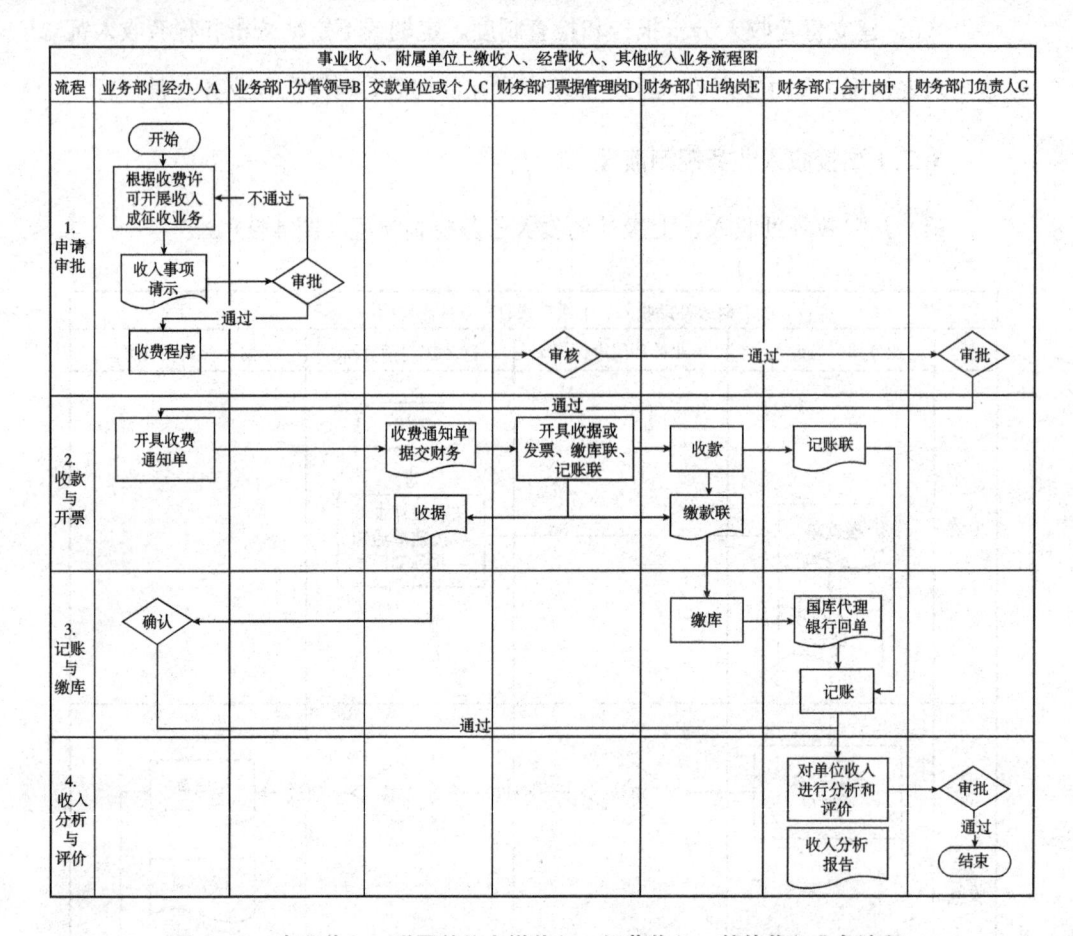

流程	业务部门经办人A	业务部门分管领导B	交款单位或个人C	财务部门票据管理岗D	财务部门出纳岗E	财务部门会计岗F	财务部门负责人G
1.申请审批	开始→根据收费许可开展收入成征业务→收入事项请示→(审批通过)→收费程序	(不通过返回)审批		审核→通过			审批→通过
2.收款与开票	开具收费通知单		收费通知单据交财务→收据	开具收据或发票、缴库联、记账联	收款→缴款联	记账联	
3.记账与缴库	确认				缴库	国库代理银行回单→记账	
4.收入分析与评价					通过	对单位收入进行分析和评价→收入分析报告	审批→通过→结束

图 4-10　事业收入、附属单位上缴收入、经营收入、其他收入业务流程

（三）高校收入业务控制措施

1. 健全管理制度与流程

（1）根据国家有关财经规定建立健全单位收入内部管理制度。

第一，建立完善收入的立项审批制度。根据不同收入的属性差异与特点，分析辨识不同收入在立项管理环节上的管控差异，明确不同收入的立项审批原则、条件与权限，规范金额限度、审批方式、应报送的文件资料与履行的相关手续。同时将已立项或待立项的相关收入项目定期在校内予以公开公示，以明确相关责任，减少没有经过审批就自行立项创收或擅自对外收取费用等行为的发生。

第二，建立收入层级分级管理制度。根据收入类别与层次，确立与其收入

实现相关的部门和人员所归口管理的层级和职责权限的关联方式,从整体上按照所对应的层级严格限制分化各部门和人员的职责与权限,明确相关部门和人员的责任和权限。

(2)明确各类收入业务的工作流程、审批权限和责任划分。

第一,根据各种类型的收入业务分类设计相应的收入审批表。使其在经办部门、管理部门、分管校领导和财务部门之间传递,履行必要的签字、盖章等授权审批手续。同时必须完善相关合同、协议的管理制度,将与收入有关的合同、协议作为审批表的附件和审批的重要依据。

第二,根据不同收入的特点,分别制定适合不同收入的细化管理流程。在规范收入管理整体流程的基础上,明确其流程管理的控制要素及关键点的选取,规范收入实现全过程管理,明确收入业务办理各阶段或环节所涉及的部门和人员应当履行的职责及手续,收入业务流程具体到岗,责任到人,完善后台的经办、复核、汇总制度,建立必要的内部牵制,减少收入资金管理职权范畴交叉重叠或遗漏空白的现象发生,有效降低收入资金的无偿占用与闲置。

2.加强收入业务归口管理

(1)高校应当建立健全与收入相关的管理机制和监督检查制度,确定收入归口管理部门和收入执收主体,明确各自职责、分工和权限。

第一,高校财务部门作为收入归口管理部门。负责收费项目立项与标准核定、收入确认、收入核算与结算分配、收款和票据管理等工作,其他部门和人员未经批准不得擅自办理收入业务。

第二,高校其他业务部门作为收入执收主体。负责根据财务部门批准的收费项目与标准收费,及时向财务部门递交相关收入业务合同,按时完成各项收入。

第三,高校审计部门、财务部门及时做好监督检查。应定期或不定期对各类收入执收及相关业务流程及工作进行检查,督促员工做好本职工作,及时发现漏洞和隐患,及时进行修正和改进,促使高校收入业务相关部门和人员不断提高业务管理水平,确保高校收入活动健康有序开展。

(2)高校收入业务岗位设置要体现不相容职务相分离,严格贯彻制衡原则,确保内部部门、岗位之间相互制约、相互监督。高校的收款与收费审查、收入核算、结算分配等岗位,票据管理与收入核算、结算分配等岗位为不相容岗位,应分别设置并相互分离,以形成相互制衡机制,对关键重要岗位应选择具有良好职业操守和过硬专业水平的人员。完善票据管理制度,做好各类票据的申领、启用、核销工作,有效防范风险。

3. 规范高校的收入管理

(1) 高校的各项收入纳入学校预算,做到统一管理与核算,确保收入信息的全面、真实、准确。

第一,高校应合理编制收入预算,对非税收入预算,应配合学分制改革加强预测能力,主动调整。

第二,全面按照"收支两条线"的要求,强化"收支配比",科学安排非税收入预算。

第三,将游离于财政预算外的非预算资金都纳入预算管理,增加学校可支配收入的规模,便于学校统筹安排资金。

第四,针对各项收入设置收入明细分类科目,并利用财务软件进行项目明细核算,明细科目与账户的对应关系要清晰,便于学生查询和退费。

第五,高校应将现场收费与网上收费分岗管理,责任到人,将非税收入汇缴细化到每个明细科目,方便后续的会计记账、对账和收据的核销。

(2) 高校各业务部门应当严格按照合同管理要求签订合同,确保各项收入应收尽收、及时入账。高校应加强对收费合同的管理,建立收费合同履行监督审查制度。应制定相应文件,统一收费合同及协议的签订、审批,跟踪收费合同及协议的执行情况,确保资金的及时入账,并开具相应的收费票据,防止贪污、舞弊和私设小金库的行为。

(3) 建立健全高校收入退付管理制度。将收取的款项退回交款单位或个人时,应当严格执行相应的审批程序。高校不得"以收抵支",严禁设立"账外账",严禁以个人名义取得学校收入。

(4) 规范高校收入的核算管理。

第一,规范会计日常核算基础工作。严格审核原始单据,重点关注收入业务发生事由、时间、金额及经办人员等信息的完整性，明确原始单据的审核要素，制定统一的审核标准，明确明细收入收缴及其账目处理的统一规则及联动机制，提高会计人员的业务判断能力，强化收入的日常监控管理。加强收入收缴与入账处理环节的同步管理，规范不同部门和人员在相关环节上业务办理行为，建立常态化账目交叉核对制度，减少多收少记，少收多记或已收未记等错漏现象发生的可能性。

第二，规范会计核算行为。建立科学系统的会计核算体系，合理设置可以涵盖所有收入业务类型的会计核算一级科目，拟定收入类别及级次，归口管理口径，构建全方位、多角度、多层次的综合会计核算体系。严格限定其对应科目的唯一性与稳定性，减少相关科目增减的随意性，维护收入核算科目数据的一致性与完整性，确保收入数据及时准确地采纳与归集。规范各级明细科目的设置，明确其级次的确定与收入属性类别及层次、归口管理的部门和人员及项目这三个关联对应的方式，确定不同科目下明细科目级次的数量、名称与级次归属设立顺序，保持各类收入核算科目层级设置平行与同步，增强各时期各类收入数据的纵向与横向可比性。

第三，规范会计账务处理。制定记账凭证填制的统一规则，明确会计摘要填写的统一要求，确保收入账目后续查询的及时准确；规范会计核算科目使用及账务处理方式，确保不同会计人员对同类或同笔收入前后账务处理的一致性与连贯性；改进对账方式，加强对财务人员的业务培训，制定未达账项账务处理办法，规范其后续调账行为，减少错账或漏账的现象发生，确保与收入能力相关的分析及评价结果的真实性与有效性，以避免误导管理决策方向。

4. 完善高校非税收入管理

当前，为了加强政府非税收入管理，规范政府收支行为，我国相关部门印发了《政府非税收入管理办法》（财税〔2016〕33号），高校应根据相关办法，并结合单位的实际情况，提出关于单位非税收入的控制措施。

（1）高校应当加强各类非税收入管理。严格按照规定的项目和标准收取学费、住宿费等教育事业性费用，并按规定开具财政票据。所收取的各类非税收入，应当及时、足额上缴国库或财政专户，做到收缴分离、票款一致，不得以任何形式截留、挪用或者私分。

（2）明确界定收入项目范围、适用对象，明确单位职责。高校财务人员必须杜绝错误观念，加强对有关文件精神的学习，提高正确判断收入的性质和正确选择应开具的票据种类的业务能力。

（3）抓好学费、住宿费、辅修费等非税收入管理的关键点，防止腐败的发生。

第一，财务部门、教务部门及学生管理部门应积极配合，协调工作。教务部门及学生管理部门要及时将学生缴费名单及金额传递到财务部门，财务部门要利用当今便利快捷的科技信息技术，开辟多渠道缴费方式，如网上银行缴费、校园一卡通缴费、学校统一扣费等多种途径收取学费。对于学生因休学、复学、退学、转专业等原因引起的学费变动情况，教务部门及学生管理部门要在学校制度规定的时间内将相关信息传递到财务部门，由财务部门根据学校制定的政策和制度调整学生缴费数据库的相关信息和数据，以保证学费收缴信息全面、正确。

第二，加强财务部门、教务部门及学生管理部门对学生信息数据库的共享。减少信息传递时间和误差，使各部门能够方便获取学生缴费、欠费等情况，实现非税收入收费系统精细化管理，确保非税收入数据完整、详尽。实时监控和维护非税收入系统和网络收费平台的对接，将风险控制精确到学生的学号等关键字段，确保系统和资金安全。

第三，采取措施减少欠费情况的发生。及时摸清应缴未缴学费学生的情况，对家庭经济不困难而故意欠费的学生要采取相应的措施催缴；对家庭经济困难的学生，要积极做好资助工作，协助办理国家助学贷款或生源地助学贷款；对特困生按有关政策为其减免学费等，减少学费拖欠，确保学费收入及时足额实现。

（4）完善国有资产有偿使用收入管理。高校应进一步加强国有资产有偿使用收入征收管理，确保应收尽收，严禁账外设账，私设小金库等行为，防止收入流失，确保国有资产有偿使用收入严格按照财政部门规定缴入国库或财政专户。

5. 规范应税收入管理

（1）严格区分非税收入与应税收入，避免混淆使用财政票据与税务发票。

财务部门要根据不同收入业务的具体性质,遵循事业单位会计准则或企业会计准则。加强会计核算管理,准确判断涉税事项,保证会计报表的真实性和准确性,防范会计核算风险和税务风险。

(2)做好增值税发票管理各环节的衔接登记工作,责任到人。财务部门办税人员、开票人员、出纳等岗位职责分离,做好增值税发票的领用、分配、开具、结报等工作,开票行为作为关键控制点,关注相关收入合同,严格按税务部门规定开具相应票据。

6. 执行"收支两条线"管理

(1)完善高校规章制度,确保"收支两条线"管理工作制度化、规范化。高校应积极完善预算外资金收缴制度,将各部门的预算外收入全部纳入财政专户管理,实行收缴分离,任何部门不得"坐收""坐支"。

(2)建立预算外资金财政汇缴专户,从根本上避免资金的截留、挤占、挪用和坐收坐支现象。高校应设置专用的收与支账户,取消开设的各类预算外资金账户,严禁二级学院私设账外账户,各项收入需要全额缴入学校账户。取消多账户,能有效地保护收入不被截留、不另设"小金库",杜绝财政违法行为的发生,使高校的收入管理逐步规范化。

(3)非税收入应当按照规定开具财政票据,收款与开票分离。所收款项应及时足额上缴国库和财政专户,不得通过"收入直接转支出"等方式进行截留、挪用或者私分,做到收缴分离、票款一致。

7. 规范高校收入票据管理

(1)明确区分收入在管理与核算上的不同概念及使用规则。厘清收入在收入管理与会计核算确认两个范畴上的不同含义,严格限定收入与往来资金两个大类科目的使用范围,避免两者之间的随意错用、串用,确保收入与往来资金两大类科目真实反映其相关业务的实际发生数额。

(2)制定严格的票据借用流程。建立票据借用登记簿,确因开展管理事务和科研活动需要借票的,借票人须向学校提出申请,经财务处审批之后,到票据管理人员处办理票据借用手续。借出票据时,要将相关信息输入票据管理系统,收入款项到账后及时核销相关借票数据。在办理借票时,告知票据领用人对所借用的票据负有监管责任,必须保证票据开具后,款项在一定期限内到账,不能跨年度到账,如超过规定期限而款项未到账的,则应将借出票据追回,以保证票据管理工作的规范化和制度化。

8. 优化收费公示机制

(1) 高校应明确收费公示要求,进一步规范收费行为。高校应实行收费目录清单管理,公布行政事业性收费以及实施政府定价或指导价的经营服务性收费目录清单,明确项目名称、设立依据、标准等,公开对清单之外乱收费、乱摊派等行为的查处结果。具体执收单位要在收费场所公示收费文件依据、主体、项目、范围、标准、对象等,主动接受社会监督。高校应严格按照相关文件规定的收费公示原则、公示方式规范开展收费公示工作,进一步规范收费行为。

(2) 加强收费公示的监督检查。监督检查的重点包括单位收费标准的执行情况,单位的收支情况,缴费单位或个人的反映,制定收费的标准、形式和方法是否符合变化的实际情况等。对在工作中不按时公示的行为或拒不公示或不按公示项目和标准收费的,制定相应的惩处措施,一经查实,将依法严肃处理。

9. 强化高校内部监督

(1) 高校应加强对收入收缴情况的综合分析。建立收入数据库,归集汇总各年度收入数据,分析高校自身收入情况的整体特征与各类收入存在的差异,归类统计各类收入报表,列示收入在时间序列上的变动趋势,全方位、多视角地综合解析收入实现程度,从整体上了解掌握收入的全面客观的情况,发生异常情况,及时做出必要的处理。

(2) 建立健全收入定期清理核查制度。高校审计部门、财务部门应定期或不定期对各类收入执收及相关业务流程及工作进行检查,设置收入稽核岗位,全面核对收入预算,检查收入确认是否正确,票据的购买、领用、开票、保管、回收、销毁是否符合相关的规定,及时发现漏洞和隐患,及时进行修正和改进。

10. 建立收入管理绩效与风险评价制度

(1) 建立收入管理绩效评价制度,强化收入管理自我评价意识。以收入实现时间、收入实现成本、收入预算执行率、收入可持续增长能力、收入管理的内部管控机制运行有效性等作为收入管理绩效评价的指标，采用定性与定量相结合的方法来分析判断收入管理绩效。同时将收入办理的合规性与时效性纳入绩效考核范畴，以增强相关部门和人员的责任意识，缩短收入资金的流转在途时间，降低收入实现成本，确保收入的后续实现。

（2）建立风险评价制度，提升收入管理效率。从收入管理的内部管控机制运行有效性、收入实现时间、收入实现成本、收入可持续增长能力等方面对收入管理的实际效果进行测试和评估，综合高校自身收入实际状况与特点，确定其关键影响因素和主要敏感指标，采用全面和专项穿行测试、定性与定量相结合的方法来分析判断收入管理风险，以查找出影响收入管理风险的真实原因，从而确定改进与完善收入管理的关键切入点与方法。

二、高校收入业务控制的风险描述

（一）未建立健全收入的内部管理制度

没有建立有序的收入管控运行机制，缺少收入业务相关的内部管理制度和业务流程将会导致收入管理无章可循，收入业务操作流程随意性大，可能出现财务舞弊或乱收费等风险。

（二）高校收入"多头"管理导致职责不清晰

第一，收入业务未归口财务部门统一收取，存在多头管理、权责不清。高校收入的类型和来源渠道比较多，收入业务涉及的部门和人员较多，但没有从整体上明确收入管理所涉及的不同部门和人员的岗位职责与权限，容易发生收入金额不实、应收未收、坐收坐支、截留或挪用，甚至私设"小金库"的情形，而且一旦发现问题，各个部门不能及时承担自己的责任，造成无法挽回的经济损失。

第二，收入业务管理岗位设置不合理，岗位职责出现重叠。开票、收款与会计核算等不相容岗位未有效分离，可能导致高校收入金额错误或舞弊甚至存在公款被挪用的风险。

（三）高校收入核算有待进一步规范

1. 会计核算流程不规范

（1）收入的收缴业务没有遵循"收支两条线"及不相容岗位分离的原则。收入业务经常是由同一部门或同一人员全程办理，没有建立监督牵制机制，导致各项收入未全部纳入学校预算管理，款项未全额进入学校规定的银行账户，出现截留、挪用收入资金与坐收坐支的现象。

（2）收入日常核算的基础工作不扎实，审核把关不严。财务人员在审核相关收入原始单据时，对单据内容如收入发生时间、事由、发生额及经手人、收缴人等信息的完整性未予重视，以致办理了收入属性不明、归属部门不清、内容不完整、手续不齐全的业务，收入的日常复核与监控基本流于形式，给后续工作造成较大影响。

（3）收入资金收缴与入账处理环节衔接不连贯。收入资金收缴后收入账务处理不及时，造成收入实际发生额与收入账目余额不相符，存在多收少记或少收多记或已收未记等错漏情况，且难以被发现。

2. 未对收入业务进行检查

（1）高校各类收入款项种类繁杂。到款认领和对账不及时，会导致学校收入确认和入账不及时，资金收取与收入确认不同步，学校收入不完整、不真实。

（2）高校没有建立收入定期或不定期检查及专项核查清理的机制。业务部门与财务部门缺乏及时有效的沟通，就会出现业务部门不知道资金已到账，财务部门不知道已到账资金的归属与性质，无法及时清理会计年度内的所有收入并及时入账的情况，继而导致全年收入账目不清，形成大量的错账、呆账甚至三角账，影响到收入的真实性与完整性，以致对当年度收入无法进行有效的分析与评价，对后续年度的收入预算也无法做出正确的判断与决策。

3. 收入核算科目设置不规范

（1）收入属性界定不准确。造成收入类别划分不明晰，难以明确与之相关的核算科目设置的原则与标准，各科目之间串用或混用的现象较为常见，给收入数据的归集带来困难，进而影响收入数据的分析。

(2) 收入核算设置的科目不完整。没有完全涵盖其对应的所有收入业务类别，多级科目核算时，科目增减变动频繁，容易造成同一科目核算的内容与范围前后不一致，同一科目中包含各类收入数据，或同一性质的收入数据分散于不同科目，给实时监控各类收入资金的分布情况带来较大难度。

(3) 收入明细科目设置不规范，随意性较大。收入科目级次的划分应与收入属性类别、部门或项目一一对应，同类核算科目下明细科目级次数量与设置顺序应前后一致，不应随意改动。但在实际工作中，部分财务人员因为业务不熟练，随意变动明细科目，例如，随意增减三级明细科目，或者随意变更明细科目设置顺序，既按部门、项目设置二、三级明细科目，又按项目、部门设置二、三级明细科目，或按专业学科为准来增设明细科目，以致不同或相同的收入科目层次设置不平行不同步，造成收入数据统计困难，无论从哪个级次统计数据，其层次与维度都不完整、不准确，降低了不同时期或同一时期各类数据的纵向与横向可比性。

4. 收入账目处理不规范

(1) 记账凭证摘要填写过于简单、笼统，反映的信息不完整、不明确，以致根据摘要难以了解某笔收入的事由及性质，增大了收入账目后续查询的难度。

(2) 由于财务人员的业务水平参差不齐，不同的会计人员对同样的收入理解不同，其账务处理也不尽相同，造成同样的收入前后入账不一致。

(3) 对账方式落后，影响银行账目核对的正确性与效率，而且由于高校资金量大，业务较多，当存在未达账项时，会计人员往往会在未查明具体业务的真实情况下就轻易勾对调整账目，导致重复或遗漏记账的现象时有发生，掩盖了收入业务发生的真实情况，进而影响收入预算执行评价及收入质量分析结果的真实性与正确性，甚至误导管理层的决策方向。

（四）高校非税收入存在管理风险

1. 对非税收入的范围和使用对象界定不清

高校非税收入项目都是经过财政部门审批的，但在具体收费时，由于对上缴收入的性质认识不明或划分有误，造成收入项目的误用。

(1)"培训费"和"代收代缴"两个项目较容易混淆。在实际操作中，各高校容易将培训费与学费混淆，根据《教育部 国家发改委 财政部关于进一步规范高校教育收费管理若干问题的通知》（教财〔2006〕2号）文件规定，培训费属于高校服务性收费，文件明确指出"高校为在校学生提供由学生自愿选择的服务并收取相应的服务性费用，不得与学费合并统一收取"。财政部《行政事业单位资金往来结算票据使用管理暂行办法》（财综〔2010〕1号）也明确指出"国家法律法规强制进行的培训业务以外，自愿参加培训、会议的收费，属经营服务性收费，应依法使用税务发票"。因此，培训费属于应税服务性收入，学费属于非税收入，两者不能混淆。

(2)高校财务人员对代收代缴项目在认识上界限模糊，存在将代收代缴与其他收入或经营收入混淆的现象，例如将职业技能鉴定费等本属于其他项目的收入错误归集到代收代缴项目下，将上机、上网服务费等服务性收费纳入代收代缴项目等，造成非税收入项目误用，进而影响非税收入的真实性与准确性。

2. 未按规定及时上缴、挤占等各类非税收入

高校一般都结合工作实际制定收费管理制度及办法，但在实际执行过程中，由于非税收入收缴工作涉及财务部门、教务部门、学生管理部门、学院等多个职能管理部门，这些部门之间没有一套系统将之整合，各管理部门根据本部门的需要使用特定的学生管理系统，部门之间各自为政，未形成信息互通共享，造成信息传达不畅，基础收费信息不能真实、准确、快速地传递到财务部门，往往由教务部门将纸质基础信息交到财务部门，再由财务部门手工录入到收费管理系统；财务部门的收费信息也未能第一时间反馈到各学院或缴费个体。没有及时、准确地沟通，造成少收、错收、漏收等情况，导致高校学杂费的流失。

3. 非税收入的设立和征收等随意性大

收入业务管理人员没有及时收集、整理、归档和更新相关收费信息，导致单位不能及时掌握收费政策和规定，未按照规定的收费项目、范围和标准收费，存在不合法、不合理的收费项目。

（五）高校应税收入需要规范管理

（1）单位对增值税业务分类不清晰造成税率混沌，造成漏税等风险。

（2）单位对"营改增"税收抵扣政策模糊，进项税额的抵扣的复杂性存在税务风险。

（3）增值税发票管理不规范带来票据管理风险。

（六）"收支两条线"需要规避管理风险

单位私自开设各类预算外资金账户，存在资金截留、挤占、挪用和坐收坐支的现象。高校学院或部门的创收收入，没有上缴或只是部分上缴学校财务，自行私设"小金库"。有些部门利用本单位资源直接创收，如租借场地、设备给外单位，所得收入未上缴给学校，直接归入部门创收经费。在高校的合作办班项目上，一些二级学院或部门未经学校授权和批准，自行以二级机构名义对外签订合作办班协议，涉及的学费分成各自制定，标准不统一，随意性大，有些甚至没有学校分成，造成学校收入流失。

（七）存在票据串用、混用的风险

高校收费一直以来实行的是"双轨制"，即行政事业性收费和服务性收费并存。行政事业性收费由财政、物价部门联合审批；服务性收费由物价部门单独审批。《行政事业单位资金往来结算票据使用管理暂行办法》（财综〔2010〕1号）明确规定：高校收取的刊物版面费、房屋校舍租金、实验仪器设备使用费等国有资产有偿使用收入、捐赠收入，不得开具资金往来结算票据；补办各类学生证、借阅证等证件的工本费、培训费等服务性收费应该使用税务发票，按规定交纳各种税费。由于各高校财务人员缺乏学习和培训，开具票据前主观上判断不准确，对收入性质的划分不够明晰，分不清哪些是财政性收入，哪些是经营性收入，哪些是一般往来款项，对所收到的款项不按票据的使用范围开具，进而导致不同票据之间相互串用、混用。同时，票据的串用给之后的记账、收据核销、对账、调账、冲账以及退费也带来一系列的困难，导致高校收入确认不真实、财务信息不完整。

（八）单位收费公示存在不合理现象

（1）没有按照国家规定的原则对收费进行公示，公示的项目不合规。公示的收费项目中，不仅包含按规定应该公示的项目，还包含一些国家明令撤销的收费项目，试图把越权收费、扩大范围收费、超标准收费、自立项目收费等乱收费行为通过公示予以"合法化"。

（2）公示管理不规范，没有对公示内容进行动态管理。已公示的收费项目标准或内容发生变动时，没有及时变更，公示的收费项目和标准陈旧，或存在随意更改和删减收费项目的现象。

（九）缺乏对收入的定期分析和监控

高校往往忽视对收入的定期分析与监控。认为收入实现的主动权不在高校，依赖于上级财政部门或同级财政部门或学校的学生等，因此往往忽视对收入的分析，缺乏学校收入在各个时期的整体情况掌握，出现漏洞或收入异常情况也难以发现，当遇到重大问题时，难以找到合适的应对措施。

（十）缺乏收入绩效管理与风险评价机制

没有建立收入管理绩效评价机制，对收入管理好坏缺乏相关考核标准，使得收入管理工作盲目混乱，找不到改进与完善相关工作的方向与重点。同时，没有建立收入管理的风险评价机制，缺乏对收入管理风险大小的正确认识和应对可能发生风险的有效措施。

第三节　高校支出业务控制及其风险描述

一、高校支出业务控制概述

（一）高校支出业务控制目标

支出是高校财务管理的重要组成部分及关键环节，支出业务环节的控制是财务管理工作的重中之重。支出业务控制的目标可分为会计职能目标和财务管理目标两个层次。

1. 会计职能目标

会计的基本职能是核算与监督，也是支出业务控制的职能目标，即按真实发生的业务进行会计核算，及时支付资金，确保支出业务合法合规。按经济业务内容分类的三类支出业务控制职能目标如下：

（1）基本支出业务控制目标：①确保各项支出事项符合法律法规，关注并防范舞弊及腐败。②确保原始凭证的基本内容齐全、真实。③确保支出业务符合规定程序与范围。④确保支出事项审核、审批手续合规、完善。⑤确保支出凭证真实完整，实事求是地记录各项业务的真实情况。⑥确保支付信息完整、准确。

（2）薪酬支出业务控制目标：①确保教职工薪酬及社保信息准确，数据正确。②确保个人社保、税金代扣计算正确，缴纳及时。③确保账务记录清晰、正确。④确保及时正确地向相关部门输出薪酬信息。

（3）项目支出业务控制目标：①根据项目资金管理规定，设立项目专项，按项目实现"独立核算、专款专用"，严禁套取项目资金、挪作他用。②确保项目主要物资及设备的购置按政府招标采购规定进行公开招投标或集中采购，防止出现暗箱操作及关系采购现象。③确保按规定的程序、权限和项目预算要求支付资金，确保资金使用合规有效。④确保按规定把奖助学金发放到应得者个人手中，发挥好奖助学金的激励和资助作用。⑤项目实施部门定期汇报项目进展状况，确保项目工程质量合规有效，按时或提前完成预期目标。

2. 财务管理目标

随着我国市场经济体制改革的不断深化，高等教育体制改革的步伐逐渐加快，对高校会计核算、财务管理提出了新的期望与诉求，传统的"核算型会计"已难于满足高校新型财务管理的根本诉求，新型的"管理型会计"适时而生。现在的高校财务管理体系中，会计核算只是财务管理的一个环节，在为财务管理提供基础核算数据的前提下，需承担一些财务管理的职责。支出业务控制在实现核算与监督的会计职能目标的同时，必须完成其理应承担的财务管理目标，三类支出业务的财务管理目标如下：

（1）严格执行支出预算。这是预算业务控制中的重要组成部分及环节，是高校年度收支预算实施、实现的关键点。每一项支出业务必须遵循支出预算的安排，没有预算安排的支出事项有权拒绝办理或退回。突发、应急等特殊事项的支出必须报经学校预决算委员会或校长办公会批准，增设或增加支出预算指标后方可受理。

（2）注重支出绩效，提高资金使用效率。高校支出多数属于常态化、经常性、定时支付的业务，如教职工薪金、水电费、日常办公费等，其支出的多少与人员增减、使用数量等密切相关，年度支出预算在上年支出预算执行的基础上，参照本年度人员变动等因素可科学、合理地进行预测或计算，支出绩效评价简单方便。但对于一些新建（新增）教育教学、科研或基本建设项目，项目建设本身存在诸多不可预见的变动因素，其支出预算的测算准确性偏低，在项目建设结束或竣工验收投入使用后，必须完整、准确地归集、记录、计量好支出，对照支出预算对该项目的支出进行客观、合理的支出绩效评价，为今后类似项目的建设提供参考、决策依据，以便科学、合理地预算项目支出，规避不利事项及环节，提高资金的使用效率。

（二）高校支出业务控制的内容

"高等学校的收入和支出业务是学校重要的经济活动，是学校维持正常教学、科研、生产、实验、实习等活动的物质基础。"[1]

支出是指高等学校开展教学、科研及其他活动发生的资金耗费和损失，也就是能够以货币计量的因开展教学、科研及其他活动而发生的资金耗费和损失。支出属于高等学校会计要素的一项，其特点是为开展教学、科研及其他活动而发生的，发生的支出包括各项资金耗费及损失。高校支出业务不同层面的内容具体见表 4-1。

表 4-1 高校支出业务不同层面的内容

层面	主要内容
经济事项属性、经济科目层面	事业支出，即高等学校开展教学、科研及其辅助活动发生的基本支出和项目支出。基本支出是指高等学校为了保障其正常运转、完成教学科研和其他日常工作任务而发生的支出，包括人员支出和公用支出。项目支出是指高等学校为了完成特定工作任务和事业发展目标，在基本支出之外所发生的支出
	经营支出，即高等学校在教学、科研及其辅助活动之外开展非独立核算经营活动发生的支出。经营支出应当与经营收入配比

---

[1] 刘福军．高校收入支出业务内部控制制度探讨［J］．职业，2015（36）：159．

续表

层面	主要内容
经济事项属性、经济科目层面	对附属单位补助支出，即高等学校用财政补助收入之外的收入对附属单位补助发生的支出
	上缴上级支出，即高等学校按照财政部门和主管部门的规定上缴上级单位的支出
	其他支出，即本条上述规定范围以外的各项支出。包括利息支出、捐赠支出等
会计要素、会计核算层面	教育事业支出，本科目核算高等学校开展各类教学活动和教学辅助活动发生的基本支出和项目支出。其中，教学活动支出是指高等学校各学院、系（含院系下属不单独编列预算的研究所和研究中心，下同）等教学机构，以及校团委、学工部、学生会等各类学生思政教育部门为培养各类学生发生的支出；教学辅助活动支出是指高等学校信息网络中心、电教中心、测试中心、图书馆、博物馆和档案馆等教学辅助部门发生的支出
	科学事业支出，本科目核算高等学校开展科研及其辅助活动发生的基本支出和项目支出，包括高等学校在学院、系外单独设立的研究所、研究中心等各类科研机构发生的支出，以及高等学校为完成各项科研任务发生的支出
	行政管理支出，本科目核算高等学校校级行政管理部门（不含各类学生思政教育部门）开展行政管理活动发生的基本支出和项目支出，以及高等学校统一负担的不属于后勤保障支出的工会经费、诉讼费、中介费、印花税、房产税、车船税等
	后勤保障支出，本科目核算高等学校为教学、科研、行政管理等活动提供后勤保障发生的基本支出和项目支出，包括学校后勤保障部门为提供后勤保障服务发生的各类支出，以及学校统一承担的水、电、煤、取暖等各类公用事业费、物业管理费、绿化费、车辆维持使用费、房屋及公用设施维修费、食堂价格补贴等
	离退休支出，本科目核算高等学校负担的离退休人员的工资、津补贴等基本支出
	上缴上级支出，本科目核算高等学校按照财政部门和主管部门的规定上缴上级单位的支出
	对附属单位补助支出，本科目核算高等学校用财政补助收入之外的收入对附属单位补助发生的支出
	经营支出，本科目核算高等学校在教学、科研活动及其辅助活动之外开展非独立核算经营活动发生的支出
	其他支出，本科目核算高等学校除教育事业支出、科研事业支出、行政管理支出、后勤保障支出、离退休支出、上缴上级支出、对附属单位补助支出、经营支出以外的各项支出，包括利息支出、捐赠支出、现金盘亏损失、资产处置损失、接受捐赠（调入）非流动资产发生的税费支出等

续表

层面	主要内容
经济业务的实质层面	基本支付业务，学校开展正常教育教学、科学研究及其他活动而发生的经常性支出，包括办公费、差旅费、水电费、邮电费、差旅费、培训费、会议费、实验实习费、材料费、接待费、劳务费、出国出访费等，记录、计量在教育事业（科学事业）支出下"购买商品和劳务支出"二级科目中的各类支出事项
	薪酬支付业务，按相关规定按月定时发放给教职工的工资薪金，记录、计量在教育事业支出下"工资薪金福利支出"二级科目中的各类支出事项
	项目性支付业务，学校为实现特定目标或目的而实施（开展）专项业务发生的支出，包括房屋建设费、固定资产购置费、大型修缮费等，记录、计量在教育事业（科学事业）支出下"其他资本性支出"的各类支出事项

（三）高校支出业务控制流程

第一，基本支出业务控制流程（图4-11）。

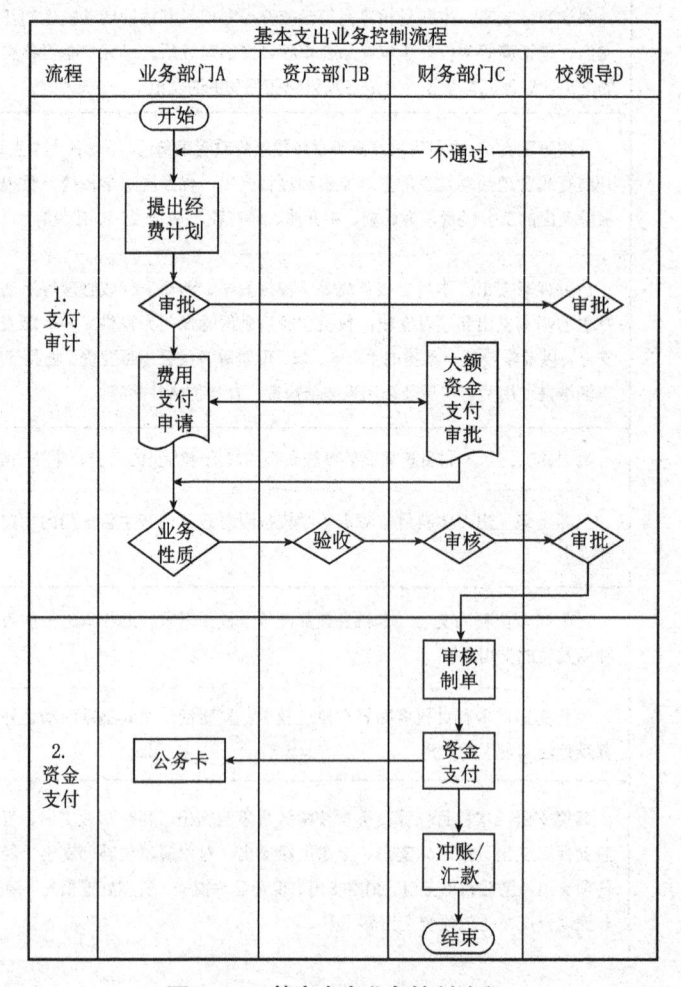

图4-11 基本支出业务控制流程

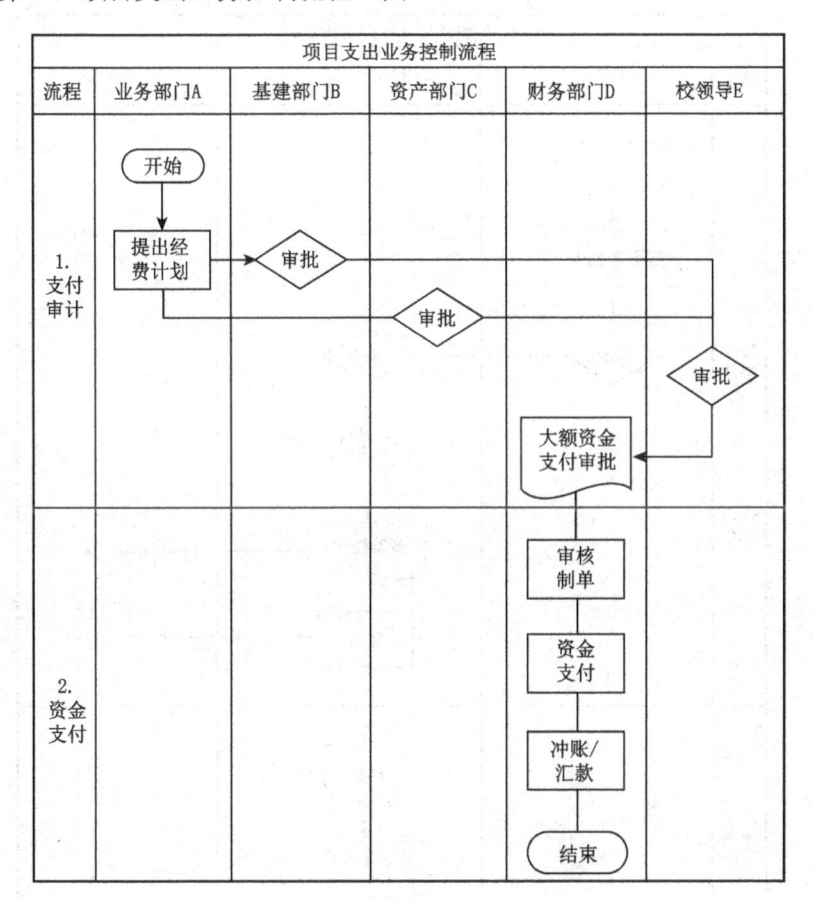

第二，项目支出业务控制流程（图 4-12）。

流程	业务部门A	基建部门B	资产部门C	财务部门D	校领导E
		项目支出业务控制流程			
1.支付审计	开始→提出经费计划	审批	审批		审批
2.资金支付				大额资金支付审批→审核制单→资金支付→冲账/汇款→结束	

图 4-12　项目支出业务控制流程

第三，薪酬支出业务控制流程（图 4-13）。

（四）高校支出业务控制措施

1. 健全支出内部管理制度

高校应该梳理好学校的各项支出业务事项，财务部门根据国家的政策法规建立健全支出内部管理制度，报经学校党委会批准后组织实施，资金的支付严格执行国库集中支付和公务卡支付规定。支出内部管理制度可分为总支出业务管理制度和各类支出业务实施细则，一般包括经费支出管理办法、各经费支付等管理细则。

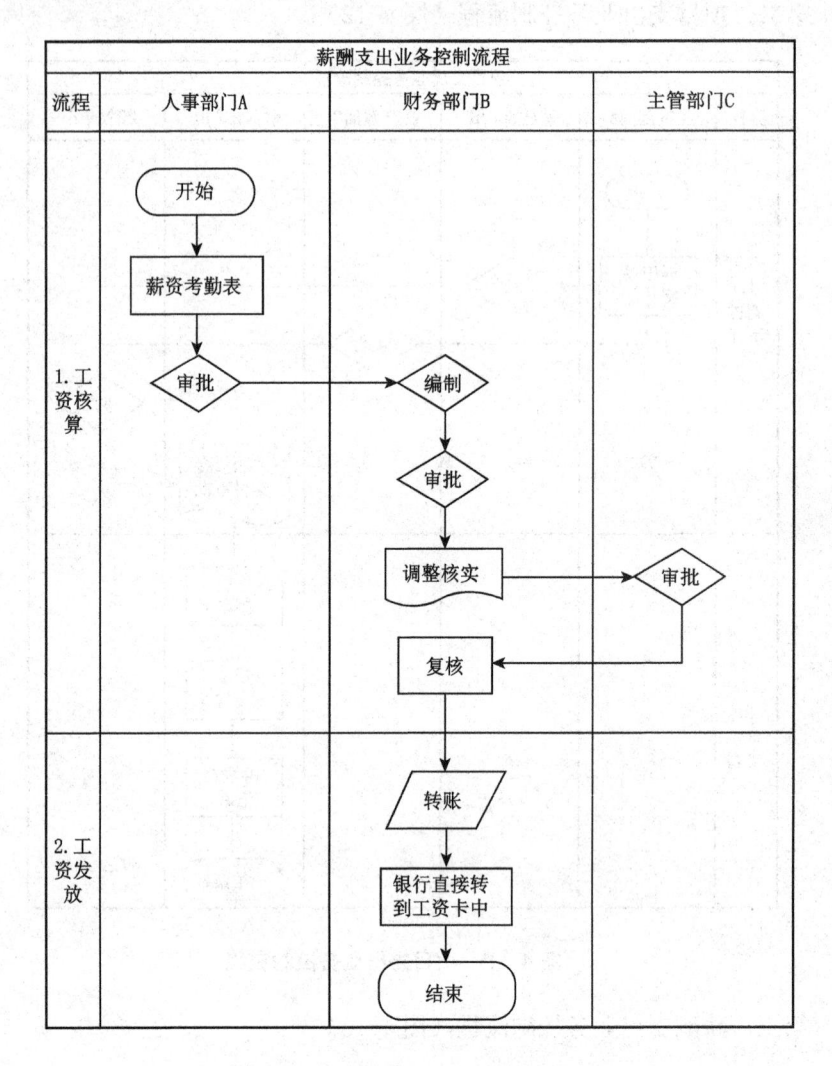

流程	人事部门A	财务部门B	主管部门C
1. 工资核算	开始 → 薪资考勤表 → 审批	编制 → 审批 → 调整核实 → 复核	审批
2. 工资发放		转账 → 银行直接转到工资卡中 → 结束	

图 4-13 薪酬支出业务控制流程

（1）明确支出业务控制岗位职责。

第一，业务部门控制职责。业务部门是支出业务发生的起点，也是支出业务的具体经办者，对支出业务须承担及履行好如下职责：①依据学校发展规划及工作计划，科学、合理地安排支出事项。②日常业务支出经费参照学校年度收支预算中预算额度按计划使用，项目业务支出经费严格执行项目经费预算，支出预算的调整按学校规定执行。③事项申请或经办人，对事项的真实性和原始凭证的真伪、合规负责，履行"谁经办、谁负责"的职责。

④部门负责人对事项的审核、审批负责，履行好"一支笔"审批，"谁审批、谁负责"的职责。⑤资产管理部门对物资购置的验收、固定资产建卡立账管理负责。⑥人事部门对工资变动情况表的统计、审批负责。⑦"三重一大"事项严格按其规定办理。

第二，财务部门控制职责。支出业务的核算与管理归口于财务部门，按"集中管理、统一核算"的方式进行管理，对支出业务的控制承担以下职责：①严格执行国家有关财务规章制度规定的开支范围及开支标准；国家有关财务规章制度没有统一规定的，由学校结合本校情况规定，报主管部门和财政部门备案。②根据真实、合法、有效的原始凭证依法进行会计核算，不符合规定的原始凭证不予报销。③严格执行国库集中支付制度和政府采购制度等有关规定。④依法加强各类票据管理，确保票据来源合法、内容真实、使用正确，不得使用虚假票据。⑤加强支出管理，不得虚列虚报；应当进行支出绩效评价，提高资金使用的有效性。

（2）合理设置业务岗位。高校须根据国家的有关财政财务会计规定和学校的实际情况，按支出业务的类型，合理设置支出业务相关岗位，明确内部审批、审核、支付、核算和归档等支出各关键岗位的职责权限，确保支出业务不相容岗位相互分离。业务岗位设置见表4-2。

表4-2 业务岗位设置

岗位人员	经办的人员	部门负责人	财务领导	审核财务	财务出纳
经办的人员		×	×	×	×
部门负责人	×			×	×
财务领导	×				×
审核财务	×	×			×
财务出纳	×	×	×		

注：× 表示不相容岗位。

（3）明确支出业务事项的开支范围及报销要求。高校的支出事项很多，涉及办公费、交通费、出国费、差旅费、培训费、会议费、接待费、材料费、外协费、测试加工费、设备费、维修费、基建费等，高校应当制定各项费用的报销办法，明确其开支范围、开支标准、报销流程、报销附件等要求，以便加强管理，规范使用。以办公费为例，办公费主要用于日常办公支出，报销时要求有办公用品购置发票，附供货单位签章明细、资产部门验收签章、领用（保管）单。科研项目中禁止报销办公费。

2. 加强支出预算约束

（1）严格执行支出预算。学校支出预算反映了预算年度内学校资金支付规模和资金使用方向，是学校财务工作的基本依据之一，为学校开展教育教学、科研等各项业务活动，实现工作目标提供财务支持。学校支出预算具有法定效力，贯穿于学校各项业务活动事前、事中和事后的全过程。

学校的每一项支出业务都有相应的支出预算支持，业务部门在开展活动时，发生相关支出前应当履行支出事项事前申请程序。在具体活动中，业务工作人员应当根据工作计划向部门负责人提出申请，部门负责人依据工作任务，结合支出预算指标给以指示或批复，经办人遵循学校支出内部管理制度的规定，向财务部门提出支出事前申请，财务部门查询部门支出预算指标，在预算指标范围内的审核通过后，经办人再去开展具体的业务活动。没有支出预算安排的事项返回业务部门，办理完新增预算手续后重新申请。

（2）严格控制新增支出。在严格执行支出预算的前提下，对于一些以"突发、应急"等理由而新增支出事项，需要对新增事项进行科学、客观的分析与判断，严格控制新增支出事项。任何新增支出事项必须报经学校党委会或校长办公会讨论决定后，按预算调整的程序组织实施。

3. 加强支付环节控制

（1）明确业务报销流程和审批责任。加强支付控制，先要明确支出业务报销流程，按照规定办理资金支付手续。业务经办人办理费用报销，按要求填报支付报销申请，办理完验收，经过一系列审批等手续后，报经财务人员按规定程序审核填制会计凭证，会计凭证传递给财务出纳，出纳按资金支付的规定支付资金，支出报销及资金支付工作完成。

资金使用部门领导是支出事项的审批者和第一责任人，实行"一支笔"审批制度，不论支出金额大小，部门领导必须签批意见后，再按经费审批的权限办理审批手续，否则不予报销。

（2）严格支出事项审核。支出事项按学校报销程序，由经办人提出的支付申请办理完毕后，交到财务处进行审核。审核人员对原始凭证进行审核，主要审核内容包括：是否有相应的预算、票据的合法和合规性、验收手续的完备性、经费支付审批手续是否齐全，审核无误后，转交会计凭证制单人员进行制单。填制好的会计凭证转复核人员进行复核，复核的主要内容包括：原始凭证的合规性和审批手续的完备性、会计科目的准确性，复核无误后转出纳支付资金。

加强对支出原始凭证的审核控制是支出业务控制的关键环节，也是纠正或制止违规违法舞弊的重要手段。支出的凭证应当附反映支出事项明细内容的原始凭证，有经办人的签名或盖章，购物类票据有资产管理部门的验收手续，使支出与经济业务事项相符。

4. 加强核算归档控制

支出事项的归集、记录与计量严格遵守《高等学校财务管理制度》和《高等学校会计制度》的相关规定，准确地使用会计科目，根据支出凭证及时准确登记账簿，涉及合同协议或内部文件的，业务部门应当向财务部门提交与支出业务相关的合同协议或内部文件等资料作为账务处理的依据。

财务档案管理人员定时将与支出业务相关的会计凭证、文件及其他资料按照《会计基础工作规范》的规定及时归档、妥善保管，严防毁损、散失、泄密或不当使用。

5. 加强信息化环节的控制

实现会计电算化后，在按传统的原始凭证审核、稽核、填制会计凭证的流程处理好一笔支付业务后，其相关支出信息也保存到会计核算软件中，在会计核算系统中必须设置专人对当天发生的业务事项进行审核、记账；并对当日或往日已处理的支出业务存在差错的会计凭证提出更正意见。

工作流程为：审核制单人员填制的会计凭证→有差错（转制单人员更正）→再审核更正后的会计凭证→当日凭证汇总→再审核汇总凭证（重点查看有无凭证断号）→记账→拷贝数据。

会计凭证的更正按以下规定处理：当日填制的会计凭证发生差错，当日进行更正；往日填制的会计凭证出现差错进行更正，须打印出原会计凭证，并写明更正内容、经办人、更正日期，更正时先红字冲销原会计科目、经费项目、金额，再输入正确的信息。

6.加强支出业务评价检查

财务部门定期对学校及各部门的支出业务进行检查，对支出情况进行分析和评价，通过编制支出业务、预算执行分析报告为学校领导的管理决策提供信息支持；同时对支出业务中发现的异常情况，应当及时采取有效措施，及时纠正，确保学校支出业务的合法合规、学校各项工作计划和工作任务的顺利开展。

高校应当加快财政专项资金的支出执行进度，由于主管部门的不同，其使用进度及要求不一，如国家层面的专项资金使用年限一般是两年，而省级层面的专项资金使用年限一般为一年。财务部门需积极联系业务部门，落实项目实施的步骤和资金支付时限，积极主动地使用好资金，避免出现资金被主管部门收回的情况。

二、高校支出业务控制的风险描述

（一）舞弊方面的风险

（1）经办人或支出申请人弄虚作假、编造虚假业务或理由形成支出业务，可能导致资金流失、舞弊等风险，此类支出原始凭证真实、符合要求，但支出业务并不存在、不可靠。

（2）支出业务办理相关岗位设置不合理、职责不清，支出申请和支出审批、付款申请和付款执行、业务经办和会计审核等不相容岗位未实现有效分离，可能导致错误丛生、舞弊风险。

（3）利用"假发票"或内容不合规、原始凭证内容不完善等单据，若财务人员审核不严，可能导致资金流失、舞弊等风险。

（4）重大项目和大额支出缺乏适当的审批程序，对需要集体讨论决策的项目未履行程序，可能导致错误或舞弊风险。

（二）合规、合法方面的风险

（1）对原始凭证审核不严，使不符合规定及要求的支出票据得以报销，可能导致错误或违规风险。

（2）支出范围及开支标准不符合相关政策与制度的规定，导致超范围、超标准支出，存在违规甚至违法风险。

(3) 资金支付不符合国库集中支付、政府采购、公务卡结算等政策规定，可能导致支付违规或资金损失风险。

(4) 支出事项审批手续不完备或未经过适当的事前申请及审批，可能导致预算执行不力甚至产生违规违法风险。

（三）财务信息方面的风险

(1) 财务部门与其他部门缺乏有效沟通，不了解项目实施进展、政府采购进度及后期需求规划，信息欠缺，可能造成预算目标与预算目标执行脱节，资金活动与经济活动脱节，影响资源使用效率。

(2) 未纳入预算或超出预算范围的事项形成支付，可能导致资金滥用或无效使用。

(3) 应收或预付账款长期挂账不清理，可能导致支出不真实、不完整。

(4) 支出事项缺乏事后监控，可能导致编制依据不真实、填写的项目不齐全，金额计算不正确、科目使用不合规，影响会计核算质量，以及决算数据不真实风险。

(5) 各项支出未定期进行分析与监督，对重大问题缺乏应对措施，或未设置专职责任人，可能导致支出失控风险。

(6) 会计资料不全，内容记录不清，可能导致责任难以确认。

第四节 高校资产业务控制及其风险描述

一、高校资产业务控制概述

资产是指高等学校占有或者使用的能以货币计量的经济资源，包括各种财产、债权和其他权利。高等学校的资产包括流动资产、固定资产、在建工程、无形资产和对外投资等，其中流动资产包括：货币资金，含库存现金、银行存款、零余额账户用款额度；应收账项，含应收款项与暂付款项；存货。

高校资产管理的基本原则包括资产管理与预算管理相结合、资产管理与财务管理相结合、实物管理与价值管理相结合、岗位责任与岗位设置相互牵制、成本与效益等。

高校资产业务的组织机构包括：使用部门、归口管理部门、监督部门。其具体职责如下所述。

（1）使用部门职责：①资产使用人。负责资产的日常保管与使用，正确使用资产使其发挥最大效能；在职责范围内保护资产的安全与完好，防止毁损、丢失；发现资产异常情况及时向归口管理部门反映；配合归口管理部门及财务处做好资产清查、盘点、估价等资产管理工作。②资产管理员。负责本单位设备的登记、管理以及与财务处、资产管理处的沟通协调事宜。③分管资产负责人。资产使用单位分管资产负责人为该设备日常管理第一责任人，负责本单位管理资产的安全与完整，完善本单位的资产日常管理措施；防止资产毁损、遗失；督导本单位资产使用人管好资产，用好资产。

（2）归口管理部门职责：①资产管理处。资产管理处负责固定资产与实验材料等实物资产的归口管理工作，代表学校对学校房屋、土地进行管理。负责公务车辆的编制、购置、转让、报废及资产台账管理。代表学校对设备家具类固定资产实施统一监督管理。负责实验材料的计划管理和采购供应工作，负责全校剧毒药品、易制毒化学品的统购管理和安全监管，对低值耐用品实施统一监督管理。负责固定资产的定期盘点，保证账实相符。配合财务处的资产管理工作，定期与其核对信息。②财务处。财务处负责货币资金的归口管理工作。负责库存现金的日常管理。负责银行账户的开立、变更、撤销及日常管理。负责国库指标支付的操作和银行资金的收支。负责银行账户的日常管理包括凭证传递和对账工作。③校产业管理处。校产业管理处负责制定学校经营性资产管理的规章制度，并监督实施；负责经营性固定资产、流动资产、无形资产、对外投资及学校其他经营性资产的登记、统计、评估、检查工作。调查研究学校各类经营性资产的管理、使用、经营和变动情况；监督经营性资产的使用和保值增值情况；组织拟开办的经营项目论证；组织意向对外投资的科技成果，进行委托评估和论证，以及完成科技成果对外投资的审批程序，监督合同执行；

负责资产经营收益的催缴。

（3）监督部门。监督部门审计处负责本校资产控制工作的监督检查。

（一）高校资产业务控制目标

（1）资产业务组织管理体系控制目标：①建立健全学校资产管理体系，明确部门职责，落实部门责任。②建立和完善资产管理的各项规章制度，按制度管钱管物，使之有章可循。③完善资产管理的业务流程，使之运行规范有序。

（2）货币资金业务控制目标：①确保银行账户的开立与使用、支票及现金的使用合法合规。②确保银行存款和库存现金安全，主要包括完整性，即收到的货币资金已全部登记入账；安全性，即通过良好的内部控制确保库存现金安全；合法性，即货币资金取得、使用符合国家财经法规，手续齐全、完备。③确保货币资金信息真实、账实相符、数据完整可靠；确保货币资金的完整性，保证单位收到的资金全部入账；确保货币资金的效益性，使单位高效使用资金，加强货币资金利用效率，尽最大能力发挥效益。

（3）应收账项业务控制目标：①制定科学合理的应收账款信用政策，保证资金的安全。②规范过程控制，合理保证应收款项安全快速回收，降低资金流失风险。③确保应收账项业务会计核算资料准确可靠、余额真实准确。④规范应收账款处置行为。

（4）存货业务控制目标：①合理配置存货，提高存货的使用效果。②确保账实相符，保证信息真实完整。③规范存货购置、管理、领用行为，防止存货舞弊。

（5）固定资产业务控制目标：①合理配置资产，提高固定资产使用效果。②规范固定资产购置程序，严格招投标管理。③确保账实相符，保证信息真实完整。④确保固定资产处置规范有序，避免资产流失。

（6）无形资产业务控制目标：①确保无形资产的取得、使用和处置管理符合法律法规，避免学校承担法律风险。②维护无形资产的价值，提高无形资产的使用效率，防止无形资产流失和被盗用。③加强和规范无形资产管理，正确反映无形资产的价值。

(7)对外投资业务控制目标:①建立对外投资活动的授权批准、职务分离制度,维护对外投资资产的安全与完整,提高投资的经济效益。②规范单位会计行为,保证对外投资资产收益在会计报表中合理反映与揭示。③合理投资结构,降低投资成本,规避投资风险。

(二)高校资产业务控制流程

第一,货币资金业务控制流程(图 4-14)。

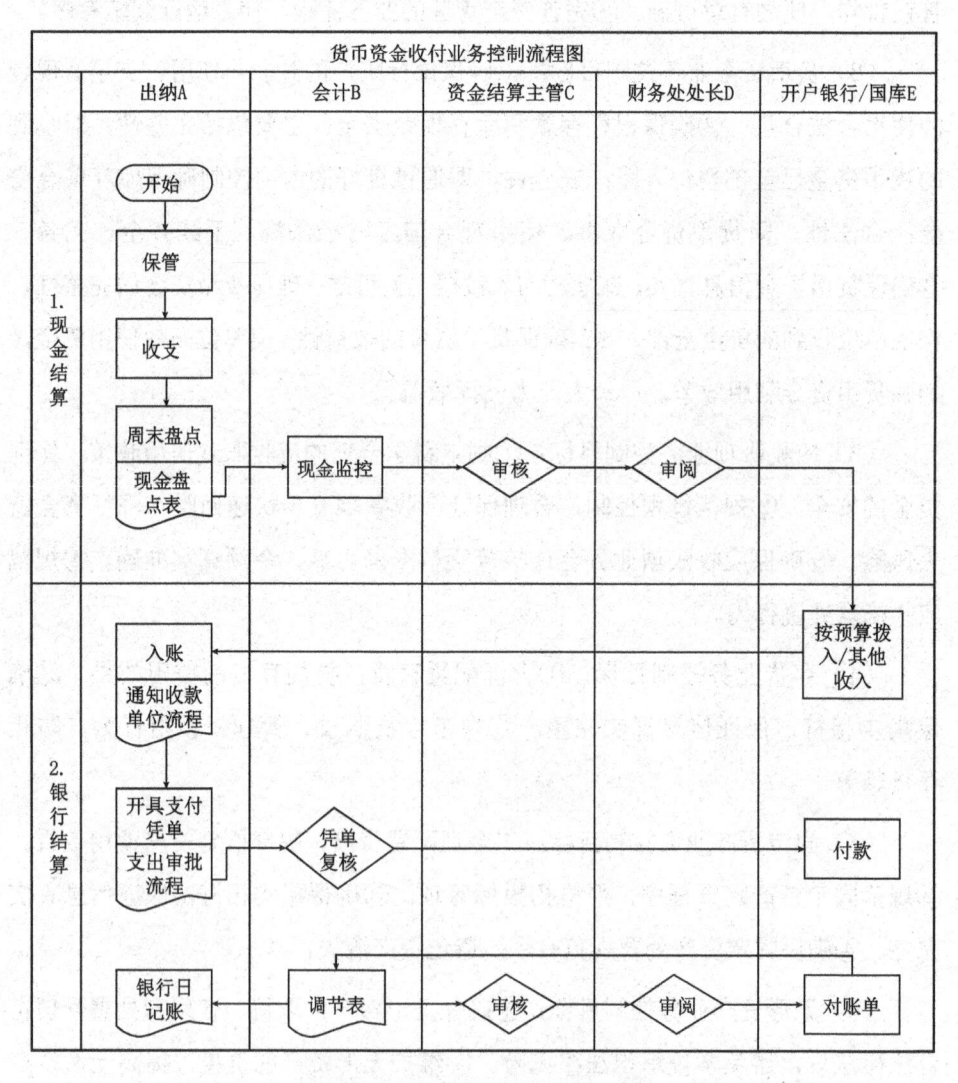

货币资金收付业务控制流程图					
	出纳A	会计B	资金结算主管C	财务处处长D	开户银行/国库E
1.现金结算	开始 → 保管 → 收支 → 周末盘点 → 现金盘点表	现金监控	审核	审阅	
2.银行结算	入账 通知收款单位流程 开具支付凭单 支出审批流程	凭单复核			按预算拨入/其他收入 付款
	银行日记账	调节表	审核	审阅	对账单

图 4-14 货币资金业务控制流程

第二,银行账户开立业务控制流程(图 4-15)。

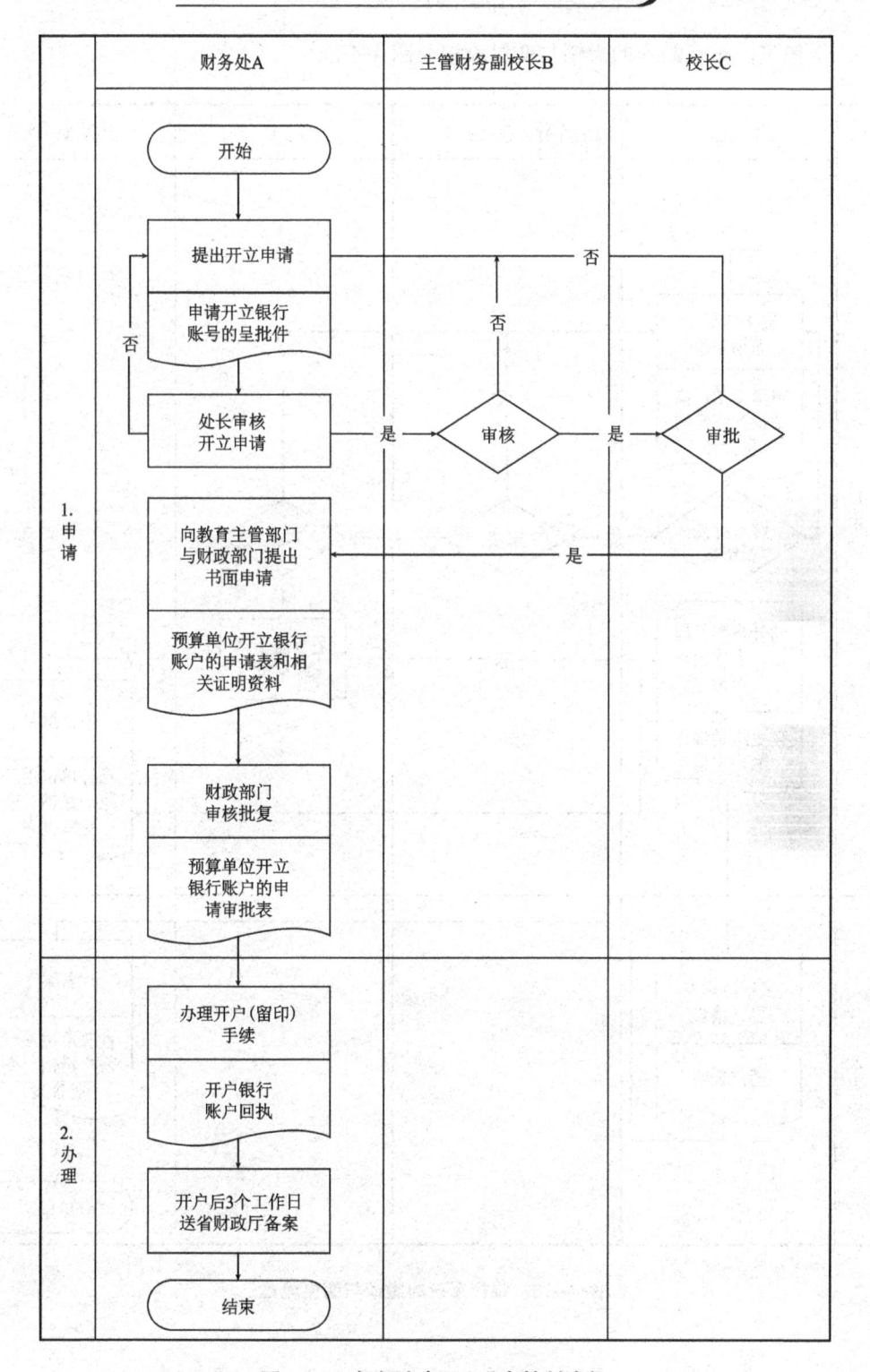

图 4-15 银行账户开立业务控制流程

第三，银行账户的撤销与变更流程（图 4-16）。

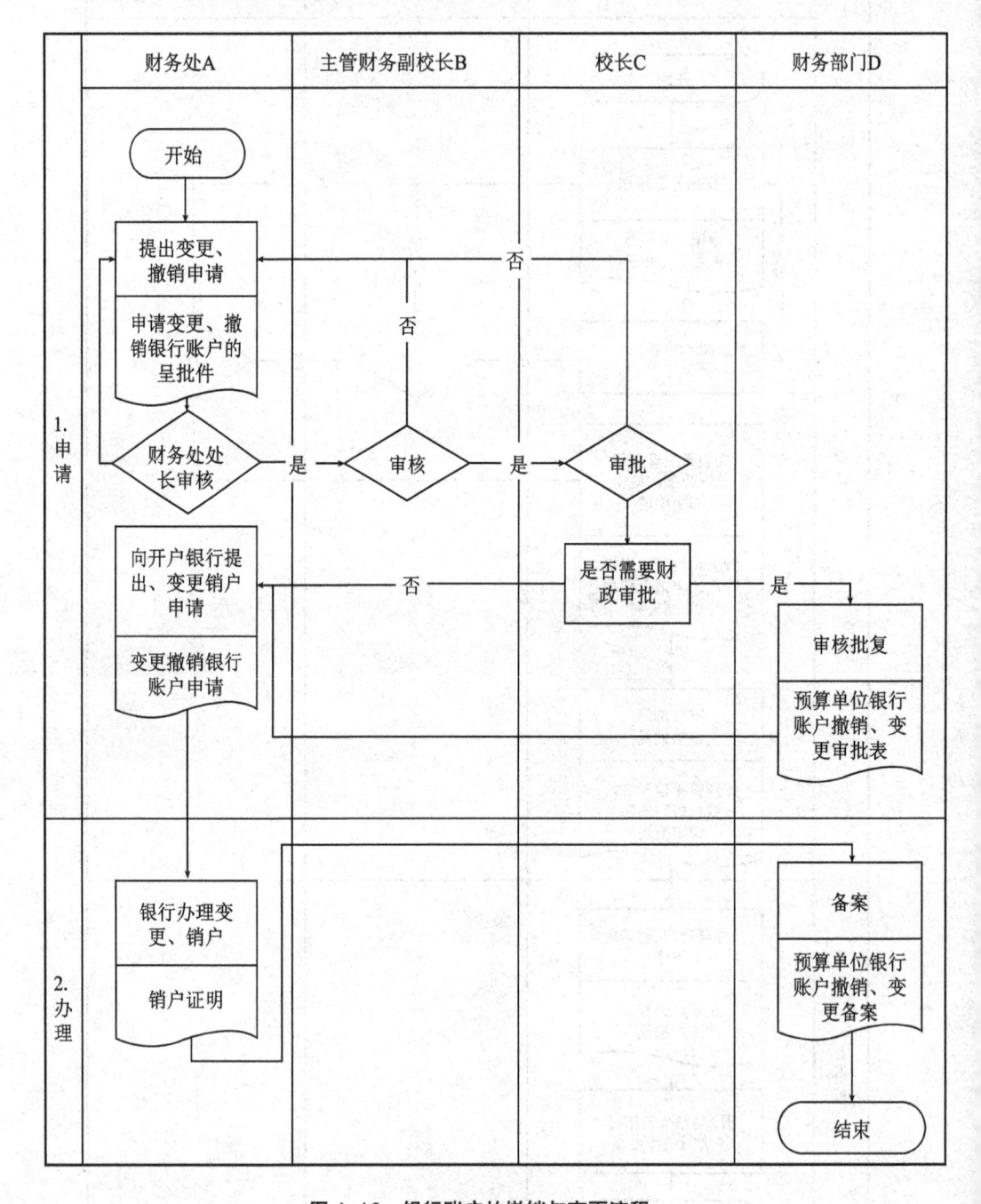

	财务处A	主管财务副校长B	校长C	财务部门D

1. 申请
   - 开始
   - 提出变更、撤销申请
   - 申请变更、撤销银行账户的呈批件
   - 财务处处长审核
   - 审核（否→提出变更、撤销申请；是→）
   - 审批（否→提出变更、撤销申请；是→）
   - 是否需要财政审批（否→向开户银行提出、变更销户申请；是→审核批复）
   - 向开户银行提出、变更销户申请
   - 变更撤销银行账户申请
   - 审核批复／预算单位银行账户撤销、变更审批表

2. 办理
   - 银行办理变更、销户
   - 销户证明
   - 备案／预算单位银行账户撤销、变更备案
   - 结束

图 4-16　银行账户的撤销与变更流程

第四，应收账款清理业务控制流程（图4-17）。

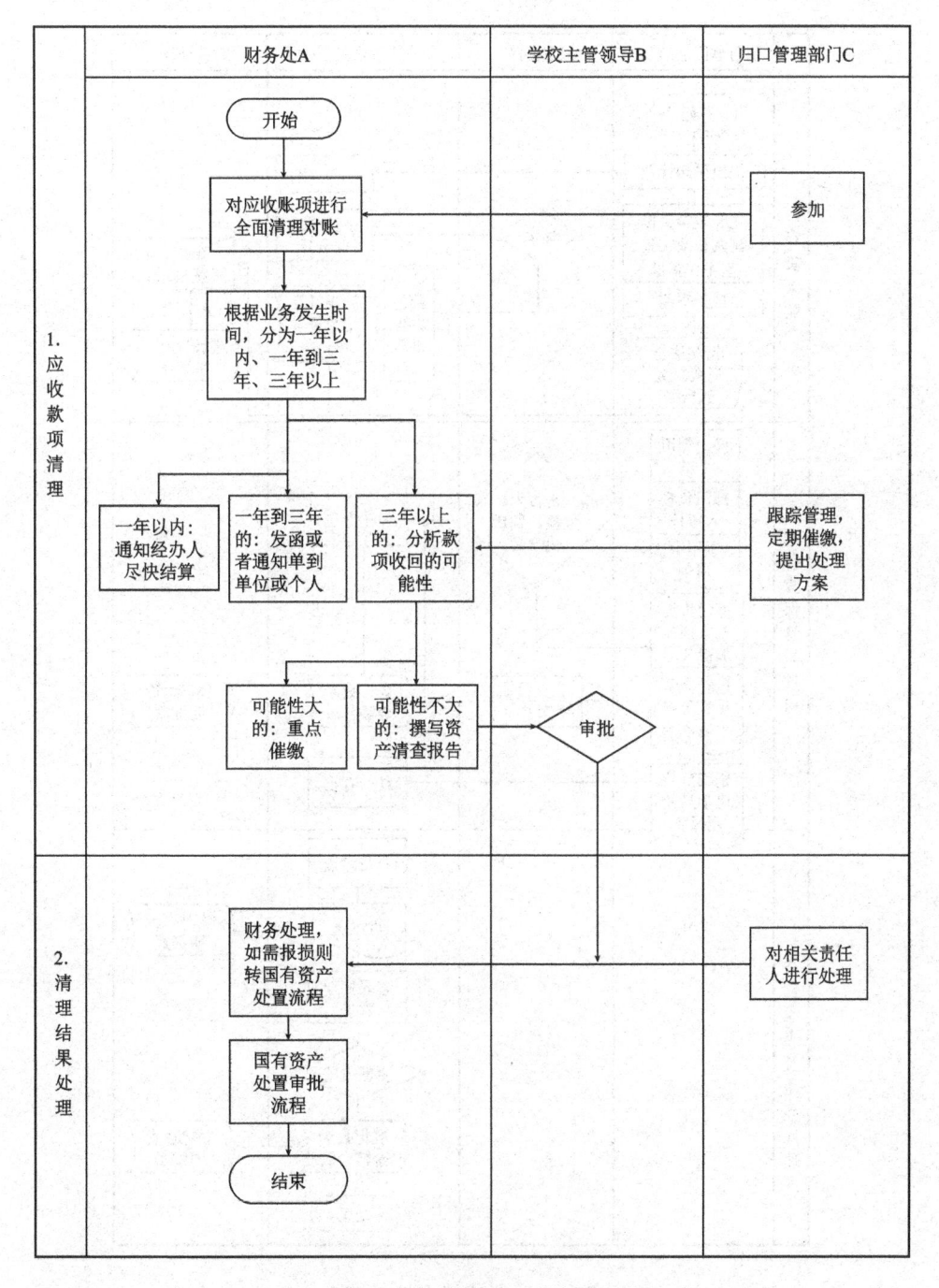

图 4-17 应收账款清理业务控制流程

第五，存货业务控制流程（图4-18）。

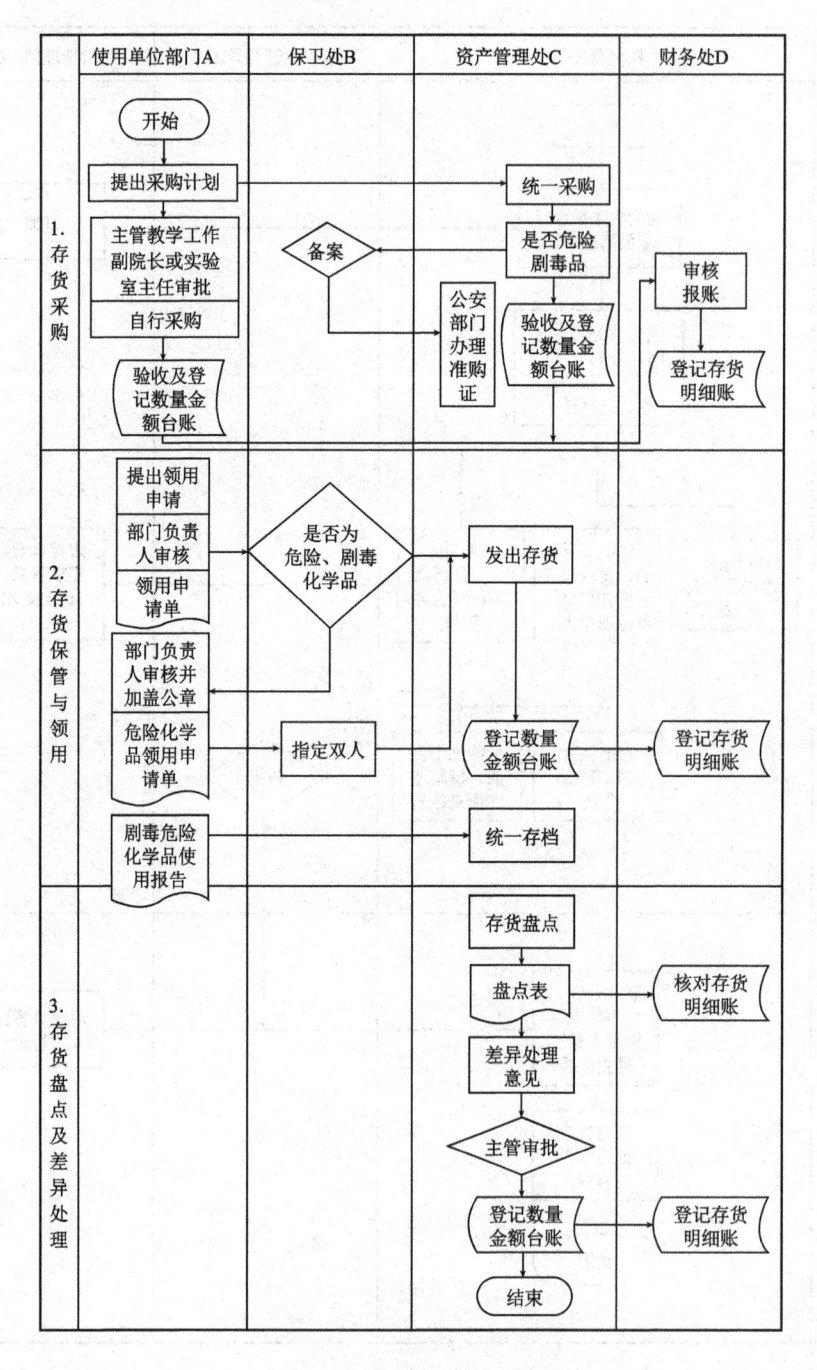

图 4-18 存货业务控制流程

第六，固定资产采购与调拨业务控制流程（图4-19）。

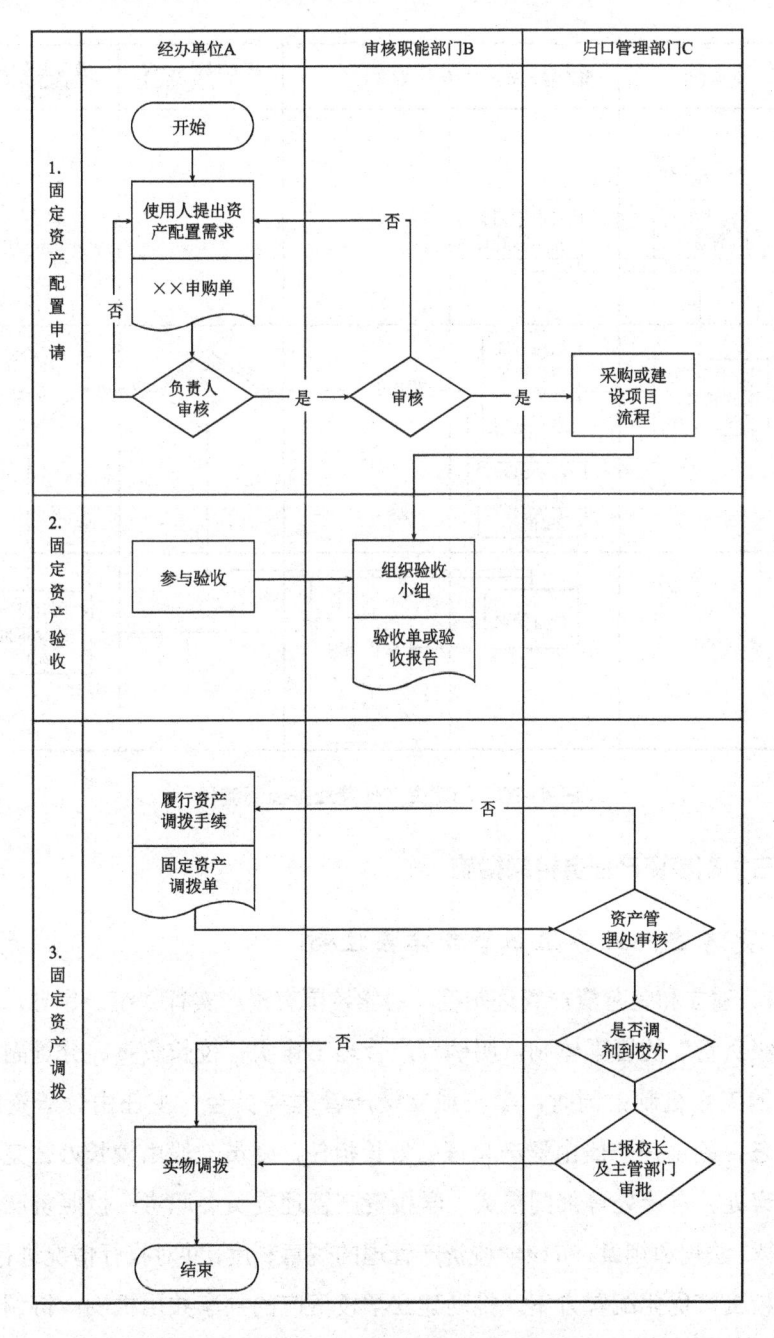

图 4-19　固定资产采购与调拨业务控制流程

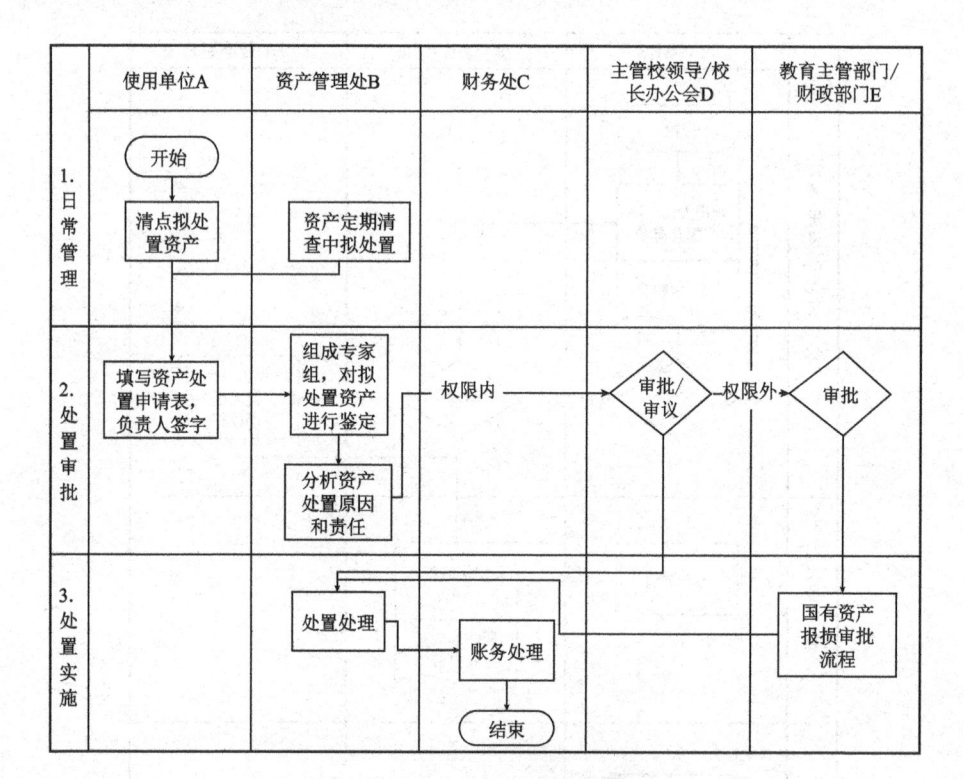

第七，固定资产处置业务控制流程（图4-20）。

图4-20 固定资产处置业务控制流程

（三）高校资产业务控制措施

1. 完善资产业务组织管理体系控制

（1）建立和完善资产管理制度。对学校国有资产实行"统一领导，归口管理，分级负责"的管理体制，明确资产管理工作实行校长负责、分管副校长协助工作的工作机制；同时，学校成立资产管理委员会，主任由分管资产的校领导担任，副主任一般由资产管理处处长担任，委员一般由校长办公室、财务处、监察处、审计处等部门组成。学校资产管理委员会职责：按照资产监督管理的法律、法规和规章，审核学校资产管理的规章制度，并对执行情况进行监督；审核学校资产优化配置方案，推动建立学校资产的共享共用机制；协调处理资产监督与管理中出现的重大问题；对学校资产转让和资产保值增值等情况进行监督；对学校对外投资、出资等重大事项进行论证；对各资产归口管理部门的工作进行指导与监督。明确资产按其不同形态和分类，由相关部门归口管理，各资产使用部门、单位负责人及使用人对本部门、本单位管理或者使用的学校国有资产的安全性、完整性和使用的有效性负责。

（2）优化资产业务管理流程。建立适合学校的内部控制制度，保证资产管理业务涉及的货币资产、固定资产、存货、无形资产和对外投资控制环节，信息记录真实完整。

（3）合理设置资产管理岗位。特别关注关键岗位人员合理配置，明确职责范围、审批权限、工作要求等，切实做到资产业务不相容岗位相互分离、制约和相互监督，防范资产损失或舞弊行为，保护资产安全、完整。

2. 货币资金业务控制的加强

（1）实行货币资金的归口管理。未经授权的部门和人员不得办理货币资金业务或接触货币；出纳人员不得由临时人员担任；印鉴分别保管，财务专用章由专人保管，个人名章由本人或其授权人员保管，负责保管印章人员配备单独的保险柜等保管设备。

（2）建立不相容岗位相互分离的岗位制度。支付的审批与执行、货币资金的保管与盘点清查、货币资金的会计记录与审计监督等岗位要实行分离，如出纳人员不得担任稽核、会计档案保管和收入、支出、费用、债权、债务账目的登记工作。履行资金审批程序，按照资金额度大小实行审批，重大资金流出需经分管财务校领导、校长签字审批。

（3）加强银行账户管理。专人管理银行账户。银行账户的开立、变更、撤销，应专人管理、专人定期核对。对已失效的银行账户及时销户，防止多头开户现象。加强货币资金及时盘点，及时核对银行账户资金、国库资金，防止违规转移或隐匿资金的现象。

3. 应收账项业务控制的加强

（1）建立台账管理，对应收账项进行辅助核算。为加强应收账项的管理，财务处应建立各类应收账项的备查账制度。各应收账项的归口管理部门积极配合财务处建立健全各类应收款项的备查账，堵塞各种漏洞，协助财务处做好催收工作，维护学校利益。归口管理部门按照学校规定或合同约定的时间和标准按时、足额收回应收账项,并进行跟踪管理,定期做好催缴工作,及时向财务处反馈收缴信息。

(2)建立定期清查制度,及时对账。财务处指定专人负责应收账项的清理,并采取"定期催报、限期归还、逾期扣款"的措施,严格控制应收账项的总额和占用时间,努力提高资金使用效率。财务处和归口管理部门应对应收账项进行跟踪管理,定期做好催缴工作,逾期三年以上、有确凿证据无法收回的应收账项,财务处编制清理报告,提出处置方案,按规定的权限和程序报教育主管部门和财政部门审批后予以核销。已核销的坏账,学校仍然保留追索权,应单独设置备查账。

4. 加强存货业务控制

(1)合理安排存货采购计划编制与预算。实验材料、低值易耗品供应实行计划管理,实验材料及低值易耗品用于教学的实验材料、低值易耗品的购置经费,由学校预算安排,财务处设置各使用单位的"实验材料经费"项目,用于实验材料、低值易耗品的购置;用于科研的实验材料、低值易耗品的购置经费,从科研经费材料费项目开支。

(2)规范存货采购程序。存货一般由资产管理处组织采购,由使用部门根据需要申报计划,确认经费来源,资产管理处统一采购和供应。危险化学品采购由使用单位提出申购计划,经使用单位负责人签字加盖公章后,报资产管理处审批,保卫部门备案,公安管理部门办理准购证后统一组织购置。

(3)规范验收程序,确保账实相符。实验材料、低值易耗品入库必须认真组织验收。对贵重、稀缺和进口的材料,使用单位应派相关专业技术人员协助验收。验收中若发现数量、质量问题及时向供货单位提出,并办理退换或赔补手续。

(4)规范存货出库管理流程。对库存实验材料、低值易耗品建立库存物品定额储备制度,使用单位填写出库单,报项目负责人审批后,到资产管理处领用。

危险化学品储存必须有专用仓库、专人管理,剧毒化学品必须由资产管理处危险品仓库统一储存。各使用单位领用剧毒化学品、易制毒化学品,应经使用单位负责人签字加盖公章后,指定专人双人领取;实验结束后使用人填写"学校剧毒危险化学品使用报告",经使用单位签字盖章后交资产管理处存档。

各使用单位应设置有品名、数量、单价的物品明细账,按照品种、规格型号、质量级别,对库存物品按凭证及时进行增减记录,于每学期末进行一次盘底,并制订下学期购置计划。

(5)定期清查盘点。对存货应当进行定期或者不定期清查盘点,保证账实相符。对盘盈、盘亏的存货由资产管理处提交清理报告,经审批后财务处做账务处理。

5.加强固定资产业务控制

(1)完善固定资产配置申请制度。购建固定资产,要按学校的发展规模、专业设置、科研方向统筹规划,制订好建设计划,按照程序报批。以防范资产购置不符合单位实际需要,造成资源浪费和损失问题。

(2)规范固定资产采购程序。固定资产采购有其严格的程序要求,单件或批量超过一定金额的还需要走政府采购的流程,进行招标采购。高校应当明确采购流程,并严格按照流程进行。

(3)明确资产验收职责,规范验收程序。学校固定资产验收由资产归口管理部门根据合同、招投标文件及有关标准组织实施验收,资产使用单位、资产归口管理部门等应参与验收。明确固定资产验收标准,认真编写验收报告,对验收中存在的异常情况及时处理。验收合格后,由资产管理处及时办理入库、编号、建卡、调配和投保等手续,财务处登记财务账,确保账实相符,防止或防范资产购置损失。

(4)加强固定资产日常管理。资产管理处负责组织对固定资产进行定期检查,及时进行修缮、维护,保证资产的正常运转。财务处、资产管理处、资产使用部门至少每年核对一次账目,每年年底进行资产全面清查盘点,对盘盈、盘亏的固定资产要及时查明原因,按规定做出处理,做到账实、账账相符。

本着充分利用学校办学资源的原则,对于长期闲置、低效运转、超标准配置、因技术落后淘汰但尚可使用的固定资产,资产管理处根据各部门实际需要组织调剂。固定资产在学校内部调拨时,由调出部门填写"固定资产调拨单",经调入单位确认,报资产管理处办理调拨手续,调整实物账归属部门,财务账不作调整。固定资产调剂到校外的须经校长审批,超过规定额度还应报教育主管部门批准。

(5) 准确核算在建工程成本:①在项目决策控制环节,进行项目建设可行性研究,建立民主决策机制、工程项目的概预算环节的控制制度。②加强项目设计与概预算控制,由工程、技术、财务、审计等方面人员或委托具有相应资质的专业机构对编制的概预算进行审查,重点审查编制依据、项目工程量的计算、定额套用是否真实完整和准确。③合同签订业务控制。财务处要参与了解工程的特点、工期、预算价格、承包方式,审核合同签订金额、支付条件、结算方式、支付时间、质保金等条款。④严格审核工程款支付。财务处参与建设工程项目的全过程监管,如合同的执行、施工款的拨付、工程进度、施工费用管理等,并制订合理的资金使用计划。预付款的支付必须在合同条款中有约定和约定抵扣方式;进度款应严格按合同约定的项目进度付款;结算款应根据审计报告支付;工程质量保证金按审计报告金额提留,在质量保证期满、验收合格后支付。工程项目竣工验收合格后,根据批复的项目竣工财务决算、交付使用财产清单等资料将在建工程转为固定资产。

(6) 完善固定资产处置程序。资产管理处归口管理固定资产的处置,其他单位及个人不得擅自处置。处置学校房屋及建筑物、土地、车辆等专项资产和规定限额以上的其他固定资产,由学校资产管理委员会组织论证后,经教职工代表大会通过、学校党委会审定后,分别报政府有关部门、教育主管部门审核,财政部门审批。处置规定限额标准以下的非房屋、建筑物、土地、车辆资产,由使用单位提出申请,经资产管理处组织有关专家鉴定后报分管校领导审核、校长审批,并经专业公司进行评估(审计)后,报教育主管部门审批、财政部门备案。

6. 加强无形资产业务控制

(1) 无形资产的取得应当合规。自行开发或研制形成的无形资产应依法及时申请并办理注册登记手续,明晰产权关系,依法确定由此形成的无形资产权属。学校与外单位或个人共同研发形成的无形资产,应在研发前与合作方签订合同,明确成果权属,并按合同执行。学校外购无形资产要符合事业发展规划,进行充分论证,严格审批程序和权限,避免重复、盲目引进。学校接受各级政府、企事业单位、社会团体和个人捐赠的无形资产，由归口管理部门代表学校进行接收。归口管理部门在接收后应及时收集相关资料，办理产权变更登记等事宜。

（2）规范无形资产使用程序。如果需要经营性目的使用学校无形资产的，使用部门向无形资产归口管理部门提交使用申请和可行性报告，经国有资产管理委员会审批通过；如需评估的，由学校委托专业评估机构对拟使用的无形资产进行评估；超过一定限额的，按规定向教育主管部门办理报批和评估备案手续。需要产权变更的，归口管理部门应督促相关单位及时办理登记手续。财务处根据归口管理部门提供的相关资料进行账务处理。

（3）规范无形资产转让、处置程序。无形资产预期不能为学校带来利益时，应作报废报损处理，财务处应按规定的程序将无形资产的账面值予以注销。无形资产处置应按照平等合理、公开公正、依法合规原则进行，防止无形资产在处置环节流失。

7. 加强对外投资业务控制

（1）加强对投资立项决策的论证。学校产业管理处负责对外投资项目的选择，对外投资预算项目需符合国家产业政策、学校发展战略要求和社会需要，并对项目进行严格周密论证，组织专家或者相关中介机构对拟立项的对外投资项目进行分析论证；财务处必须对投资项目所需资金、预期现金流量、投资收益以及投资的安全性进行测算和分析。由资产管理处牵头组织专家进行风险性评估和合法性审查，提出鉴定意见，经资产管理委员会复核提出意见，报分管校领导审核后提交学校教代会讨论，经学校党委会审定、校长审签。

（2）加强对外投资的跟踪管理。对外投资项目立项通过后，由财务处负责向教育主管部门及财政部门报批，根据批复的投资计划对实施的投资进行财务核算，及时、全面、准确地记录对外投资的价值变动和投资收益，保管投资权益证书文件，及时收取投资收益及不定期对账；学校产业管理处负责办理投资手续，对投资项目进行跟踪管理，定期核对投资结果情况；负责所投资项目的跟踪管理，按投资协议及时足额收回投资资产，提前或延期收回的，应报经校党委会审议批准，并向教育主管部门及财政部门备案。

（3）规范对外投资处置程序。若学校投资的校办产业无法继续经营，应对其进行注销或股权转让，并依法依规到教育主管部门、财政部门等办理相关注销、转让手续。同时，财务处应依据注销手续注销对外投资的账面值。

二、高校资产业务控制的风险描述

（1）资产业务组织管理体系控制的风险：①未建立相应的管理体系，内部控制制度不完善。不能保障资产的安全和完整，推动资产的合理配置和有效使用，实现资产的保值和增值。②岗位设置不合理。有可能发生资产损失或舞弊行为，造成资产不安全、不完整。③资产信息记录不真实、不完整，账实不符。

（2）货币资金业务控制的风险：①货币资金未实行归口管理，可能导致账外设账。②货币资金不相容岗位未能有效分离，可能导致被挪用或贪污造成损失。③银行账户管理不善，多头开户，不及时销户，为违规转移隐匿单位资金提供便利。

（3）应收账项业务控制的风险：①没有建立应收账项台账管理，没有对应收账款进行辅助核算，形成呆账、坏账损失。②没有建立定期清查制度，长期不对账、长期挂账，造成资金流失风险。

（4）存货业务控制的风险：①采购计划编制和预算安排不合理，可能导致存货过量，占用资金。②危险化学品的请购、储存、领用事项程序不到位，可能导致安全事故。③存货验收人员选择不当，验收程序不规范、走样，导致账实不符。④仓储人员岗位不明确，导致物品被盗、被挪用；领用手续不完善，清查制度不健全，处置责任不明确等，导致存货损失风险。

（5）固定资产业务控制的风险：①资产配置申请制度不健全、岗位分工不合理、请购程序不规范，容易产生资产配置舞弊行为。论证不充分或依据不充分，请购未经适当审批或超越授权审批，可能导致无预算或超预算购置、资产配置过量、超标或不足，影响学校职能及业务活动的正常开展。资产配置申请确定的配置方式不符合国家政策法规的规定，或未按规定纳入政府采购管理，容易产生资产配置违法违规行为，受到有关主管部门的行政处罚。②资产验收职责不清晰，验收程序不规范，可能导致接收资产质量不合格，影响资产使用效果。资产验收标准不明确，验收报告编审不到位，对验收中存在的异常情况不作处理或处理不及时，可能造成账实不符、资产购置损失。已验收资产未及时办理入库、编号、建卡、调配和投保等手续，可能造成账实不符，资产闲置、丢失或使用不当等问题。③资产领用调剂行为不符合国家政策法规的规定，容易造成资产使用中的不当损失和浪费；资产领用调剂申请未经归口审核、授权审批，可能导致资产领用调剂不符合单位实际需要，造成资源浪费和损失。④工程项目预算不准确、不科学会导致预算支出失去有效控制。在建工程成本核算不准确，结转固定资产程序不规范，会造成长期结转固定资产或结转固定资产不准确。

（6）无形资产业务控制的风险：①无形资产取得未经适当审批，可能导致不合规或资源浪费，记录不及时不准确，导致账实不符。②未进行知识产权登记，或权属不清，可能导致法律纠纷。③未能有效使用，缺乏登记保密制度，可能造成无形资产效能低下或被盗用。④无形资产处置、转让不规范，不符合法律法规政策要求，可能导致学校资产损失，甚至引起法律纠纷。

（7）对外投资业务控制的风险：①对外投资论证不足，投资科学性、合理性受限，可能导致投资权属存在隐患。②没有对投资实施跟踪管理，及时、全面、准确地记录对外投资的价值变动，资产的安全、完整无法保障。③未按期收回对外投资及处置不合规，投资无效益或负效益，造成学校资产流失的风险。

第五节　高校债务业务控制及其风险描述

一、高校债务业务控制概述

（一）高校债务业务的认知

"随着国家财政对高校投入的不断增加、教育教学改革的逐渐深入，高校的经济业务变得多样化，债权债务关系变得日趋复杂"[1]，因此如何通过有效的内部控制体系防范债务风险，成为高校财务工作者必须思考的问题。债务是指债务人向债权人借予一定资金并约定在未来规定时间内偿还给债权人某种利

---

[1] 匡柳燕.浅谈内控制度下高校的债权债务管理[J].环球市场，2020（10）：78.

益或者承诺的经济关系。高校债务是指高校所承担的能够以货币计量、需要用资产或劳务偿还的现时义务。

1. 高校债务业务类型划分

（1）按偿还期限可分为中长期债务和短期债务。高校的中长期债务是学校向银行或非金融机构借入的期限超过1年（不含1年）的各种借款和学校发生的偿还期限超过1年（不含1年）的应付款项。短期债务是高等学校按规定应缴入财政专户和国库等的应缴款项、向银行等金融机构借入的期限在1年内（含1年）的各种借款和其他各项偿还或结算期限在1年内（含1年）的应付及暂收款项。

（2）按款项性质可分为业务内债和业务外债。业务内债是高校在教学科研及其他各项经济活动中，产生的收支往来等校内业务款项，此处称之为业务内债。业务外债是从银行或非金融机构以贷款、融资等手段形成的资金，即不参与学校内部经济活动所产生的各种借款，本章节称之为业务外债。

（3）按取得款项渠道可分为贷款债务、融资债务、政府债券和其他债务。贷款债务是高校基于自身基本建设、购置设备、基础设施等需求而向学校以外的金融机构借入的款项，贷款主体仍是学校本身，其实质是高校对金融机构的债务，需要按贷款合同规定的时间、方式，以货币或实物形式偿还本息。高校融资债务的概念有广义和狭义之分：广义融资是指教育所需全部资金的来源，包括政府投入、收取学费、科研成果、其他投资者出资或捐赠以及各种形式的负债；而狭义融资是指学校除了政府财政拨款、学费收入、科研成果收入等以外的其他投资者出资举债以及在资本市场上取得的资金，此处主要研究狭义的融资债务。政府债券是指政府财政部门或其他代理机构为筹集资金，以政府名义发行的债券，高校的政府债券一般是地方政府债券，即有财政收入的地方政府、地方公共机构发行的债券。其他债务是《教育部直属高校经济活动内部控制指南（试行）》中所指，高校所承担的能以货币计量，需要以资产或劳务偿还的应付及预收款项、应缴款项、代管款项等以及高校财务账上未反映的、且在未来需支付的工程款等。

2. 高校债务业务的基本原则

（1）明确责任，专款专用。高等学校作为事业单位，根据《中华人民共和国高等教育法》第三十条规定:"高等学校自批准设立之日起取得法人资格。高等学校在民事活动中依法享有民事权利,承担民事责任。"高等学校是为建设发展需要而形成贷款债务的主体,对贷款规模和投资项目享有自主权和财产支配权,对政府不能有绝对的依赖性,应挖掘内部潜力偿还其债务,自行承担债务及其风险责任。专款专用就是要求借款人按照合同约定的借款用途和使用借款的行为,不允许将贷款资金挪作他用。

(2)统筹规划、有序偿还。在贷款债务方面,高校要随时掌握银行贷款、融资债务和政府债券使用和余额情况,依据现有的筹资水平和财力,合理制订偿债规划,确定偿还款项的目标和期限。可采取高校统筹事业收入、土地置换等收入以及财政安排预算资金等多种方式有序偿还债务。在其他债务方面,高校要严格按照高等学校会计制度规定的科目,对不同性质的债务分别核算和管理,及时清理并按照规定办理结算,保证各项债务在规定期限内归还。

(3)构建机制、严格管理。要立足当前,着眼长远,从严审批高校建设项目,严格控制高校建设标准,贷款额度一定要掌握在可以偿还的限度之内,建立健全高校财务风险控制长效机制,规范高校的贷款行为,同时也要规范其他债务的支付行为,严格控制高校的贷款计划,不允许学校用校产作抵押进行贷款。若未经批准擅自向银行贷款,要追究学校及有关人员的责任,以促进高校持续健康发展。

3.高校债务业务的构成要素

依据高校各类债务发生的类型不同,可将债务业务分为:借入款、应付及暂存款、应缴款项、代管款项和融资业务以及账上未反映的且在未来需支付的工程款和未付款项等。

(1)借入款。是指高等学校因借贷行为而形成的负债,其主要用途包括教学、科研、基本建设和后勤等方面,其主体主要是银行信贷借款。

(2)应付及暂存款。是指高校在业务活动中与其他单位或个人发生的待结算款项,包括应付款和暂存款两类。

(3)应缴款项。包括高校按规定收取的应当上缴财政纳入预算的资金和应当上缴财政专户的预算外资金、应交税金以及其他按照国家有关规定应当上缴的款项。

(4) 代管款项。是指高校接受其他单位、团体、协会或个人委托代为管理的各类款项。

(5) 融资业务。是指高校根据自身的办学活动状况、资金拥有的状况,以及高校未来发展的需要,从非金融机构筹集资金的理财行为,包括BOT项目融资(BOT是英文Build—Operate—Transfer的缩写,即建设—经营—移交方式)、委托贷款、信托融资、信托业务、融资租赁、资产置换、融资债务等。

(6) 账上未反映的且在未来需支付的工程款和未付款项。是指在资产负债表或负债会计科目中没有反映的,但在未来一定时间内可能发生的潜在债务。

应付及暂存款、应缴款项和代管款项主要是日常财务核算中形成的待结算款项,金额相对较小,期限也较短,在本章节总称为其他债务。融资业务中只有涉及债务的业务风险性比较高,故本章节只研究融资债务。

(二)高校债务业务控制目标

高校债务就像一把双刃剑,一方面能解决高校发展的资金需求,改善办学条件,提高教学水平;另一方面,过多债务会带来还款压力,产生一定的风险,影响高校的正常发展。为保证高等学校健康发展,确保教育资金有效运用,合理控制教育风险的发生,应特别关注高校的债务营运情况,建立明确的高校债务控制的环境目标和责任制目标,规范高校债务管理、使用、偿还目标,以及高校债务业务控制的会计核算体系目标,从源头上对高校贷款风险进行全过程的评估与实时监控。

1. 优化债务业务控制环境

(1) 重视债务业务岗位人员的配备。首先,严把用人关,重视对债务业务重要岗位的人员配备和管理人员的配备,确保项目建设管理、资产管理、财务管理等各岗位人员具有较高的职业素质;其次,对重要岗位人员进行定期岗位培训,不断提高管理层和全体员工对债务业务控制工作重要性和迫切性的认识和理解;最后,随着债务业务的更新与变化,要充分调动职工的积极性和创造性,确保债务业务控制得以有效执行,从而实现高校财务内控体系构建的系统性和科学性。

（2）健全科学筹资决策程序。高校应基于本身的财力状况，制定适应学校总体发展的战略规划、师资队伍及科研队伍建设规划和校园校貌发展规划。在总体规划目标下，根据教学、科研事业发展需要和学校财力及偿债能力的可能，确定总体建设规模。高校在进行项目投资的前期，必须经过严密、科学的可行性论证，充分征求教代会的筹资意见，经学校最高决策机构集体研究决定筹资方案，保证投资方案的科学性和准确性。

2. 健全债务管理责任制

高校实行的是校长负责制，校长是高校债务业务管理的总负责人，应明确相关的权利义务与违约责任，对全部贷款及各种债务资金使用的安全性、合理性和有效性负全面责任。因此，高校在进行项目建设贷款之前，必须进行大量的前期工作，组织项目筹资分析会来进行可行性分析研究和偿债能力的平衡分析，做到心中有数，保证建设项目运行的高效性、严密性和合理性。要建立健全债务业务管理责任制，完善内部风险防控机制，对高校债务决策人实现责任追究制度，要求对债务的"借入、管理、使用、偿还"等情况实施全方位的监管，并以此作为考核高校主要负责人的绩效和任期经济责任的重要内容，明确和落实债务借入和偿还的责任，合理借贷管理，科学有效运用，保证高校平稳健康的发展。

3. 完善债务资金日常管理

高校应严格按照规定使用债务资金，加强债务资金的管理，提升其使用效益和性价比。妥善处理原有债务，严格履行审核新建项目的建筑面积、用途、资金预算、资金来源等指标的程序，强化对基建项目的监管力度，控制无资金来源、超预算的项目。高校作为债务主体，应加强财务管理，明确各项债务资金开支使用的范围，及时对账、检查和清理，强化事前、事中、事后监管，清楚每笔款项的来龙去脉，确保专款专用。要加强对高校债务的预算执行、资金使用效益和财务管理等情况的监督检查，规范预算审核程序，禁止一切不合理开支，做到厉行节约，量力而行，强化资金使用的绩效评价，保障资金使用安全、规范、有效。确保贷款债务依据合同约定按期偿还本息，以及高校经济活动所产生的经营债务及时结清。

4. 建立债务测算机制

会计核算指标有多项种类，与高校债务业务控制相关的也是多方面的，最重要的是流动比率、债务负担率和资产负债率这三个方面。财务部门应随时测算三个比率的情况，及时调整资金的运用比率，保证债务控制在正常或稳健状态范围内。高校决策机构要随时了解和掌握学校债务情况，一旦债务负担率超过可控范围，应立即调整财务状况，认真思考和研究如何压缩建设规模，减少现有贷款，保证高校各项事业的健康发展。如果高校债务规模居高不下的话，有可能严重超出其偿还贷款的能力，给高校带来一定的风险隐患。

（三）高校债务风险控制流程

第一，银行贷款业务控制流程（图 4-21）。

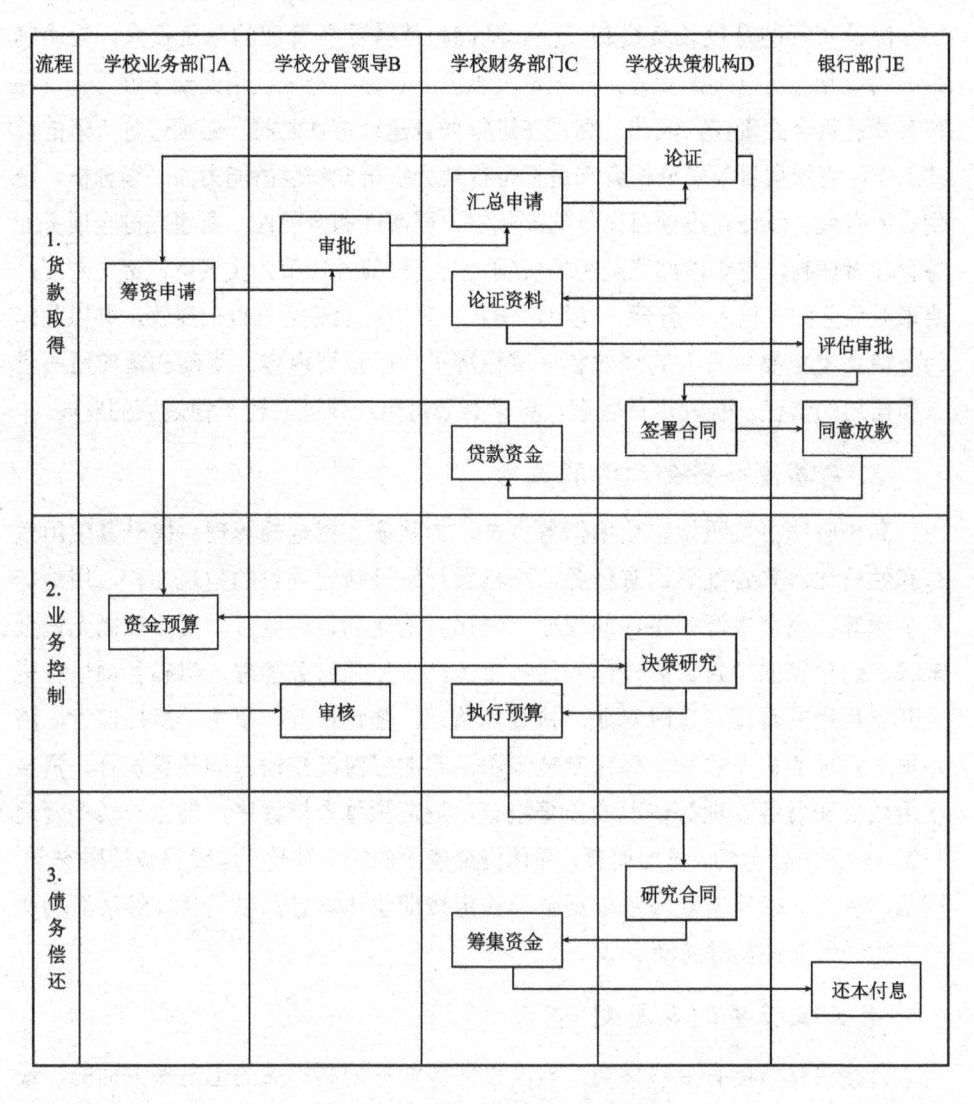

流程	学校业务部门A	学校分管领导B	学校财务部门C	学校决策机构D	银行部门E
1. 贷款取得	筹资申请	审批	汇总申请 / 论证资料 / 贷款资金	论证 / 签署合同	评估审批 / 同意放款
2. 业务控制	资金预算	审核	执行预算	决策研究	
3. 债务偿还			筹集资金	研究合同	还本付息

图 4-21　银行贷款业务控制流程

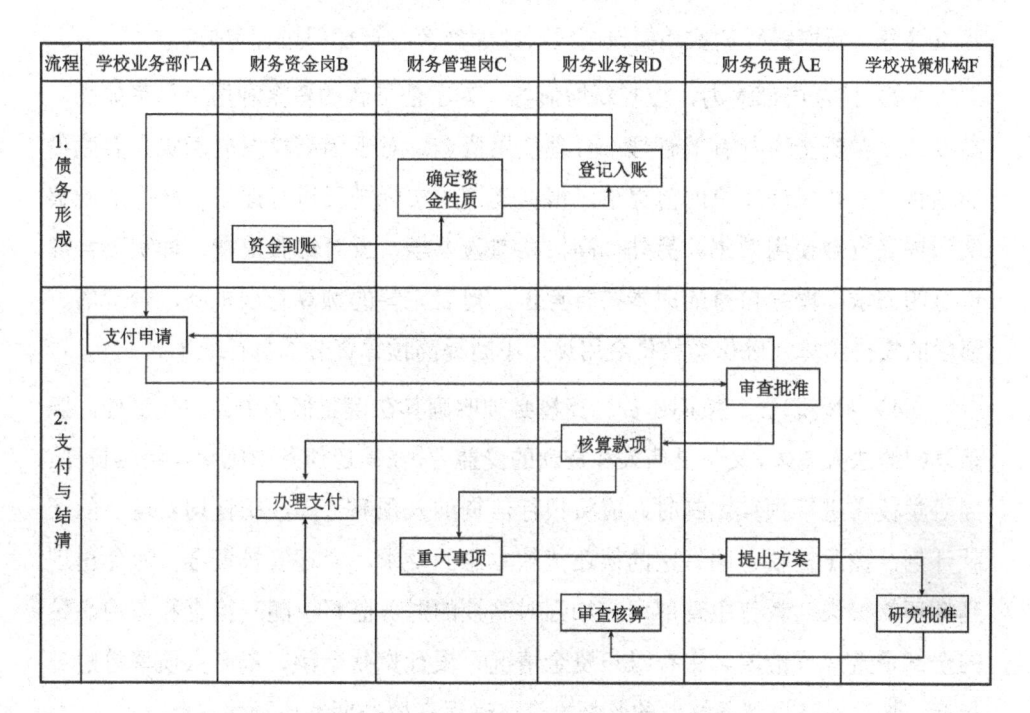

第二,其他债务业务流程(图 4-22)。

流程	学校业务部门A	财务资金岗B	财务管理岗C	财务业务岗D	财务负责人E	学校决策机构F
1.债务形成		资金到账	确定资金性质	登记入账		
2.支付与结清	支付申请	办理支付	核算款项 重大事项 审查核算		审查批准 提出方案	研究批准

图 4-22 其他债务业务流程

(四)高校债务风险控制措施

1. 健全债务控制机制

(1)严格执行专款专用原则。高校作为举债主体必须进一步强化债务的监管力度,确保贷款资金专款专用。一方面,贷款资金必须纳入学校预算统一管理,所有开支均通过财务部门按预算执行支付,严格规范资金使用范围;另一方面,高校的基本建设应尽量做到事前把关,确保项目的理性实施,加强建设项目的计划性和科学性,严格执行财务政策,禁止一切不合理开支,强化债务风险监督机制,充分发挥校内审计、"教代会"和监察等部门的监督作用,保证贷款资金的专款专用。

(2)科学论证,严格审批流程。要加强对高校筹资的审批流程,对高校新增贷款或政府债券等的债务,在举债前必须进行大量的前期工作。事先要经过详细的调研,项目建设必须经过专家组的科学论证,并认真分析项目建设的必要性和可行性，校内要履行严格的审批程序，减少和避免形象工程、政绩工程建设等等。新增银行贷款还要报同级财政和教育主管部门进行审批。

（3）挖掘内部潜力，控制新增债务。为了使贷款的资金利用率尽可能高，高校必须对资金实行有效管理，合理使用资金。对于因高校发展确实需要建设的项目，要在保证质量的前提下，根据高校的实际需要进行建设，减少资源浪费和提高资金使用效率。另外，高校要节俭办学，反对铺张浪费，抑制不合理资金的需求，增强自身的成本核算意识，建立完善的预算管理机制，合理的、科学的安排预算，确保学校资金用途，不断提高预算资金的执行效率。

（4）明确职责，按期还贷。高校必须明确其在偿还债务中的主体责任，既是学校的法人主体，又是借债人和贷款的受益者，在偿还债务中应承担相应责任。高等学校在进行预算编制时，应将银行信贷纳入预算管理，制订切实可行的还款计划，按照贷款合同规定的偿还贷款本息的要求，合理安排资金，避免出现延期还款损失。教育主管部门应加强对高校的财务监督，随时检查和监控高校的全部资金运行情况、银行账户资金情况、银行贷款余额、资产负债率等财务指标，加强对高校债务情况的监督检查，确保高校按期偿还贷款本息。

2. 强化高校财务监督

（1）做好会计基础工作，如实反映高校债务状况。随着高等教育体制改革的不断深化，高校的会计环境发生了巨大变化，原有的收付实现制已经不能真实全面地反映高校的资产和运营状况，而权责发生制能更准确地反映出高校所享有的经济权利和所承担的经济责任。高校会计制度统一实行权责发生制后，在确认标准上，不再以款项的实际收付为标准，而是以权利与债务的转移为准绳。在确认金额上，不再是当期实际收付的全部款项，而是根据实际经济权利转移的情况来确定，这样就便于将受益期间的收入和支出进行配比，更准确地计算高校的收入和费用数据，便于决策者了解准确详细的财务会计信息，以适应高校的发展变化，同时更好地进行贷款风险分析，以防范其风险的发生。

（2）健全规章制度，规范债务管理。

第一，严格往来款项内部控制。对于应缴款项、应付及暂存等其他债务往来资金，应依据会计制度的要求，按规定程序办理债务业务的申请手续并及时入账，并严格审定资金的来源、用途及核算范围。属于上缴上级的款项，必须按规定期限足额上缴；其他款项则应落实责任人，定期督促并作专项清理；属于重大事项或有疑问的款项，财务部门应当及时将解决措施或合理化建议上报学校决策结构集体讨论研究，最后给出处理方案。高校财务部门应规范往来款项内部控制制度，及时进行清理和偿还，不得将应缴款项和往来款项视为自有资金而自行结转，更不得挪作他用，随时预防因占用资金而无法按时完成款项的限期支付而造成其他债务风险的发生。

第二，完善代管款项的内控制度。代管款项核算内容是高校接受委托代为管理的各类款项，该款项的所有权、使用权均不属于高校，而是属于其他单位或团体。对于代管资金的所有核算，必须严格遵守国家有关的财经法规和高校财务会计制度，并建立严格的内部牵制制度。由于代管款项资金有不同的来源、用途和目的，必须要求按项目进行核算和管理，做到专款专用。不能将代管款项作为不合理支出的资金来源，更不能作为自有资金安排预算支出，否则会导致无法完成代管款项的正常支付，带来其他债务风险的发生。因此，需定期分析代管款项资金的来源和去向情况，保护代管资金的安全完整及有效利用。

3. 做到债务信息透明

（1）做好信息公开，强化监督管理。高校做好财务信息公开工作，有助于提高高校工作的透明度、保障师生员工和社会公众的知情权和监督权，推动高校依法办学、依法理财；有助于提升高校预算管理和财务管理水平，充分发挥资金使用效益，有效保障高等教育事业的科学发展。高等学校一定要高度重视，正确认识做好财务信息公开工作的重要性，财务部门要充分利用高效、快捷的信息手段，将财务信息和各项债务收支结余情况定期公开，接受师生员工、社会公众和投资主体的监督检查。另外，加强债务信息披露工作，强化高校债务监督管理。

（2）完善信息系统，提升沟通效率。随着科学技术的进步，高校已经能够通过信息化手段，利用内部生成的数据和来自外部渠道的信息，为高校决策者监管债务、控制贷款风险提供服务。高校财务信息系统与校内各部门、银行、融资机构和政府相关部门都有着密切的联系，高校必须及时、准确、完整地收集与学校相关的内部和外部信息，才能建立起高效、开放、统一的财务信息沟通系统。高校需通过校园网、座谈会和民意调查、教代会等多种渠道扩大知情权，及时更新财务信息，全面反映学校各类收入支出情况。同时，高校还要积极与政府、银行、融资机构等沟通，保持畅通的沟通渠道，以便于获取关于贷款及其风险的最新动态。通过信息的沟通，借助信息来识别、评估和应对风险情况；通过财务报表等信息公开，保证高校从举债到债务资金使用公开透明，有效接受政府部门、全体教工和投资主体的监督，逐步完善高校管理信息系统，提升校内信息管理质量和沟通效率。

4. 有效防范债务风险

近年来，中央和地方政府为加强债务管理，采取了贷款贴息、政府债券和加大投资等一系列管理措施。高校债务被纳入政府性债务管理后，债务规模受到严格控制，高校通过举债解决发展资金短缺的财务运行模式已然改变，进入轻负债甚至无债运行的新时期，转变思路适应新形势，做好财务管理工作，控制新型债务风险成为当务之急。

（1）制订财务中长期规划，促进财务健康运行。政府对高校债务加强控制后，高校筹资建设和发展的渠道受到限制，项目建设和发展需要资金，除了申请部分政府债券外，主要靠高校内部自行筹措和积累，这就要求高校对资金安排和投入要统筹考虑和提前规划。高校财务中长期规划应从多个方面去考虑：①筹资能力规划，主要是对学校日常基本收支状况进行预测，预算出年度的结余情况，体现的是高校自筹能力。②建设与发展资金需求规划，即如何科学安排学校建设发展规划，确定未来建设计划期内的资金需求额度。③从财务的角度合理测算资金，做好中长期预算，科学预测学校财务所面临的资金方面的主要矛盾和存在的主要问题，例如如何解决资金供求缺口、如何优化资源配置、如何提高资金效率等，防止建设项目资金链断裂，出现新的债务风险。

（2）做好投资分析，避免过度投资。高校财务部门应在建设项目投入前，根据项目建设情况和学校财力，理性地进行分析研究，当好决策者的参谋与助手。政府对高校债务实行控制后，对高校财务管理提出了更高的要求。高校不但要从制度上保证财务分析在经济决策中的地位，而且其财务管理人员要具备较强的财务分析能力，根据学校实际情况，对新建项目进行科学的筹资分析，杜绝因过度建设投资和低效率投资造成新的债务风险，努力提高建设项目投资的绩效。

(3) 拓展收入渠道，多方筹措资金。当前，高校已经从规模发展步入内涵发展阶段，办学规模趋于稳定，因此必须拓展其他收入渠道。高校应充分发挥自身的人才优势、科技优势，推进与企业的产学研合作，帮助企业解决技术难题或开展新的合作项目，为高校创造新的收入增长点。另外，充分利用高校的教学、科研、教育和管理等资源，增加科研、培训、实验、咨询等业务收入，盘活学校资产，大力发展校办产业，增加经营性收入。同时，大力争取社会捐赠等，逐步拓展高校的社会服务领域，拓宽高校收入渠道，为高校的建设和发展争取更多资金。

(4) 挖掘内部潜力，优化支出结构。高校债务受到控制后，除了争取政府债券或财政拨款支持外，高校的建设项目投入所需资金只能通过挖掘自筹结余资金来解决。例如，在收入基本稳定的情况下，控制支出，减少不必要的开支，成为自筹资金的关键所在。高校应以科学发展观指导学校预算，实现预算编制的统一性和科学性，全方位做好年度预算。根据学校财务状况和持续发展能力，确定科学合理的人员支出、日常公用支出、资本性支出结构。减少日常公用支出，最大限度地缩减"三公经费"，控制人员支出比例，不断优化支出结构。加强预算控制和日常财务管理，杜绝无预算或超预算开支带来的风险，提高资金使用效率，保证财务健康有序运行。

二、高校债务业务控制的风险描述

（一）货款债务业务控制的风险

(1) 未执行专款专用的原则。高校作为举债主体，如果放松对债务的监督管理，随意改变贷款资金的适用范围，将会出现建设项目与贷款用途不符，更不能确保贷款资金专款专用。不按资金用途规范使用，把贷款资金视为自己口袋里的钱任意支配，加大了贷款资金的风险。

(2) 举债程序不严谨。有的高校在举债时往往只考虑如何才能贷到款，决策机构对申报项目缺乏事前的可行性论证，没有做详细的市场调研，没有到实地考察，没有很好地了解贷款或融资的新动向，更没有和兄弟院校做具体的成本比较等，没有进行严格的审批程序就草率做出决策，加之在实施项目建设中监管不力，造成大批项目无法科学合理地完成，没法取得预期的结果。

(3) 债务计划与事业发展规划不衔接。高等院校在向银行或非金融机构借贷时，是以国家信用来获得银行的授信，因此债权人无意核查所授信高校的财务状况和偿还能力。在这种情况下许多高校采取不稳健的融资政策，往往是盲目上建设项目，争取银行、非金融机构和政府债券等资金，而忽视还本付息，不考虑高校整体事业发展规划，给高校未来的发展带来巨大的不确定性和潜在风险。

(4) 未能及时偿还债务。许多高校在贷款时，只考虑怎样能贷到款，而很少考虑资金成本和还款能力。高校责任意识不强，还债动机不够纯粹和坚定，且存在由政府埋单的侥幸心理。由于这些高校对贷款管理不够重视，没有制订可行的偿还债务计划，所以到还款期没有及时还贷，失去了已有的借贷信誉。不管什么理由未能按时还款，都会导致学校不仅要负担正常的贷款本息，还得承担额外的付款义务。

（二）其他债务业务控制的风险

(1) 会计账务处理滞后，无法如实反映债务风险状况。现行高等学校会计制度规定，高等学校的会计核算一般采用收付实现制，高校的基本核算基础还是收付实现制。高校只核算实际已经支出的款项，对一些应付未付的支出没有披露。例如，高校一些未完成建设的项目，在未付款之前没有在账上反映；在采购仪器设备或大额材料等过程中的支出尚未付款时，也没有计入应付账款中进行核算；贷款资金的利息费用没能按月进行核算反映等，这些业务只有在实际付款时才做账务处理。假如年终还未付款，就会将其余额转入事业结余账户，导致结余严重存在负债信息披露不全面的缺陷，必定虚增当期可供支配的资金数额，使财务信息失真，掩盖了潜在的财务危机。

(2) 将往来款项视为自有资金。高校在经济活动过程中产生的应缴款项、应付及暂存款等待结算的债务，对于高校而言是一个很可观的数字，如果高校在日常财务工作中忽视对这部分资金的管理，或者使用过程中不规范，将需按规定期限上缴上级的款项和需清理偿还的款项视为学校可支配资金随意使用，就会导致款项无法按期归还，形成挪用资金的债务风险。

(3) 代管款项管理不当。高校接受挂靠校内的各种协会、团体、学会和其他单位或社会团体等委托管理的各类款项,将产生资金待结算的债务义务。随着高校产学研合作规模的不断扩大,与社会各界联系的更加深入,这类代管款项资金会越来越多。假如高校在财务工作中不能严格按照代管款项合同规定的用途和目的专款专用,发挥会计核算和监督职能的作用,明确有关人员的责任和义务,真实及时地反映代管资金的来龙去脉,而是将代管款项与自有资金混为一谈,随意挪作他用,必然不能按代管合同完成款项的结算,同时还会造成挪用代管款项的债务风险。

第六节 高校基本建设业务控制及其风险描述

一、高校基本建设业务控制概述

高校基本建设经费是指高校投入基本建设项目的各类经费,经费来源于财政拨款和自筹资金。基本建设经费管理伴随基建项目的整个过程。

(1)高校基本建设项目分类。按照基本建设项目的实施方式,高等学校基本建设项目可分为自行建造和委托他人建造。其中,自行建造是指单位负责基本建设项目建造的全过程或绝大部分,在建造过程中发挥主导作用;委托他人建造是指单位将基本建设项目的主要部分或全部以分包方式交由其他单位从事,单位主要负责筹集基本建设项目所需资金、按期与承包方结算、参与竣工验收等。一般而言,由于基本建设项目专业要求高,高等学校主要通过委托他人建造这种方式来实施基本建设项目。按照通用的建设项目分类标准,建设项目具体分类参见表4-3。

(2)高校基本建设经费业务控制的内容。高校建设项目管理包括项目前期立项、工程设计与概预算、工程招标、工程施工、竣工决算等环节,具体涉及项目建议书编制与审核、工程可行性研究报告的编制与审核、初步设计评审及概算的审批、项目招标、工程施工及洽商变更、工程结算、竣工验收及结算、竣工决算、工程审计、资产移交、档案移交等过程。

与建设项目相对应，高校基本建设经费业务控制可以分为管理组织体系控制，项目立项控制，工程设计与概预算控制，工程招标与采购控制，工程施工、变更与资金结算控制，竣工决算控制等。

表4-3 建设项目具体分类

建设项目分类标准	具体分类
建设性质	新建项目、扩建项目、改建项目、迁建项目、恢复项目
资金来源	国家拨款建设项目、自筹资金建设项目
施工情况	筹建项目、施工项目、投产项目、收尾项目
实施方式	自行建造项目、委托建造项目
隶属关系	中央项目、地方项目、共建项目
用途	教学科研性项目、生活配套性项目
建设规模大小	大型项目、中型项目、小型项目

（一）高校基本建设业务控制目标

1. 基本建设管理组织体系控制目标

（1）建立健全学校基本建设及其相关的管理制度，并且根据国家政策和相关情况不断细化、修订和优化。

（2）校内与建设相关的部门和岗位设置合理，职责权限明确，不相容岗位相互分离、相互制约、相互监督。

（3）健全项目议事决策机制，实现专业机构编写、专家论证、集体决策机制，确保项目决策的科学性和合理性。

（4）建立健全与建设项目相关的审核机制，优化审核控制的岗位设置、人员配置与审核流程。

2. 项目立项控制目标

（1）项目立项须经过严格周密论证，符合国家有关投资、建设、安全、消防、环保等规定。

（2）确保建设项目符合学校的实际需要，技术上可行，资金可控，能够产生预期的经济和社会效益；建设项目实行集体决策，科学决策，妥善保管决策过程中的文件资料。

（3）确保建设项目的立项建议书、项目可行性研究报告编制科学，审核严格，因此，建设项目可行性研究报告应当委托有相应资质的单位编制。

（4）严格执行国家有关楼堂馆所建设的规定和资产配备标准，严控投资总额，防止超标建设，厉行勤俭节约。

3. 工程设计与概预算审批控制目标

（1）按照相关程序和要求，通过招标择优选择具有相应等级资质的勘察、设计单位，所选择的勘察、设计单位能够最大限度地满足建设工程勘察、设计的要求。

（2）加强设计文件的审查，做好图纸交底和会审，确保建设项目设计质量，严格控制设计变更，为后续建设项目的实施打下坚实的基础。

（3）加强概预算编制、审核和变更控制，确保概预算科学、合理，强化概算约束作用，为后续项目结算和招投标提供科学依据。

（4）加强工程建设规划审批控制，及时与相关审批部门沟通，确保建设项目及时批复，按时开工。

4. 工程招标与采购控制目标

（1）按照有关规定确定招标事项，确保招标、开标、评标等环节符合相关法律法规要求，公正公开，程序规范，中标人符合资质要求和工程建设要求。

（2）招标文件编制完整准确，评标人员选择恰当合理，采用适当的招标方式进行招标，让中标价控制在概预算内，防范招标过程中出现舞弊和腐败现象。

5. 工程施工、变更与资金结算控制目标

（1）明确高校、施工单位、监理单位、设计单位、审计单位在工程管理、工程进度、工程质量、生产安全、投资控制等方面的职责,确保建设工程顺利进行。

（2）加强项目施工过程监管，确保项目施工严格按照规定的工期和进度开展，按时完成建设工程。

（3）保证工程变更事项严格审批，合理有据，符合工程总体要求和成本控

制要求：签证规范、合理，确保增加费用或技术调整进行有序的控制。

（4）按合同规定及时进行工程价款结算，保证项目资金支付真实合规，审批严格，符合国家及学校建设项目财务制度要求。

6. 竣工决算控制目标

（1）项目竣工后在规定时限内及时办理竣工验收，明确验收条件和验收程序，保证工程项目验收过程严格、有序，工程缺陷情况得到及时发现与整改，验收手续齐全，确保建设项目质量合格、符合设计要求。

（2）保证工程竣工结算工作规范、合理，规范竣工结算编制、监理审核、结算审计和价款支付，确保竣工结算及时完成。

（3）竣工决算编制及时、合理、规范，内容完备、准确，决算审计客观、公正和实事求是，保证竣工决算的真实性、合法性和完整性。

（4）高校财务部门真实、完整地反映建设项目成本归集、资金来源、价款支付及相关工程物资的增减变动情况，并妥善保管相关记录、文件和凭证，确保建设过程得到全面反映。

（5）做好完工项目移交工作，保证移交工作规范、合理，手续齐全，并及时进行固定资产登记。

（6）做好建设项目档案文件、材料的收集、整理、归档和保管等工作，确保建设项目档案管理合理有效、安全完整。

（二）高校基本建设业务控制流程

第一，建设项目立项业务流程（图 4-23）。

第二，建设项目工程设计与概预算流程（图 4-24）。

第三，工程招标流程（图 4-25）。

第四，工程洽商变更流程（图 4-26）。

第五，工程款结算流程（图 4-27）。

第六，建设项目竣工验收流程（图 4-28）。

第七，建设项目竣工结算流程（图 4-29）。

第八，建设项目竣工决算流程（图 4-30）。

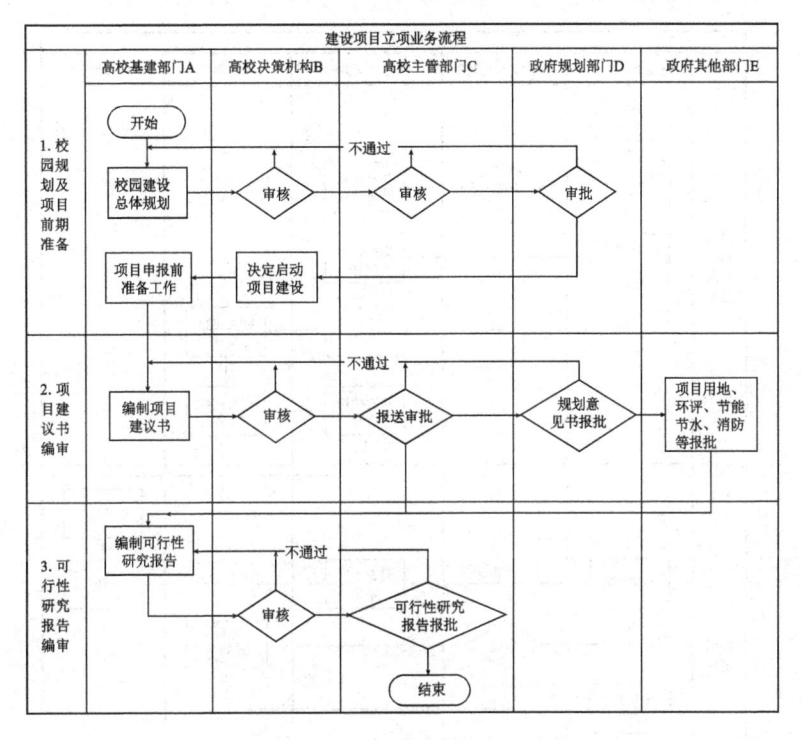

图 4-23　建设项目立项业务流程

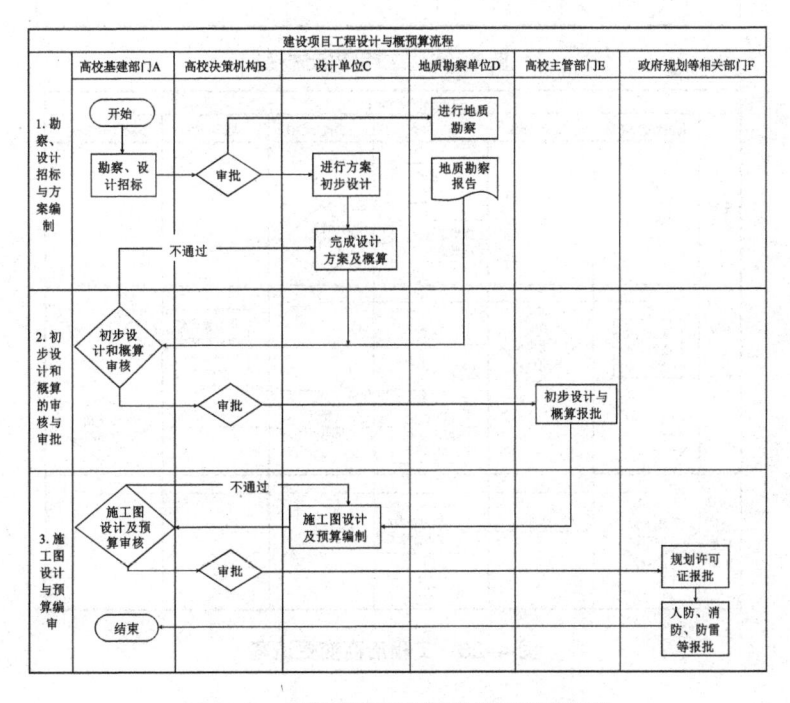

图 4-24　建设项目工程设计与概预算流程

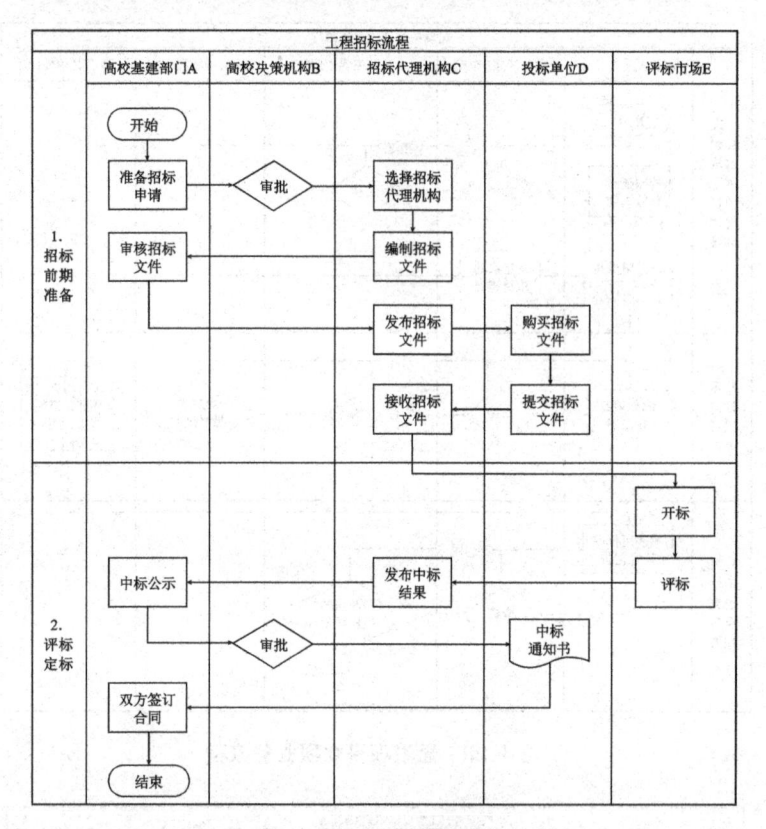

图 4-25　工程招标流程

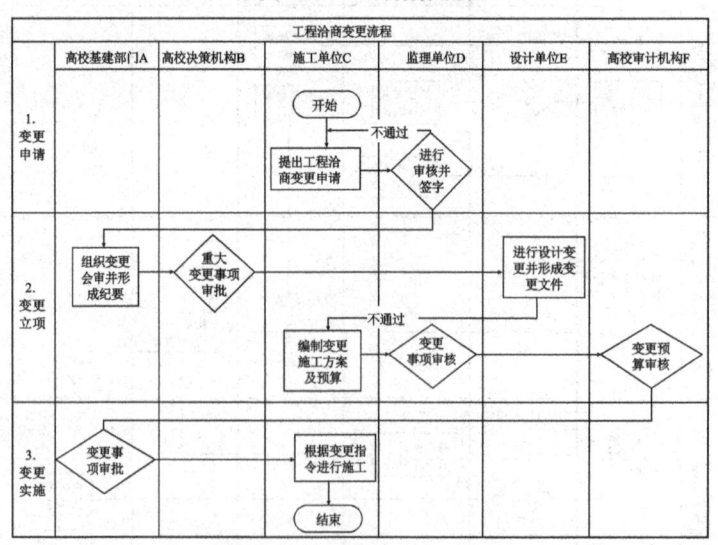

图 4-26　工程洽商变更流程

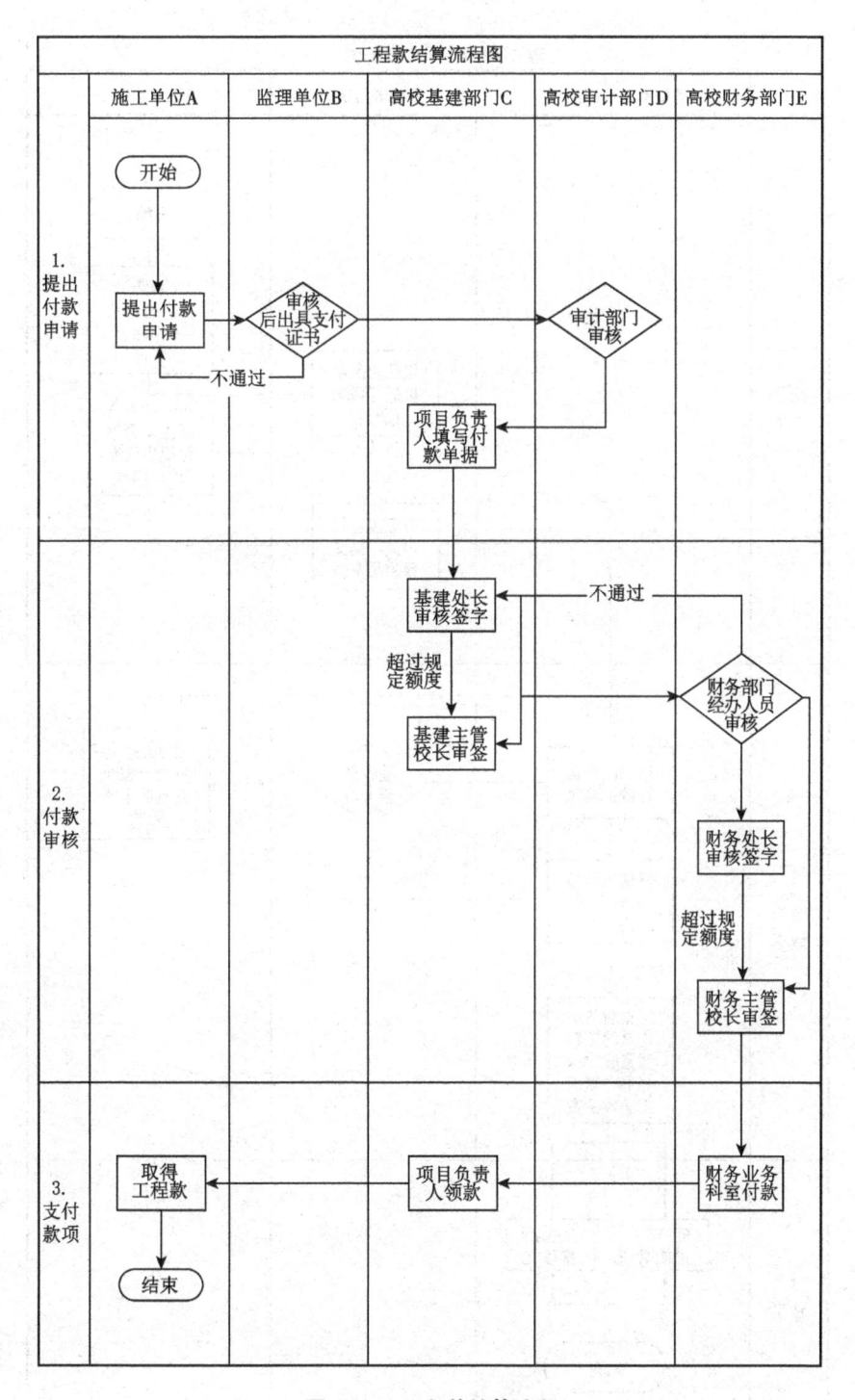

工程款结算流程图					
	施工单位A	监理单位B	高校基建部门C	高校审计部门D	高校财务部门E
1. 提出付款申请	开始 → 提出付款申请 ←不通过	审核后出具支付证书		审计部门审核 → 项目负责人填写付款单据	
2. 付款审核			基建处长审核签字 → 超过规定额度 → 基建主管校长审签		不通过 ← 财务部门经办人员审核 → 财务处长审核签字 → 超过规定额度 → 财务主管校长审签
3. 支付款项	取得工程款 → 结束		项目负责人领款		财务业务科室付款

图 4-27　工程款结算流程

建设项目竣工验收流程

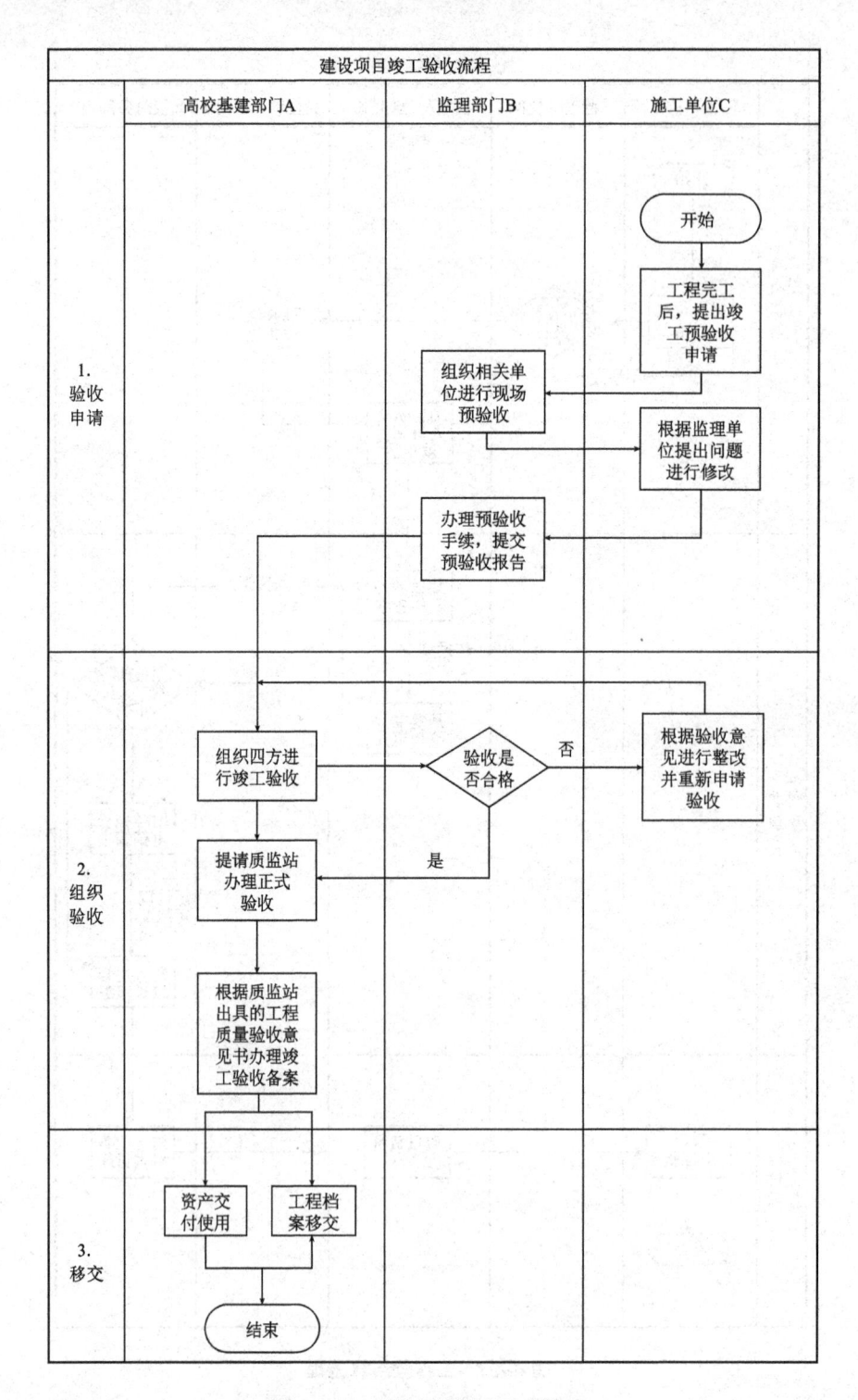

	高校基建部门A	监理部门B	施工单位C
1. 验收申请		组织相关单位进行现场预验收 → 办理预验收手续，提交预验收报告	开始 → 工程完工后，提出竣工预验收申请 → 根据监理单位提出问题进行修改
2. 组织验收	组织四方进行竣工验收 → 提请质监站办理正式验收 → 根据质监站出具的工程质量验收意见书办理竣工验收备案	验收是否合格（是/否）	根据验收意见进行整改并重新申请验收
3. 移交	资产交付使用 / 工程档案移交 → 结束		

图 4-28 建设项目竣工验收流程

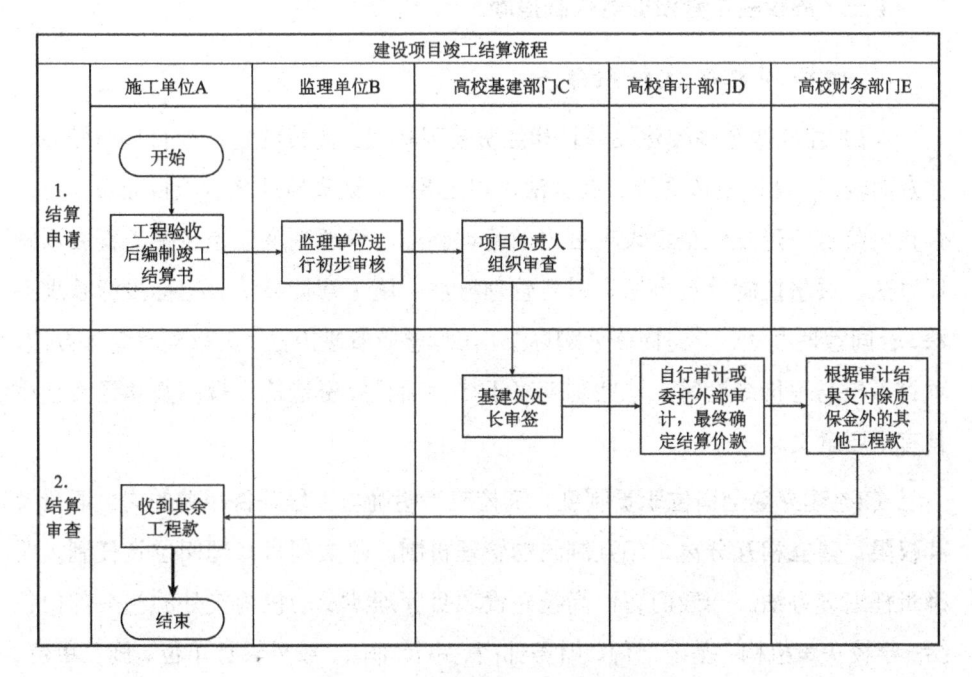

图 4-29　建设项目竣工结算流程

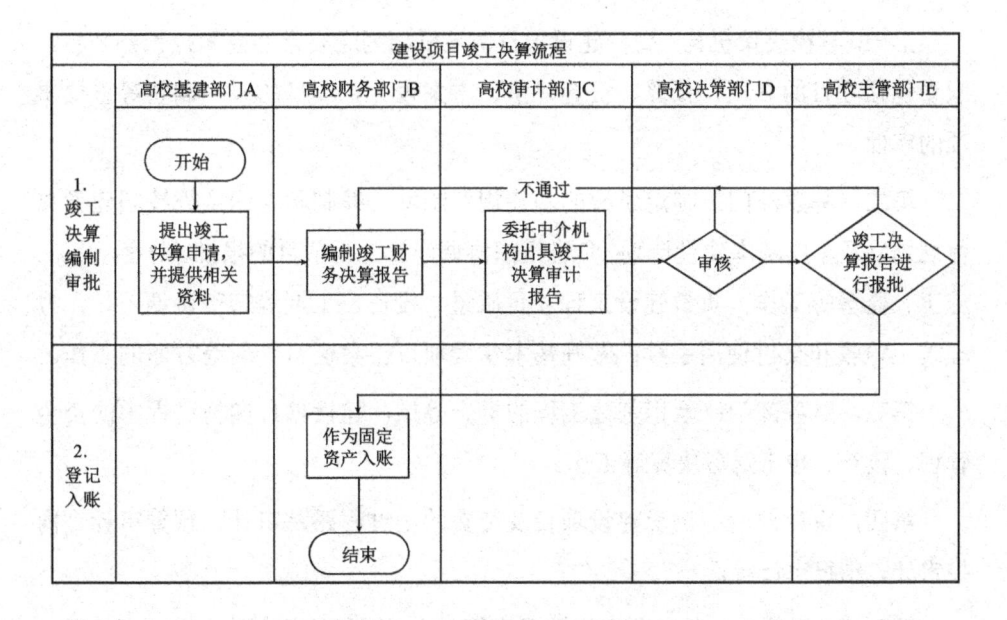

图 4-30　建设项目竣工决算流程

（三）高校基本建设业务控制措施

1. 健全项目管理组织体系

（1）建立健全高校建设项目和经费管理制度。高校的建设项目环节较多、涉及面较广，高校要依据国家有关法规规定要求，认真梳理建设项目业务流程，查找风险点，建立健全建设项目内部管理制度。管理制度应当包括工程立项管理办法、质量控制管理办法、财务管理办法、施工管理办法、招标投标管理办法、合同管理办法、工程物资采购办法、工程验收管理办法、工程档案管理办法、项目考核与评价制度等，这些制度对于控制项目投资造价，规范基建经费使用具有重要意义。

（2）建立健全岗位职责制度。高校应当明确与工程项目相关的岗位职责及其权限，建立相互分离、相互制约的管理机制，落实项目管理岗位责任制，明确责任追究办法。一般而言，高校建设项目管理涉及的校内校外的相关部门包括：学校决策机构、基建部门、财务部门、审计部门、校外设计单位、施工单位、监理单位、招标代理单位等，各部门的职责分工如下：

第一，学校决策机构：高校建设项目决策机构为党委常委会和校长办公会。职责包括项目的立项、预算、资金筹措、方案设计、项目的重大调整等重要事项的审批。

第二，基建部门：制定学校的基建规章制度；编制和组织实施校园建设总体规划以及年度基本建设计划；负责组织协调建设工程项目的报批、勘察、设计、施工、监理等工作；负责建设工程项目质量、投资、工期等管理协调工作，办理竣工验收和交付使用手续；做好基本建设项目档案资料管理等方面的工作。

第三，财务部门：承担基建工程的资金筹措，建设项目实施过程中的资金管理、核算、竣工财务决算等工作。

第四，审计部门：负责建设项目及经费的全过程跟踪审计、预算审计、内控审计、结算审计等。

第五，设计单位：负责项目初设预概算、施工图设计与预算、设计变更等。

第六，施工单位：负责项目的建设、安装、修缮、装修等工作。

第七，监理机构：审核施工单位提交的开工报告、施工组织设计、技术方案、进度计划；审核签署承包单位的申请支付证书和竣工结算；审核工程变更事项；审核签订分部工程和单位工程的质量检验评定资料，审查承包单位的竣工申请，组织监理人员对待验收的工程项目进行质量检查，参与工程项目的竣工验收。

第八，招标代理单位：指具有相应资质的专业代理机构，负责高校与建设项目的相关的施工和采购招标工作。

（3）建立健全决策机制。高校的党委常委会是建设项目的最高决策机构，与建设项目相关的重大决策必须在会上集体研究决定，任何个人不得单独决策或者擅自改变集体决策的意见，决策过程应有完整的书面记录。决策形成后，相关部门必须不折不扣地贯彻落实。

（4）完善审核流程。高校应当按照内控的要求建立与建设项目相关的审核机制，项目建议书、可行性研究报告、工程设计与概预算、竣工决算报告等事项应当由高校内部的基建规划、审计、财务、法律等相关工作人员或者委托具有相应资质的中介机构进行审核，出具评审意见。高校要建立完善审核机制，设置审核岗位，配备合格人员，规范审核流程，明确审核责任，提高审核效率和效果。

2. 加强建设项目立项控制

高校应当建立建设项目管理立项环节的控制制度，对项目建议书和可行性研究报告的编审、建设审批等做出明确规定，确保项目立项科学、合理。具体包括以下内容：

（1）项目建议书编审控制。高校在编制项目建议书时，应该结合国家和地区的相关政策规定，充分考虑实际建设条件和需求，并经过必要的调研和论证。项目建议书的主要内容应包括：①项目的概况：建设的必要性和依据。②投资估算。③资金筹措方案。④项目的进度安排。⑤经济效果和社会效益分析：环境影响的初步评价。⑥结论。⑦附件等。项目建议书编制完毕，高校要对其进行审核。项目建议书待学校决策机构集体研究决定后上报教育主管部门审批。

（2）可行性研究报告编审控制。高校应当重视可行性研究报告的编制，并委托有相应资质的单位承担。高校对可行性研究报告进行审核和决策审定后，应当向教育主管部门报批。建设项目应当在可行性研究报告批复文件下达之日起 3 年内开工建设，存在下面情况之一时，应重新报批可行性研究报告：一是逾期未开工建设的；二是建设地点、主要建设内容等发生重大变化的；三是总投资超过批复金额 10% 的。

3. 加强工程设计与概预算控制

（1）加强勘察、设计文件的编审控制。高校应当通过招标的方式，严格审查设计单位证书的等级，选择出具有相应资质的勘察、设计单位，并签订合同。高校应当为设计单位提供方案设计所需现状地形图、地下管线图、规划图、测量文件、可行性研究报告及批复文件、规划意见书以及周边建筑地勘报告等文件。

勘察、设计单位结合实地踏勘和高校提供的详细资料，依据项目批准文件、建设规划、工程建设强制性标准、国家规定的建设工程勘察设计深度要求等，出具勘察、设计文件。建设工程勘察、设计文件主要分为工程勘察文件、方案设计文件、初步设计文件、技术设计文件、施工图设计文件。

（2）加强对建设项目设计过程的审核控制。高校应当组织相关部门及专业技术人员对设计方案进行分阶段审核，审核的重点是技术方案，重大技术方案必须经过技术经济分析比较，并进行多方案比选。同时兼顾近期与远期要求，选择项目合理的功能水平，同时留有发展余地。

此外，还应注意初步设计规模是否与可行性研究报告、设计任务书一致。施工图设计审查由高校、设计单位、施工单位、监理单位等共同会审，及时发现和沟通解决问题，确保图纸科学、合理并符合实际。根据国家有关规定，高校应当将施工图报送建设行政主管部门，由建设行政主管部门委托第三方机构对结构安全和强制性标准、规范执行情况等内容进行审查，凡应当审查而未经审查或者审查不合格的施工图项目，建设行政主管部门不得发放施工许可证，施工图也不得交付施工。

（3）建立建设项目概预算定额控制制度。对概预算的编制、审核等做出明确的规定；应当组织工程、技术、财会等部门的相关专业人员对编制的概预算进行审核，重点审查编制依据、项目内容、工程计量的计算、定额套用等是否真实、完整、准确。

4. 加强工程招标与采购控制

（1）建立建设项目招投标管理办法，根据项目的性质和标的金额，明确招标范围和要求，规范招标程序，不得人为肢解工程项目，规避招标。单位应当采用招标形式确定设计单位和施工单位，遵循公开、公平、平等竞争的原则，发布招标公开。

（2）根据项目特点决定是否编制标底。需要编制标底的，可以自行或委托具有相应资质的中介机构编制标底。财务部应当审核标底计价内容、计价依据的准确性和合理性，以及标底价格是否在经批准的投资限额内。标底一经审定应密封保存，直至开标时，所有接触过标底的人员均负有保密责任，不得泄露。一旦泄露，不仅要按规定追究有关责任人的法律责任，还要及时终止或延迟开标，待重新制定标底后再组织开标。

（3）组建评标小组负责评标。评标小组应当由单位的代表和有关技术、经济方面的专家组成。评标小组应客观、公正地履行职务，遵守职业道德，对所提出的评审意见承担责任。评标应采用招标文件规定的评标标准和方法，对投标文件进行评审和比较，择优选择中标候选人，评标小组对评标过程进行记录，评标结果应有充分的评标记录作为支撑。

（4）按照规定的权限和程序从中标候选人中确定中标人，及时向中标人发出中标通知书，在规定的期限内与中标人订立书面合同，合同中应明确双方的权利、义务和责任。

5. 加强工程施工、变更与资金结算控制

（1）加强建设项目监理控制。这是建设项目控制中非常重要的环节。高校通过招标的方式选择具有资质的监理单位，并与其签署建设工程委托监理书面合同，合同中应包括监理单位对建设工程质量、造价、进度进行全面控制和管理责任的条款。监理单位必须在施工现场建立项目监理机构，项目监理机构在完成委托监理合同约定的监理工作后方可撤离施工现场。监理人员不仅应该具备相应的资质，还要有良好的职业道德水平。监理人员应深入施工现场，做好建设项目进度和质量的监控，及时发现和纠正建设过程中的问题，客观公正地执行各项监理任务。此外，工程变更、价款支付和竣工验收都必须取得监理机

构或相关工作人员的签字确认。高校应当对监理机构的履职情况进行监督，防范其与施工单位串通一气，损害学校的利益。

（2）加强项目施工过程控制。

第一，项目进度控制。施工单位要在工程现场设置项目部，并制定详细的施工进度计划，报监理单位审批后，严格按照进度计划开展工作。同时，施工单位应定期统计、分析和上报已完工进度情况，报监理机构审核。确需调整进度的，施工单位应在保证质量的前提下，上报进度调整计划，经监理机构审核后，报学校审批。学校应当密切关注建设项目的实施情况，跟进建设项目的进度，确保其按照进度计划开展工作，按时完成建设工程。

第二，项目施工质量控制。施工单位对建设工程的施工质量负责，施工单位要建立质量责任制，工程项目部全程负责质量管理。施工单位应按合同约定对材料、工程设备以及工程的所有部位及其施工工艺进行全过程的质量检查和检验，检查和检验应当有书面记录和专人签字。此外，施工单位应定期编制工程质量报表，报送监理机构审查。工程监理单位应当依照法律、法规以及有关技术标准、设计文件和建设工程承包合同，对施工质量实施监理，并对施工质量承担监理责任，监理工程师应按照工程监理规范的要求，对建设工程实施监理；未经监理工程师签字，建筑材料、建筑构配件和设备不得在工程上使用或者安装，施工单位不得进行下一道工序的施工。在检查中发现施工质量不合格后，应当要求施工单位进行整改；凡是不合格工程，不得进行竣工验收。

（3）加强建设项目变更控制。

第一，严格控制变更事项的产生。高校应当从严把控工程变更，除涉及工程结构、功能、质量、安全等必须变更外，对涉及装饰及附属工程的变更应从严控制。工程量变更必须符合国家有关规定和强制性标准及技术规范，严格禁止违规变更、恶意变更，以免给学校造成经济损失。

第二，完善项目变更管理流程。高校应当规范建设项目变更管理的办法和流程，严格项目变更的审查和审批程序，对项目变更类型、内容、审核程序、批准权限、审查时间等进行规定。

（4）加强建设项目资金控制。

第一，实行严格的工程投资控制与概预算管理。经批准的项目概算是项目投资的最高限额，在施工过程中不得随意突破，如必须调整，高校应按照规定报批。

第二，加强建设项目资金管理，所有工程项目资金纳入学校预算管理，资金实行专款专用，严禁截留、挪用和超批复内容使用资金。高校财务部门是建设资金的管理部门，应当设置专门岗位和人员负责此项工作，建立和完善建设资金管理办法。高校基建部门是建设资金的使用单位，负责办理项目资金支取，并对资金使用的真实性、相关性和合法性负责。高校审计部门对项目资金使用情况进行审计监督。

第三，建立健全工程款支付管理办法和审批程序。高校应根据合同条款规定和项目实施进度，按照规定的审批权限和程序及时办理价款结算。实行国库集中支付的建设项目，应按照财政国库管理制度规定支付资金。

第四，从严控制工程变更价款的支付。因工程项目实施内容变更等原因造成价款支付方式及金额发生变动的，高校应当严格执行国家有关管理规定，及时签订工程项目合同价款补充协议，并对工程变更价款的支付进行严格审核，大额的工程变更价款支付还应报经学校决策机构研究决定。

6. 加强竣工决算控制

建设项目竣工后，高校应当按照规定的时限及时办理竣工决算，组织竣工决算审计，并根据批复的竣工决算和有关规定办理建设项目档案和资产移交等工作。

（1）加强项目竣工验收控制。施工单位在完成工程建设后，先向监理机构提交竣工报验单，并提出完工申请，然后监理机构对工程完成情况进行检查，签署报验单，提交高校基建部门，基建部门在收到竣工验收申请后，会同施工、监理单位的各专业人员根据该工程的实际功能分别组成几个专业小组对工程进行全面、细致的竣工预验收。确认其具备验收条件后，基建部门负责通知勘察、设计、施工图审查机构、规划、公安消防、环保、节能、人防、电梯、档案、监理、施工等部门，对竣工项目进行专项检查，并写出各自的专项检查合格报告或准许使用文件。

对验收合格的建设项目，高校应当及时提出工程竣工验收报告。工程竣工验收报告主要包括工程概况，学校执行基本建设程序情况，对工程勘察、设计、施工、监理等方面的评价，工程竣工验收时间、程序、内容和组织形式，工程竣工验收意见等内容，工程竣工验收报告还应附有施工许可证、施工图设计文件审查意见等文件。

（2）完善竣工结算控制。建设工程竣工验收后，施工单位应提交工程竣工结算书，报监理单位初步审核，再由高校基建部门进行审核签字，提交学校审计部门（或其委托的外审机构）进行结算审计，确定最终工程价款，最后提交高校财务部门办理工程款项支付。在工程款结算时，学校按照合同约定保留3%左右的质量保证（保修）金，待工程质保期到期后结清；质保期内如有返修，发生费用应在质量保证（保修）金内扣除。

（3）加强项目竣工决算控制。工程竣工验收后，高校基建部门应当及时提出竣工决算申请，并提供相关材料，财务部门根据基建部门提供的材料以及相关财务记录，负责编制决算报告，学校也可以委托外部专业机构编制竣工决算。

竣工决算报告完成后，高校应及时组织竣工决算审计，可以委托具有相应资质的中介机构实施审计。竣工决算报告审计应当关注竣工决算报告编制依据是否符合国家有关规定，资料是否齐全，手续是否完备，工程管理是否合规，财务数据和报表是否真实、准确，建设资金使用是否合理有效等，并出具审计报告。待审计完成后，高校应当将竣工决算报告和竣工决算审计报告一并报送教育主管部门审批。

（4）完善资产移交控制。高校建设工程竣工验收后，基建部门应代表学校负责办理工程移交的所有手续，填写"建设工程项目移交单"，经参与各方签字盖章后，作为建设工程项目移交的依据。项目使用单位可以接手投入使用，若保修期内出现问题，由施工单位负责维修。待工程竣工决算批复后，高校财务部门依据决算批复数将在建工程转为固定资产核算，此时由国有资产管理部门办理固定资产登记手续，作为固定资产管理。

（5）加强档案管理控制。高校应当加强对建设项目档案的管理，做好相关文件、材料的收集、整理、归档和保管工作。归档范围包括文书档案、财务档案、工程档案、声像档案、实物档案等。

建设工程档案实行集中统一管理的原则，并配备专人负责建设工程文件的收集、整理、立卷、归档工作。工程竣工档案，必须能真实地反映工程竣工后的实际情况，具有永久和长期保存价值的文件材料必须完整、准确、系统，需签章的材料中责任者的签章手续必须齐全。所归档的文件资料应为原始件，若存复印件则需注明原始件的去向。

二、高校基本建设业务控制的风险描述

（一）基本建设管理组织体系风险

（1）管理体系风险。由于高校建设项目涉及的部门较多，流程环节复杂，如不建立健全管理体系，完善规章制度，规范业务流程，将会给项目管理带来混乱，从而给建设项目管理带来风险。

（2）岗位设置风险。高校建设项目涉及的岗位很多，如果岗位设置不合理，岗位的职责权限划分不清，不相容岗位没有相互分离，将会导致工作之间产生疏漏。

（3）决策机制风险。高校如果没有建立与建设项目相关的决策、执行与监督分离机制，决策机制和流程不健全，可能出现个人专断、盲目决策的现象，从而给工程管理带来风险。

（二）项目立项风险

（1）项目建议书编审风险。项目建议书编制如果专业性不足，或缺乏相关经验，则无法满足立项的需要。项目建议书应与国家相关法律法规及高校的实际发展需要相吻合，否则可能会出现项目无法达到预期目标的情况。项目建议书编写内容如不完整，将会影响项目的审批。

（2）可行性研究报告编审风险。可行性研究报告如果缺乏专业性和经验不足，没有达到国家规定的前期工作质量和深度，可能导致可行性研究报告缺乏科学性、准确性。如果编写不规范、内容不完整，可能导致无法报批。如果没有经过政府相关部门批准，就会导致工程项目无法立项。

（3）项目审批风险。如果高校没有及时与相关审批部门做好沟通，提供材料不齐全，可能会导致项目审批不通过，或者审批结果未达到预期。

（三）工程设计与概预算风险

（1）勘察、设计单位选择风险。高校发包方式不合规或故意规避招标，会带来管理和廉政风险。与勘察、设计单位签订的合同内容不详尽，双方权利义务规定不明确，可能导致无法依合同追究对方责任，给学校造成不必要的损失。同时，选择的勘察、设计单位不具有相关资质等级，或者参加项目的专业技术人员不具有相应的职业资格证书，则会影响勘察、设计的质量。

（2）勘察、初步设计与概算编制和审查风险。勘察、设计文件、设计概算的编制不合理、不科学，内容不准确，就无法为项目建设提供可靠的技术支持，也会导致项目投资估算不准确，加大后期投资控制的难度。对勘察、设计与概算的审核不严格，审核重点不明确，也会给后期管理和施工带来不良影响。

（3）施工图设计与预算控制风险。如果图纸交底与会审过程不严谨，可能会给施工建设带来不确定性。如果预算编制不准确，就会导致预算编制缺乏科学性和合理性。如果施工图设计与预算审核不严格，审核重点不明确，将给后期的项目建设带来风险。

（四）工程招标与采购风险

（1）招标管理风险。如果高校未按规定进行招标，或招标程序不规范，缺乏公平、公开、公正，就会导致人为操纵和控制，从而带来廉政风险。

（2）招标文件编制风险。如果招标文件编制不准确、不完整，未经严格审查，可能影响招标质量，同时影响后期工作的开展。

（3）开标风险。参加投标的单位资质达不到要求，就会影响评标工作，并有可能造成废标。

（4）评标风险。如果评标小组成员不能客观公正履职，评标程序不规范，评审过程不严谨，可能导致招标结果无法满足学校需要，中标价超过概预算，给学校建设项目造成质量风险和经济风险。

（5）合同风险。高校与施工单位签订的合同不严谨、不详尽，双方权利义务规定不明确，可能导致依合同无法追究对方责任，给学校造成不必要的损失。

(五)工程施工、变更与资金使用风险

(1) 施工管理风险。施工单位未按进度计划进行，随意拖延工期或随意赶超工期，将会导致无法按期完工，并带来工程问题隐患和经济损失。施工现场管理缺乏质量检查和监督，将会导致施工操作不达标、施工质量不过关等问题。安全管理责任划分不明确、管理不到位，未落实各项安全组织措施和技术措施，可能带来施工安全风险。另外，监理单位不依法履职，或者与施工单位相互串通，导致监理难以发挥应有的作用。

(2) 工程变更风险。工程变更内容不合理、不科学，未经严格审批与论证，可能导致工程变更与实际需要或工程总体要求不符，并可能导致施工成本的增加。如果未对工程变更进行严格审核，工程洽商费用未能得到严格审核控制，可能导致变更洽商不合理，进而影响工程建设项目的正常进行，导致预算超支，投资失控。

(3) 项目资金使用风险。如果高校项目资金管理不严格，结算流程不规范，付款资料不完整、不合规，审批程序不严谨，可能导致资金安全隐患以及廉政风险。

(六)竣工决算风险

(1) 工程验收风险。如果竣工验收条件不明确，相关资料不完整，将会导致竣工验收缺乏依据和参考而无法实施验收；验收程序不规范，验收方案缺乏专业性和科学性，工程验收未按标准执行，就会导致后续风险。

(2) 竣工结算风险。施工单位竣工结算编制可能存在高估、冒算、乱编的风险，如果高校对竣工结算书审查不仔细、不严格，不进行现场查验，就会导致工程造价不准确、不合理，没有真实反映工程的实际造价，从而给学校带来经济损失。

(3) 项目竣工决算编制风险。工程决算编制依据的材料真实性不足，编制不合理，审批不严格，可能导致决算结论与实际情况存在较大偏差。项目竣工决算审计工作流程不规范，所反映的内容不客观、不全面，就不能有效地发挥审计监督作用。

(4) 资产移交风险。如果高校未按规定移交竣工工程建设项目，没有对资

产移交工作进行严格审核,可能导致工程建设项目未办理移交手续就开始使用,存在安全隐患和质量问题。

(5)档案管理风险。如果未能及时收集、整理各个环节的文件资料,可能导致资料不完整,缺乏真实性;档案移交手续不全,交接手续不规范,可能导致文件遗漏、缺失。

第五章 高等教育扩张下的高校资金运转风险与防控

第一节 高等教育扩张下的高校资金安全风险评估

一、高校资金运转安全风险与高校财务困境

(一)高校资金运转安全风险

高校资金运转安全风险即高校财务风险。风险是指不可测定的不确定性。虽然不确定性有好、坏两种可能,但从管理和控制的视角而言,风险更强调它的不利性。风险被定义为"在特定时期内,人们对对象系统未来行为决策及客观条件的不确定性引起的可能结果与预期目标发生负偏离的可能性"[1],它可以表述为某种不利事件或损失发生的概率及后果。风险具有客观性、普遍性、不确定性、双重性和可控性等特点。

财务是再生产过程中客观存在的资金运转及资金运转过程中所体现的经济关系。对财务风险的定义应该符合风险的一般特性。本书将高校财务风险定义为高校在资金运转过程中,由于不确定因素的影响而产生的实际财务状况与财务目标发生偏离的可能性。基于财务报表列报的视角,高校财务风险取义为高

---

[1] 洪涛,戴永秀,王希. 高校财务内部控制建设与风险防控体系研究[M]. 北京:中国财富出版社,2019:152.

校产生的现金的时间和数量上的不确定性。

（二）高校财务困境

财务困境亦称财务危机，是高校财务风险积聚到一定程度，导致财务状况急剧恶化与财务目标产生负面偏离，已危害到高校正常运行的状态。国内外许多学者对财务困境进行过大量的研究，有的以财务指标来判定主体是否会陷入财务困境，有的采用更广泛的概念，涵盖财务发生困难时的多种情况，如破产、失败、无力偿还和违约等。财务困境和财务风险是既有区别又有紧密联系的两个概念。财务困境是财务风险累积后的直接后果，财务风险水平的大幅度提高是导致财务困境发生的根本原因；同样，财务风险水平的降低预示着困境发生可能性的降低，而且财务风险严重程度与财务困境严重程度成正比，这两个概念在国内外很多研究中都有重合之处。财务风险预警和财务困境预警的概念、方法和模型都是混合的，因此，对财务困境的理解有利于加强对财务风险的理解，对高校财务风险评估与预警也有重要的参考和借鉴意义。

二、高校资金安全风险评估体系

（一）安全风险评估体系的理论

安全风险评估体系主要运用的是层次分析法（Analytic Hierarchy Process，简称AHP）。层次分析法产生于决策科学化的大背景。随着社会活动越来越复杂，20世纪30年代以来出现了大社会、大科学、大工程、大企业概念。在大社会环境里，大生产在人、财、物方面的投资规模往往是空前的。任何一个大规模的决策，其结果与整个社会的各个方面都有着重要的关系。一个正确的决策往往使整个社会受益无穷，一个错误的决策则会引起极其严重的后果，而更多的决策是利弊共存。因此，要做出正确的选择与判断，科学地审度决策是十分重要的，否则会得不偿失。大批专家学者加入决策科学的行列，各种为解决复杂决策问题的数学模型及计算机决策系统应运而生。

层次分析法的发展过程可以追溯到20世纪70年代初期，1971年美国匹兹堡大学数学教授萨蒂在为美国国防部研究"应急计划"时，注意到了当时社会的特点及很多决策科学方法存在的问题，开始寻求一种能综合进行定性与定量分析的决策方法,这种方法不仅能保证模型的系统性、合理性,而且能让决策人员充分运用其有价值的经验与判断能力。萨蒂逐步形成了层次分析法的核心思想,即决策问题的关键往往就是对行为、方案、决策对象进行评价、选择,而这种评价、选择总是要求对决策对象进行优劣排序,取优汰劣。在进行优劣评判排序时,人们需要建立完整的评价系统,而很多评价系统则可以简化为有序的递阶系统,即大指标下有小指标、小指标下还有子指标的系统。对于任何简洁的有序递阶系统,人们都可以运用简单的两两比较方法对系统中各有关因素进行比较评判。通过对这种比较评判的结果进行综合计算处理,可以得到关于决策对象、方案、行为的优劣排序,从而为决策者提供定量形式的决策依据。

层次分析法的应用范围十分广泛,主要涉及的应用领域包括经济与计划、能源政策与资源分配、政治问题及冲突、人力资源管理、预测、项目评价、教育发展、环境工程、企业管理与生产经营决策、会计、医疗卫生等。

层次分析法在我国的相关研究面也十分广泛,其中包括经济分析和计划、交通运输、城市规划、能源与资源政策分析、科研管理、质量管理、价值工程、预测、旅游、医疗卫生、工程项目评价、人力资源管理、企业管理、劳动负荷测量、风险评估预警等。还可将层次分析法应用于高校教师教学质量评估、高校核心竞争力研究、高校财务绩效评价以及高校财务风险的识别及预警等领域。

在众多社会经济领域决策过程中,人们越来越倾向于使用数学模型去量化各种实际问题,这使得对问题的分析与决策简单化、科学化。但是,并不是问题的每个因素都是可以量化的,尤其是在社会领域,难以直接量化的问题更是普遍存在。因此,数学模型在实践中的有效性就极大地依赖于人们的定量测度能力。层次分析法的思想精髓就是按照问题关键因素的支配关系将其逐层分解,形成递阶层次结构。

层次分析法就是将一个复杂的多目标决策问题作为一个系统,将目标分解为多个目标或准则,进而分解为多目标、多准则、多约束的若干层次,通过定性指标模糊量化方法计算出层次单排序(权数)和总排序,以作为多指标目标、多方案优化决策的系统方法,它是一种定性和定量相结合的、系统化的、层次化的分析方法,是系统分析的数学工具之一。运用层次分析法时,我们首先需要将复杂的决策问题层次化,然后通过对问题性质进行分析,确定所要达到的目标，再把问题分解成不同的影响因子，按照各因子之间的归属关系和联系，构建一个递阶层次结构。

在递阶层次结构中，上一层次的因素支配或包含相邻下一层次的因素，从上到下形成一种逐层支配关系。最后可归结为最低层（供选择的方案、措施等）相对于最高层（系统目标）的相对重要性的权值或相对优劣次序的总排序问题。

层次分析法需要决策者通过对各因素的两两相对比较来得到准则层对于目标层的相对重要程度，以及方案层对于准则层的相对重要量度。通过两两重要性比较评判，能得到一个纯数字关系的判断矩阵，运用单准则排序计算方法对判断矩阵进行计算，便可以得到方案层及准则层相对于上一层的优先度排序。将方案层相对于准则层的相对重要性权重与准则层相对于目标层的相对性重要性权重进行综合，就可以得到方案层各因素对于总目标的总排序。决策者通过综合得分就可以进行方案选择了。

层次分析法的基本思想就是对于一些无法度量的因素，只要引入合理的度量标度，构造判断矩阵，就可以用这种方法来度量各因素之间的相对重要性，从而为有关决策提供依据。高校财务风险评估模型可以采用层次分析法建模，确定模型中的指标权重，通过指标量化得到高校综合得分，进而判断高校财务风险的预警等级。风险评估模型的关键，是要选择具有高敏感性的重点预警指标，以全面、真实地反映高校所面临的财务风险状况。

（二）安全风险评估体系的建立

在使用层次分析法的过程中，首要的工作就是确定评估指标，构建递阶层次结构。高校财务风险可能出现在高校财务活动的各个环节，因而选取指标时既需要考虑全面，也需要适当地取舍合并。下面阐述安全风险评估体系建立的四个主要指标。

1. 偿债能力指标

偿债能力是指高校对于其债务的承担能力，即在债务到期时高校按期偿还债务的能力。偿债能力是高校财务安全的重要指标，许多高校盲目借债扩建，当还本付息的期限来临时却完全无力偿还，以致陷入财务困境。此处，偿债能力指标包括以下六个二级指标，即流动比率、带息负债比、长期负债比、校办企业负债总额与所有者权益比、学校货币资金支付率、校办企业资产负债率，具体内容如下。

（1）流动比率。公式为：流动比率＝流动资产／流动负债×100%。流动比率是高校偿债能力的重要指标。由于流动负债流动性强、偿债期短，因此如果高校没有足够的流动资产，流动负债到期时，将可能使高校资金链断裂，高校有陷入财务困境的危险。流动比率越高，说明高校资产变现能力越强。对于高校债权人而言，该指标越高，债权到期高校越能迅速地将流动资产变现偿还债务。但是，对于高校来讲，如果流动比率过高，则意味着资产未得到高效利用。

（2）带息负债比。是指高等学校带息负债总额占负债总额的比例，该指标反映了高校负债中带息负债的比例，该指标越高，说明高校未来偿债的压力越大；该指标越低，说明高校的财务风险越低。

（3）长期负债比。主要反映的是长期偿债能力，通常是用非流动负债占负债总额的比例表示。长期负债比越低，则长期偿债能力越强。如果学校的长期负债比高，那么虽然短期内学校偿债压力不大，但一旦还本付息期限来临，若没有足够资金还款，学校就可能陷入财务困境，甚至"破产"。因此，学校在发展过程中必须根据本校的实际情况确定负债规模。

（4）校办企业负债总额与所有者权益比。即校办企业借入款累计数与高校所有者权益的比值。当前，我国校办企业虽然拥有了独立主体地位，在经营过程中自负盈亏，但是因为校办企业并不具有法人资格，所以无法独立承担民事责任，因此，实际上校办企业的财务风险仍由高校来承担。如果校办企业进入破产清算，高校也会按其投资份额承担连带责任。校办企业负债总额与所有者权益比衡量的是高校对校办企业的负债承担的风险程度和对债务的偿付能力。从高校角度而言，只要投资回报率高于负债的利率，那么就可以增加负债、加大投资；但是，对债权人来讲，这一指标越高，则其风险就越高。

（5）学校货币资金支付率。学校货币资金是指学校每年年末的银行存款、有价债券和现金的总额。学校货币资金支付率指学校在下一年度可动用的货币资金与每月支出额的比率。学校的货币资金支付率越高，说明学校每月可支配和周转的资金越多，学校的财务风险越低，因此该指标越高越好。

(6)校办企业资产负债率。公式为:校办企业资产负债率=校办企业期末负债总额/校办企业资产总额×100%。它反映了校办企业资产总额中有多少是通过借债筹来的。校办企业一旦进入破产程序,高校往往就要对校办企业债务承担连带责任,因此,校办企业的财务状况必然会对高校的财务状况构成影响。校办企业资产负债率越高,说明校办企业财务风险越高,那么高校面临的财务风险也就越高。

2. 运营能力指标

运营能力指标主要体现学校资金运用的效率高低,随着高校各种投资活动越来越频繁,高校运营能力成为衡量其财物资金安全的一个重要指标。运营能力指标越高,则表示学校的资金利用效率越高、循环越快,说明高校能以较少的投入获得较高的收益。此处高校运营能力指标包括生均收入比、总资产收益率、教学科研资产收益率、投资收益率这四个二级指标,具体内容如下。

(1)生均收入比。学生数是政府财政拨款的重要依据之一,学校扩招,学生数增加,那么每年学校能从政府得到的教育经费就会增多,因为政府每年的财政拨款是高校收入最重要的组成部分。生均收入比是经费学校年度收入与学生人数之比,该指标越高,则高校就有更多的可动用资金,资金安全度就越高,财务风险就越低。

(2)总资产收益率。该指标综合反映了高校对资产的利用情况,是衡量高校运行过程中利用所有者权益和债权人总额所得收益的指标。该指标越高,说明高校的资产利用率越高,收益能力越强。

(3)教学科研资产收益率。该指标是学校运营能力的重要指标,教学科研资产创造的收益是高校主要的收入来源之一,体现了高校利用现有资产和债权人资产增加收入的能力,该指标越高,说明高校在利用教学科研资源增加收入上取得了越好的效果。

(4)投资收益率。又称投资利润率,是指投资收益(税后)占投资成本的比例。投资收益率又称投资效果系数,为每年获得的净收入与原始投资的比值。不同高校投资收益差别巨大,其对于财务风险的缓解十分有效,投资收益率越高,则意味着高校能有更多的自由支配资金,表示高校的投资效果越好。

3. 发展潜力指标

发展潜力指标主要用来衡量学校的潜在发展能力。一所学校的发展潜力越大，其资金安全度就越高，而一所学校的资金安全程度也直接影响其未来发展。发展潜力指标包括招生人数增长率、收入增长率、净资产增长率、校办企业资本增值率四个二级指标，具体内容如下。

（1）招生人数增长率。是衡量学校未来发展的重要指标，若学校招生人数增长率高，则表示学校未来发展潜力巨大，那么高校适当负债以兴建教舍或增加负债是合理的、安全的。

（2）收入增长率。反映了高校收入的增长情况，该指标越高，那么学校发展状况越好，未来面临财务风险的可能性就越低。只要学校的负债额在可承担的范围内，那么当还本付息期限来临时学校就能从容还债。

（3）净资产增长率。指的是高校本年度净资产的增加额与高校年初净资产总额的比值。净资产增长率主要是从高校净资产总额的增长速度方面来评估高校的发展状况，该指标越高，反映出高校的发展潜力越大。

（4）校办企业资本增值率。是指本年度校办企业上缴的资金增加额与上年度校办企业的上缴资金额的比值，这一指标既体现了校办企业的经营能力，也体现了高校投资运营的获利能力。

4. 财务综合能力指标

财务综合能力指标是对学校财务状况的综合分析，主要考察学校资金的综合使用效益、财务实力状况和支付能力等。本研究选取经费自给率、年度收入支出比、年末潜在支付能力、年末存款可周转月数这四个指标作为其二级指标。具体内容如下。

（1）经费自给率。是指高校校办企业、社会教学科研服务、校友捐赠等方面的收入与学校日常事业支出的比率，它是反映高校经费筹集能力的重要指标。经费自给率高，那么高校的经费筹集能力就强，面对适当负债，高校便能更自如地应对。

（2）年度收入支出比。公式为：年度收入支出比＝学校年度实际收入总额／年度实际支出总额×100%。一般而言，年度收入支出比越高，则学校年末的可动用资金越多，还本付息能力越强。但是如果该指标过高，则从侧面说明学校的资金管理较为保守，资金未得到高效利用。但从财务风险角度而言，该指标越高则财务风险越低。同时,这一指标也能反映高校隐性负债的状况。

(3)年末潜在支付能力。主要是指学校年末的银行存款、库存现金、有价债券、借出款等能够及时变现支付的流动资金扣除欠款和其他应缴税费后与平均每月支出的比率。该指标通过学校全部具有支付能力的资金来评估其支付潜力。

(4)年末存款可周转月数。高校会计年度采用的是以年度为单位的核算区间,而高校每年的学费收入发生在学年年初,即每年9月,因此,高校年末存款可周转月数是直接衡量高校财务资金支付能力的指标。

第二节 高等教育扩张下的高校资金运转风险防控策略

一、高校资金运转风险的类型

(一)高校资金运转总体失衡风险

高校资金运转总体失衡风险是指高校的财务状况在进行中长期平衡过程中出现的失衡现象,主要表现为流动资金短缺或流动性风险。高校作为事业单位,如果发生财务风险,不会像企业那样表现为资不抵债,也不会因为过高的负债而破产,但是高校的流动资金有可能出现短缺,也可能发生不能按时发放教职员工工资、不能支付日常费用、不能按时支付工程款等现象。当高校不能正常和确定地转移现金或不能正常履行财务付现责任时,高校财务总体失衡风险就伴随而生。高校资金运转总体失衡风险的一个重要表现,就是高校债务风险,即高校向银行等金融机构不良举债或过度举债,收益不足以抵偿负债的资金成本时所产生的财务风险。

(二)高校投资风险

高校财务投资风险主要是由对投资项目决策失误导致的所投资金无法按期回收或投资失败造成的,目前,高等教育改革正在深化,高校经费的来源和结构已经发生重大变化。以学生缴纳学杂费、校办企业收入、对外服务收入、捐赠款等其他收入为主的预算外资金，已经占据高校经费的相当比例。部分高校预算外资金已接近甚至超过国家拨款经费，高校基金积累已达到一定规模。高校基金的特点是稳定性较高，与企业相比，受我国经济运行周期规律影响而产生的波动性较小，即部分高校初步具备了偿债能力，这种偿债能力自然会让高校萌发突破负债经营限制的冲动。但是，高校投资是把"双刃剑"，使用得当可以提高办学效益，使用不当则会导致高校财务风险。高校投资包括对内投资和对外投资，这些投资可能因为计划、决策、程序、制度等失误造成投资失败，若是资金投资，则会引起学校财务失衡，导致学校资产流失。例如，高校大规模投资基础设施建设，如果高校不能实现与其对等的招生规模，投资风险就会产生；高校大规模投资校办企业，如果校办企业经营不善，投资风险便随之而来。在这些投资风险中，校办企业投资风险是高校投资风险的最主要表现。我国高校创办企业萌芽于20世纪50年代，起步于20世纪80年代，经过多年的发展，现已进入一个以"积极发展、规范管理、开拓创新"为指导思想的高速发展时期。校办企业的作用由初期的学生的实验、实习场所逐步过渡为推动高校科技成果产业化、直接面向国民经济主战场、提高国家高新技术产业水平、促进区域经济发展的前沿阵地。

我国高校校办企业经过转型与改革，已经发展成为自负盈亏的独立主体，完全以企业的形式和性质参与市场竞争，成为促进地区经济发展的重要主体。其中，有一批高校校办企业发展态势良好，实力雄厚，在国内外都拥有相当高的知名度，成为走出校门、走出国门、走向世界的大企业。校办企业是产、学、研相结合的实践基地，长期以来为社会创造了巨大价值，也是高校筹资多元化的一个重要渠道，对高校发展具有重要的意义。但校办企业发展良莠不齐也是一个事实，而且目前高校校办企业仍然存在着产权不明晰、校企不分、事企不分现象，而且管理水平、人员素质都有待提高，与社会上很多大型企业相比，在市场竞争中显得乏力。虽然校办企业能够独立地从事市场活动，但其财务风险实际上仍由高校来承担。学校作为校办企业的主要甚至唯一投资者，虽然不再承担无限的连带责任，但是毫无疑问必须负担起其投资份额的校办企业债务责任。校办企业给高校带来了连带责任风险，因此一旦校办企业资金断裂或者破产，进入破产清算环节，那么高校不仅无法收回投资成本，还将背上债务包袱。这无疑会对学校财务状况造成影响，使高校面临财务风险，导致高校陷入财务困境。

（三）高校筹资风险

高校筹资风险是指高校在财务运转过程的筹资环节存在不能筹集资金和无法偿还债务的可能性。高校筹资来源主要是政府拨款和银行借款。政府拨款无风险可言，而银行借款风险尚存。高校财务筹资风险表现为无力偿还债务风险、利率变动风险、再筹资风险、资金周转风险。

（1）无力偿还债务风险。对于负债性筹资，高校负有到期偿还本金、利息的义务，如无法定期支付利息或按期偿还本金，债务人要承担违约责任，受到加息、罚息的处罚。

（2）利率变动风险。在经济发展出现通货膨胀时，贷款利率提高必然会增加负债的资金成本，加大利息开支。国家银根紧缩，又会迫使依靠负债办学的高校陷入困境，学校的预期发展计划难以实现。

（3）再筹资风险。负债办学使得高校负债比率大增，对债权人的债权保证程度降低。债权人为保护自己的利益，通常会增加借贷业务的附加条款，约束债务人的行为，或者采用提高利率的方法，保障债权人的利益。所有这些做法，都在很大程度上限制了高校今后的负债筹资能力，使未来的筹资成本增加，筹资难度也随之加大。

（4）资金周转风险。我国高校的债务负担严重，每年支付的债务利息有数千万元。巨额债务负担不仅增加了高校的办学成本，而且还款期限比较集中，短期内要筹集巨额资金还债，必然会影响高校资金的正常运转。

（四）高校经营风险

高校经营风险主要是指高校在日常财务运转过程中存在的收支失衡的可能性。

（1）高校管理者财务风险意识淡薄，对资本运营风险认识不足，而且不少高校管理者在财务工作的管理上墨守成规，不能正确测算学校的承受能力，盲目追求发展，资金运用不合理，导致学校综合财力入不敷出，加剧了财务运营风险。

（2）在资金调度和投放过程中，各种不确定因素的影响，使得资金的实际收益与预期收益发生偏离，本金蒙受损失。预算是财务工作的指挥棒，高校各项经费收支都应按部门预算来执行，但在实际工作中，部门预算编制时间过短、预算编制过程透明度不高等方面的原因，造成部门预算不准确，预算内容不全面，编制的部门预算不能客观地反映学校的工作重点和发展方向。

（3）高校日常支出方面存在一些不确定性因素，特别是一些高校实施二级院系自主理财后，把经费按某种分配政策切块，这种政策是否合理也存在着不确定性因素。有些高校往往强调对财政性资金的内部控制而弱化对预算外资金的控制；有些高校则没有把二级单位财务和校内结算中心纳入内部控制范围，或控制不严、监管不力，致使校内结算中心出现非法集资、高息揽存、发放贷款等违规资金运作行为；有些高校处在高速成长期，资金使用量很大，往往不能量入为出，做赤字预算，这对高校的可持续和协调发展很不利，也造成了巨大的财务风险。

（4）在资金使用上，有些领导未按预算安排使用资金，造成预算频繁变更，预算执行刚性不强，从而导致财务风险。

（五）高校管理风险

1. 教育经费分配预算管理风险

教育经费分配预算管理主要包括预算的编制、执行、调整和决算四个环节。教育经费预算编制是一项涉及面广、政策性强的工作。就其本质而言，高校经费预算就是高校总体规划在财务上的体现，而且政府财政拨款也是按照各校的预算来进行审核和拨款，要求各校严格执行预算。如果预算没有经过严格、系统的规划评估，学校资金就会出现短缺或剩余。然而，在高校经费预算管理中，并不是每个学校对本校每年建筑物的翻修、新校舍的建设、多媒体设备的更新、基础设施的改善等都做了周详规划，对于资金的预估更是缺乏系统的评估与测算。而缺乏良好规划的经费预算，往往会在执行过程中出现资金的短缺或剩余，从而可能导致挪用专项资金、现金净流量锐减等财务风险，使高校陷入财务困境。

2. 高校财务内部控制风险

由于高校资金主要来源于政府拨款，而高校属于非营利机构，高校的管理者并没有将高校作为市场经济人,其财务风险管理意识较低,对于高校财务管理重视程度有待提高,这直接导致高校没有建立起完备的财务内部控制系统,缺乏系统、完备的规章制度。而且,高校财务管理人员素质、对于内外部的财务变化敏感度均有待提高,对于可能出现的财务风险也无法科学预见,财务安全反应滞后。内部控制的不完备,让一些思想觉悟不高的人有了可乘之机,给学校和国家造成巨大的经济损失。

3.高校资源浪费风险

教育经费短缺是目前我国高校普遍存在的现状,但是反观资金的使用却存在着浪费现象,如:盲目、重复购置设备;设备使用率较低,资产闲置;办公经费流失严重,利用职务进行消费、公物私用等不良行为屡禁不止等,这些都客观上增加了高校财务管理风险。

二、高校资金运转风险防范

要规避当前高校扩招中存在的财务风险,不仅需要高校更新理财观念,加强风险管理,提高人员素质,还需要政府和银行等提供外部支持。只有对内、外部环境进行综合控制,才能真正有效地防范和控制财务风险。高校必须确立全面的风险管理理念,将风险管理的责任落实到高校财务运行的每个层次和环节,建立高校财务风险预警机制、高校内部控制机制、高等教育投资机制、高等教育经营机制、高校贷款监督机制以及现代学校制度产权机制。

(一)建立高校财务风险预警机制

建立高校财务风险预警机制,就是在高校现有财务管理和会计核算的基础上设置相关量化指标,分析和评价学校办学资金使用的合理程度、财务管理水平和真实财力情况,及时揭示隐性问题,对潜在财务状况风险及连带责任风险进行预警和预报。高校财务风险预警机制中应该包括高校财务风险预警系统及财务风险评价系统。高校财务风险预警机制就是指设置一套高校财务分析指标体系,通过预警系统的设立,设置相关的量化指标,分析和评价高校负债办学资金使用的合理程度和财务管理水平,为学校决策者提供依据,并对学校财务运行中潜在的风险起到预警作用。

1. 举债风险评价指标

高校的举债风险评价指标主要有累计负债总额、资产负债率、流动比率、生均负债、债务依存度、债务负担率、本期安全系数等，这些指标可以反映学校负债的总体情况、学校长期和短期偿债能力以及学校的财务风险状态。

（1）累计负债总额是高校从校外获得的货币形态的借款总金额的期末数，它从总量上反映学校负债的规模，比较直观。

（2）资产负债率是高校资产负债状况的基本指标，即高校负债总额占高校资产总额的比例，公式为：资产负债率＝负债总额／资产总额×100%。这一指标一方面反映了债权人向高校提供资金的安全保障程度，另一方面体现了高校利用债权人资金进行活动的能力，是判断学校长期偿债能力的指标。资产负债率对债权人而言，越低越好，说明企业／学校偿债能力强；对学校而言，该比率应控制在一定的限度，太低不能达到学校举债办学的目的，太高又会加大学校的财务风险。因此，必须在利用负债经营获取收益和承担风险之间作出权衡，通过确定最佳的资金结构来确定高校适宜的负债比率。目前高校的平均资产负债率在30%～50%，但个别学校的资产负债率有明显上升趋势，一般认为，资产负债率超过50%就会呈现较大的财务风险，因此学校的资产负债率应尽量控制在40%～50%。

（3）流动比率是指高校流动资产与流动负债之间的比率，该指标反映学校在短期内偿还债务的能力。一般而言，流动比率越高，短期偿还能力越强，对债权人权益的安全保障程度就越高。因此，从债权人的角度而言，该比率越高越好。但是对学校而言，比率越高表明资产利用率越低。高校合理的最低流动比率是1，即流动资产至少等于负债，学校才有可能保障偿债能力。如果该指标大于1，表明学校财务运行状况良好，具备偿债能力；反之，则表明学校短期偿债能力差，难以偿还债务，财务风险较大。

（4）生均负债指标作为识别贷款风险的指标，学校可以根据自身情况进行系数划分，一般认为，生均贷款额度在1万元内无风险，生均贷款在1万～1.9万元时风险系数为30%，属于低风险；生均贷款在1.9万～2.8万元时风险系数为45%，属于中度风险；生均贷款额度超过4万元时风险系数为70%，属于高风险。

(5) 债务依存度是通用的衡量国债适度规模的参考指标之一,这里当作衡量高校适度贷款规模的参考指标之一。公式为:高校债务依存度=当年高校贷款额/当年总支出×100%,它反映当年财务支出对当年举债的依赖程度。在达到举债高峰期时,债务依存度较高,在此之前,往往需要年年贷款,出现举新债换旧债即以贷还贷的现象。当债务依存度为零时,学校完全由自身收入来还本付息,贷款累计额逐年减少。

(6) 债务负担率是衡量高校财务风险的指标之一。公式为:债务负担率=往年债务累计额/当年总收入×100%,这一指标反映了高校总负债存量与本校经济能力的关系。债务负担率越高,则债务压力越大,学校可用这一指标来确定当年的贷款额度。

(7) 本期安全系数是高校本期资金收支净额与本期需偿还债务之间的比率,公式为:本期安全系数=(本期资金收入−本期资金支出)/本期需偿还的负债,该指标用于反映高校本期资金运作情况,如果该指标大于1,表明高校本期内资金运作基本有保障;如果这个指标小于1,则表明高校本期内资金运作会遇到困难,还需要另筹资金在本期内预算。

2. 投资收益风险评价指标

投资收益风险评价指标主要包括投资基金占事业基金的比率、基建投资比率、净资产收入比率、投资收益比率等。

(1) 投资基金占事业基金的比率反映了高校年末事业基金中对外投资资金所占的比例,数值越大,表明高校承担的对外投资的风险越高。

(2) 基建投资比率即基建借款与基建应付款之和再除以年末货币资金总额,该指标反映了保障高校正常运行和基建项目顺利完工的能力,该比值越大,则高校面临的风险越高。此指标与收支指标共同使用,可以用来分析高校投资是否过度。

(3) 净资产收入比率是公司税后利润除以净资产得到的百分比,该指标反映股东权益的收益水平,用以衡量公司运用自有资本的效率。指标值越高,说明投资带来的收益越高。

(4) 投资收益比率是指投资收益(税后)占投资成本的比例。投资收益比率又称投资效果系数，为每年获得的净收入与原始投资的比值。投资收益比率反映投资的收益能力。当该比率明显低于公司净资产收入比率时，说明其对外投资是失败的，应改善对外投资结构和投资项目；而当该比率远高于一般企业净资产收入比率时，则存在操纵利润的嫌疑，应进一步分析各项收益的合理性。

3. 总体状况失衡风险评价指标

总体状况失衡风险评价指标主要包括高校货币资金支付率、暂付款占流动资金比例、高校年度收支比率、事业基金可用率等。

（1）高校货币资金支付率等于货币资金与月支出总额的比值。高校货币资金是高校年末现金即银行存款与债券投资的总额，反映了高校在新财政年度可动用的货币资金数与月平均支出额相比的比率，是高校财务运转状况的重要考核指标。高校货币资金支付率越高，说明高校月可支配和周转的财力越强。

（2）暂付款占流动资金比例等于年末应收及暂付款年末数除以年末流动资金总额（其中，年末流动资金＝资产总额－固定资产－无形资产－长期投资），该指标反映了高校资金使用效益和财务管理水平，数值越大，说明高校财务风险越高。

（3）高校年度收支比率等于年度事业总支出除以年度事业总收入，该指标若大于1，则反映了高校收入不抵支出，需要动用历年结余和贷款维持日常运转，高校年度收支比率若小于1，则说明高校财务运行处于正常状态。

（4）事业基金可用率指年末可动用的事业基金占事业基金总数的比例（可动用的事业基金＝事业基金－借出款－对外投资），用于衡量高校事业基金可动用程度。该比值越小，说明高校弥补预算缺口的能力越低。

4. 运行绩效风险评价指标

运行绩效风险评价指标主要包括支出收入比、现金支付能力、潜在支付能力、自有资金动用程度等。

（1）支出收入比＝学校本年度经费总支出／经费总收入×100%。若总支出大于总收入，比值超过1，则反映学校该年度出现赤字，已动用历年结余资金，甚至陷入债务的恶性循环，举新债还旧债。数额越大，说明学校财务运转越困难。若总支出小于总收入，则说明学校的财务运行处于正常状态。据教育部统计，每年都有一些学校支出收入比超过1，出现赤字，这应当引起学校的足够重视。

（2）现金支付能力＝年末全部货币资金的结存额／全年月平均支出额，这一指标表示年末结存资金可用于正常支付的周转月数，该指标越高，表明现实支付能力越强，还贷能力越强；反之则越差。

（3）潜在支付能力（可周转月数）＝（年末全部货币资金的结存额＋可变现的债券投资＋应收票据＋借出款－借入款－应缴财政专户－应缴税金）／全年月均支出额。一般而言，可供周转月数低于3个月就存在无支付能力的可能，就应该尽快采取措施，增加货币资金储量。

（4）自有资金动用程度＝[（年末应收款及暂付款中非正常周转的垫付款＋对外投资＋借出款）／（年末事业基金＋年末专用基金－留本基金）]×100%，该指标值越小，表明自有资金动用越少，可供学校发展的资金越多；该指标值越大，则学校发展可能受到越多限制。

5. 现有贷款风险指数

高校贷款是解决高校预算约束的一个重要途径，其前提条件是必须保证在未来一定时期内具有可用于偿还本息的可偿债资金。在综合考虑未来经费收支增长、资金现值、事业基金中一般基金的余额等因素后，对可偿债资金进行计算并适当调整即可确定贷款控制额度，高校可据此对自身贷款规模予以合理控制。《教育部　财政部关于进一步完善高等学校经济责任制加强银行贷款管理切实防范财务风险的意见》（教材〔2004〕18号）规定了贷款风险程度的评价方法，即现有贷款风险指数＝累计未偿还贷款余额／n年期累计贷款控制额度。如果现有贷款风险指数大于1，或n年期累计贷款控制额度小于或等于0，则表明高校在此期间暂无贷款能力，不能再增加任何新的贷款。高校应将贷款风险控制在合理的区间范围内。

高校银行贷款额度风险评估的基本设定：高校因不能偿还贷款本息而影响现有的基本办学能力和正常的教学、科研工作；高校事业在未来一定时期内呈稳定增长的态势；不考虑非常态的不可预计与不可控制的情况，如获得国家财政重点支持、获得大宗无指定用途捐款等；将高校视为一个整体，不考虑内部各级次的资金分布状况。

贷款控制额度测算步骤如下：

（1）确定非限定性净收入。高校的收入来源可分为有指定用途的限定性收入和无指定用途的非限定性收入两大类。只有非限定性收入才能作为高校偿还债务本息的资金来源。非限定性收入包括非专项教育经费拨款（不含附属中小学教育经费拨款）、教育事业收入、附属单位缴款、其他经费拨款、上级补助收入和其他收入等。

非限定性收入 =（非专项教育经费拨款 − 附属中小学教育经费拨款）+ 教育事业收入 + 附属单位缴款 + 其他经费拨款 + 上级补助收入 + 其他收入　（5-1）

高校的正常运转和发展，必须先确保必要的刚性支出。必要的刚性支出包括基本支出（不含科研支出和已贷款利息支出）和对附属单位补助支出。

必要的刚性支出 =（基本支出 − 科研支出 − 已贷款利息支出）+ 对附属单位补助支出　（5-2）

非限定性净收入 = 非限定性收入 − 必要的刚性支出　（5-3）

计算非限定性净收入时，必须确保非限定性收入与必要的刚性支出口径一致。

同时，考虑到高校非限定性净收入不可能全部用于偿还贷款本息，高校可结合实际按一定比例确定可用于偿债的非限定性净收入。

（2）根据高校事业稳定发展的基本设定，进一步设定非限定性收入与必要的刚性支出按同比例增长，则高校的非限定性净收入也将以同样速度递增，具体增长比例应按照审慎性原则确定。

（3）确定 n 年期累计非限定性净收入现值。为平衡各年收入与支出中偶然因素的影响，可以年均非限定性净收入 R_0 为基数，以 n 年期同期银行平均贷款利率 i 为贴现率，计算未来 n 年期累计非限定性净收入现值。

年均非限定性净收入 R_0 = 近两年非限定性净收入之和 /2　（5-4）

n 年期累计非限定性净收入现值 = $R_0 \cdot \left[\dfrac{(1+g)^n}{(1+i)^n} - 1 \right] \cdot (1+g)/(g-i)$　（5-5）

式中，g 为设定的非限定性净收入增长率，n 为期间数（年），i 为同期银行贷款利率。

(4) 确定 n 年期累计贷款控制额度。高校事业基金的一般基金余额中仍有部分资金可用于偿还贷款本息，因此，n 年期累计非限定性净收入现值加上一般基金中可用于偿债的资金，即可测算出 n 年期累计贷款控制额度。一般基金中可用于偿债的资金可按 20%～50% 的比例进行测算。

n 年期累计贷款控制额度 $=n$ 年期累计非限定性净收入现值 $+$ 一般基金中可用于偿债的资金 (5-6)

(5) 确定贷款风险指数。现有贷款风险指数 $=$ 累计未偿还贷款余额 $/n$ 年期累计贷款控制额度。如现有贷款风险指数大于 1 时，则表明高校在该期间暂无贷款能力，不能再增加任何新的贷款，该模型中包含大量设定前提，有关测算结果的准确性视设定条件与实际情况的吻合程度而定。高校可根据自身实际情况对个别收支项目进行适当调整，进而确定本校合理的贷款控制额度，并对自身贷款风险状况进行评价。

（二）建立完善高校内部控制机制

加强高校资金管理，确保高校资金安全，必须建立健全资金管理内部控制制度，堵塞漏洞，杜绝隐患。高校的业务发展计划和财务核算相比大型企业简单得多，完全可以借鉴该理论和方法来设计高校内部财务控制系统，建立财务内部控制机制，将高校的业务发展计划与预算管理结合起来，实现高校财务管理与财政部门预算和集中收付对接,实现财务内部控制与全面风险防范的统一。具体措施如下：

（1）建立资金业务岗位责任制，明确相关部门和岗位的职责权限，确保办理资金业务的不相容岗位相互分离、相互制约、相互监督。

（2）针对资金业务处理过程中的关键控制点采取有效措施进行监督。学校财务处处长对每月的银行对账单必须认真审核，审核签字后，交由本校的审计部门负责人和主管财务的校（院）长或总会计师审签。

（3）选派具备良好的职业道德、遵纪守法、忠于职守、廉洁奉公的财务负责人和资金业务办理人员；建立严格的资金业务授权审批制度，明确审批人对资金业务的授权批准方式、程序和权限、责任及相关控制措施，规定经办人办理资金业务的职责范围和工作要求，对于审批人超越授权范围审批的资金业务，经办人有权拒绝办理，并应及时向审批人的上级授权部门报告。

（4）对于重要资金支付业务，应经过学校领导集体决策和审批，并建立责任追究制度，防范贪污、侵占、挪用、转移资金等行为。

（5）对银行账户进行清理整顿，加强对银行账户的集中管理，严格执行财政部、中国人民银行的有关规定，确保资金的安全与合法，学校取得的资金收入必须及时入账，不得账外设账，更严禁收款不入账。

（6）要加强高校资金管理，确保高校资金安全，就必须加强内审工作，建立资金业务的监督检查制度。审计部门必须对资金的真实性、完整性，资金收支业务的合法性、资金核算及账务处理的正确性进行严格监督；对学校投资项目的可行性研究、审批程序以及投资项目的会计核算、投资收益、投资管理等情况，进行定期审计或审计调查；建立严格的内审工作责任制度，一旦发现该审未审、该处理未处理的问题，必须追究有关人员的责任。同时，要明确监督检查机构或人员的职责权限，定期和不定期地进行检查。对检查过程中发现的资金内部控制薄弱环节，应当及时采取措施加以纠正和完善。

（7）利用现代软件技术，建立高校财务控制系统。目前许多跨国公司和国内先进企业已经使用企业资源计划系统（ERP）来进行财务内部控制，已经有比较成熟的软件可以使用。

（三）建立完善高等教育投资机制

要防范高等学校财务风险，必须建立完善的高等教育投资机制。当前现有的财政投入力度显然不能满足高校发展的需要，针对这一现实状况，我们需要积极引导并制定相关政策，建立健全社会分担教育成本的机制，拓宽高等教育经费筹措渠道，吸引各方资金向高等教育注入，引进民资、外资等多种途径解决高等教育经费不足的矛盾。多元筹资途径包括如下方式：设立学校基金会，广泛募集社会资金，用于改善高校办学条件；制定有利于高等教育发展的税收政策，通过税前抵扣或税收豁免，在具体税收上明确规定鼓励捐赠，使社会各界踊跃捐资办学、捐资助教，以便形成稳定的教育经费来源；负债办学是高等学校发展的融资策略，在高校实际的可行性操作中，除银行的商业贷款外，还可以采用合作投资办学、基建项目以带资为条件招标、引资建学生公寓以租用形式还款等引进校外资金的形式，这些引资方式既能够弥补资金不足，又能够降低负债风险，应该充分地加以利用。

（四）建立完善高等教育经营机制

1. 管理者面对现实，树立风险意识

高校作为独立的法人实体，必须独立承担风险，树立风险意识，即正确承认风险，科学估测风险，预防发生风险，有效应对风险。教育部、财政部发文明确高校作为贷款融资主体要承担还贷责任，高校的校长是学校的法定代表人，对偿还贷款负有法律责任。《中华人民共和国高等教育法》明确规定，高等学校应当面向社会，依法自主办学，实行民主管理；高校在民事活动中依法享有民事权利，承担民事责任。《教育部 财政部关于进一步完善高等学校经济责任制加强银行贷款管理切实防范财务风险的意见》明确规定，"贷款高校作为贷款的主体，必须承担还贷责任。各高校要继续深入贯彻落实教育部、财政部《关于高等学校建立经济责任制加强财务管理的几点意见》（教财〔2000〕14号）的有关要求，把校内各级经济责任制落到实处。高校的校（院）长是高校的法定代表人，对偿还贷款负有法律责任，要本着对国家和事业负责的态度，提高风险意识，完善决策程序，增强法制观念。在今后高校领导干部经济责任审计中，高校对银行贷款资金的管理情况将作为重要的考核指标"。

2. 控制负债规模，优化负债结构

合理控制负债规模是风险防范的关键。高校的负债规模直接影响着学校的办学层次、办学规模、学科建设、专业设置、管理水平，影响着学校教职工生活的稳定性和工作的积极性。因此，高校在举债时必须注意"度"。一般而言，确定合理的负债规模应注意三个方面：①把以满足学校最低、必要的资金需求作为负债的数量目标。②确定适度的负债结构，降低负债成本。低成本原则是高校负债发展的前提条件，高校负债的低成本原则，是指高校在筹资时要综合考虑和分析各种筹资渠道和筹资方式的单个资金成本，研究各种资金来源的构成，求得筹资方式的最优组合，以达到综合成本最低。负债办学必须合理地安排长期、中期、短期借款，使债务结构达到最优。③必须保持流动资产与流动负债的一定比例。从防范风险的角度来看，负债要非常慎重，必须充分考虑偿

债能力、债务数量、利率大小、偿还期限及风险等因素。

3. 强化预算管理，实行会计委派制

加强高校资金管理，确保高校资金安全，必须加强资金集中管理，实行会计委派制，明确划分校内各单位在财务工作中的职责和权限。对于学校重要的经济活动如对外投资、向银行贷款、重大资金支付等，要归口学校集中管理。校内结算中心的主要任务是适当集中财力，加强内部资金管理，防止体系外循环，不得超出业务范围从事非法集资、高息揽存、储蓄或发放贷款等金融业务，其核算与管理必须纳入学校财务处的管理范围。对二级单位（包括基金会）的财务管理和监督，要按照财政部、国家监察委员会的有关规定，实行会计委派制，明确委派会计人员的职责、权限以及与被委派单位的关系。在发挥委派会计人员的监督作用、保证委派会计人员正确履行职责的同时，应加强对委派会计人员的管理、监督和审计。

4. 加强债务资金管理

各学校应成立以校长为组长，主管财务副校长为副组长，财务、基建、纪委、审计、工会等部门负责人为成员的债务资金管理领导小组，负责组织贷款项目的论证及贷款资金的使用、管理、监督工作。具体包括以下三个方面：

（1）建立项目管理责任制。高校应按照"统一领导，分级管理"的原则，按管理层次逐级建立管理责任制。各学校的校长是学校贷款项目的总负责人，对确保按期偿还贷款本息负责。各项目负责人必须严格按照项目建设计划使用资金，不得超标准、超计划使用资金。各级财务人员应对资金的使用和管理负责，要制定严格的贷款资金管理制度与办法，确保贷款资金专款专用。各校的校（院）长是高校的法定代表人，对学校的财务工作负有法律责任，主管财务的校（院）长或总会计师对学校的资金管理负有直接领导责任。资金管理的责任必须落实到岗位、落实到人，各司其职，各负其责，哪个层次上出现问题，就要追究哪个层次上有关人员的责任。

（2）建立有效的贷款风险防范机制。学校要认真研究资金市场的供求情况，根据资金市场利率走势和项目建设进度对资金的需求制订科学、合理的资金使用方案，通过优化贷款资金结构，降低贷款成本，降低财务风险。学校应制订切实可行的还款计划，按照贷款本息归还的时间、贷款额度，合理安排、调度

资金，避免因准备不足资金周转困难而出现的延期还款损失。学校应定期对贷款资金的使用情况进行分析和评价，对资金使用效率不高的项目及时采取措施，予以改进。

（3）执行大额贷款备案制度。为便于全面掌握学校的贷款规模和风险情况，加强宏观管理与监控，及时采取措施防范财务风险，学校应对所有大额贷款实行备案制度。凡累计贷款余额达到近三年平均总收入10%的学校，应将其所有贷款项目可行性研究报告、分年度贷款额度方案、具体还款计划等相关材料报送主管部门备案。

（五）建立完善高校贷款监督机制

贷款监督的内容包括贷款额度、使用方向、使用效益等。学校对于贷款项目的论证，必须实行"三公开"，即立项公开、论证公开、结果公开，自觉接受群众、银行、社会有关部门的监督，形成由主管部门牵头，社会、银行和广大教职工共同参与的监督机制。高校必须加强贷款资金的管理，形成一套严格审批、专款专用、封闭运行、跟踪监督、考核效益的贷款资金使用机制，通过对贷款项目实行目标分解、公开招标、责任落实、日常检查、验收考核办法，形成贷款资金使用管理机制。学校要制订严格的还款计划。贷款学校在安排年度收支预算时，要考虑偿债因素，将还款计划纳入单位的年度预算收支，保证还款资金来源。在"银校合作"中积极推进助学贷款业务，把助学贷款作为"银校合作"的一项重要内容，把助学贷款力度的大小作为学校选择开户银行的重要条件。通过助学贷款业务的开展，解决困难学生的欠费问题，提高学费收缴率，增强资金自给能力。

（六）建立校企分开现代学校制度的产权机制

明晰产权关系，实现事企分开。校办企业要明晰产权关系，在机制上首先要事企分开。学校应通过筹资，以出资者身份进入市场，作为投资者享受权益。企业资本投入不能只有学校一条渠道，可以内引外联，多渠道筹集。企业不仅对学校负有保值和增值责任，而且对所有投入资本都负有保值和增值的责任。因此，规范学校的投资核算和管理，规范企业的资本金制度，是理顺产权关系的基础，而事企分开是确立企业法人地位的关键。企业产权关系明晰，必然使所有权与经营权分离。投资者以其出资额享受权益,参与决策和管理,经营者对出资者负责,企业以其全部资产对其债权债务承担责任。这样就能克服学校以行政命令和人为切块与企业进行利润分配的弊病,降低投资风险,改变目前校办企业只负盈不负亏、学校担负无限责任的状况,同时消除企业对学校的依赖思想,以利于企业在市场中寻求发展机会。

第六章　内部控制视角下的高校财务风险防范策略

第一节　企业风险管理视角下的高校内部控制建设

一、企业风险管理要素

企业风险管理（ERM）是20世纪90年代兴起的一种新的风险管理模式。美国风险管理与内部控制研究机构COSO发布了《企业风险管理——整体框架》，企业风险管理包括八个构成要素：内部环境、目标设定、事项识别、风险评估、风险应对、控制活动、信息与沟通和监控。风险管理要素的具体含义如下：

（1）内部环境。主要是指企业的管理人员如何认识和对待风险，包括风险偏好程度、风险管理理念、企业的管理哲学、组织架构的设置以及内部的权责利的分配、企业的人力资源政策与实践等。

（2）目标设定。企业先要明确目标，才能成功地进行风险管理。企业的目标包括战略目标、经营目标、报告目标和合规目标。企业管理者要采取适当的程序，设定有助于完成企业的使命并符合企业风险管理偏好的目标。

（3）事项识别。企业要识别影响事件的内部和外部因素，分析其面对的风险和机会。风险是可能会给企业带来负面影响的事项，企业管理者应及时评估风险水平并制订应对方案。机遇是可能会给企业带来正面影响的事项，企业管理者要善于抓住机遇，促进企业发展。

（4）风险评估。管理者要考虑风险的可能性，分析潜在事项对企业正面和负面的影响，并做出管理决策。企业可以采取定性和定量分析技术来综合评估企业的风险水平。

（5）风险应对。由于企业面对的风险事项不止一项，所以企业应采取一系列措施使企业的总风险在风险容忍度的范围内。

（6）控制活动。企业针对其面临的总体风险水平的高低以及各项风险事项的特点，制订风险应对方案，并通过相关政策实施和程序的执行来降低风险。

（7）信息与沟通。企业内部和外部的信息能够在企业各层级、各部门之间有序的沟通，也能够与企业外部相关方有效地沟通。信息沟通的顺畅能够保证各部门及时识别风险并共同采取有效措施来控制风险，也能保证员工顺利执行任务，履行职责。

（8）监控。企业要评估风险管理的整体运行状况，并及时评价某一时期的风险管理执行质量。企业要设置专门的内部控制评价部门，通过该部门的管理活动以及定期或不定期地对各单位或部门的内部控制评价来实施监控。

风险管理的八个要素之间不是相互孤立的，而是有着很强的内部关联性。内部环境是企业风险管理的基础，为企业风险管理的其他要素的运行提供了平台。为完成目标，企业需要识别影响目标的风险事件，并采用专业的定性和定量等分析方法进行风险评估，明确每一项风险事项的风险水平以及企业面临的总风险水平。在此基础上，企业要制定风险应对策略，使企业的总风险在可控制范围内。另外，风险管理的控制活动、信息与沟通和监督要素贯穿于企业风险管理的整个过程，以保证风险管理目标的达成。总而言之，企业风险管理的八个要素是一个有机的整体，它们相互影响，相辅相成，共同保证企业管理风险并降低风险。

二、ERM 框架下的高校内部控制管理

（一）内部环境层面管理

高校应设立风险管理委员会，负责对高校的风险事项进行管理和监控，并定期向管理层报送风险管理报告。由于高校的风险来自多个领域和部门，风险

管理委员会的组成人员除了财务和会计人员，还应包括教学和科研管理、国有资产管理和后勤管理等多个部门的人员。风险管理委员会的首要职责是为学校的风险管理确定一个整体框架，确定风险管理的环境、目标、限制条件和应用的技术手段等，从而为高校的风险管理创造好的内部环境。

（二）目标设定层面管理

高校的管理人员应先设定风险管理的目标，并保证风险管理目标与设定的风险容量相符。高校不可避免地存在风险，风险管理的观念也普遍为高校的管理层接受，虽然目前高校已经建立了基于委托代理关系的法人治理制度，但内部治理结构还有待于进一步完善，只有将风险管理系统与高校治理、战略管理和内部控制等结合，才能更好地保证管理层设立准确的管理目标。

（三）事项识别层面管理

事项识别是指通过风险调查和分析，找到风险源和风险因素转化为风险事故的条件。风险识别的方法很多，包括专家调查法、安全检查表法、工作—风险分解法和情景分析法等。高校可以对各个部门和领域中的风险因素进行整理分类，找出潜在的风险源，然后以提问的方式将这些风险因素列在表格中，定期要求各个院系和部门的管理人员进行回答，从而识别出高校面临的各种风险以及危险程度。安全检查表的内容包括安全检查项目、风险是否存在、风险类别、风险等级、风险影响、具体责任人和备注，见表6-1。

表 6-1　高校安全检查表

安全检查项目	风险是否存在	风险类别	风险等级	风险影响	具体责任人	备注
相关风险因素的检查项目	是或否	经营风险、管理风险、财务风险等	很高、高、中等、低、很低	很大、大、中等、小、很小	—	检查项目的相关说明

（四）风险评估层面管理

风险评估是在识别风险的基础上对风险进行定量分析和描述。为反映风险水平，我们可以综合风险的影响力和风险发生的概率构建坐标系，对风险给高校带来的威胁程度做出判断。首先，从 0～10 任意选取一个数字表示风险的影响力，其中 0 代表风险的影响力极小，10 代表风险的影响力极大，数值越大表示风险的影响力越大。其次，从 0～100% 任取一个百分数表示风险发生的概率，其中 0 表示不会发生，100% 表示一定会发生，百分数越大，风险发生的可能性（概率）就越大。我们以风险的影响力为横坐标，以风险发生的概率为纵坐标来构建坐标系，第一象限用 I 表示，第二象限用 II 表示，第三象限用 III 表示，第四象限用 IV 表示。各象限所表示的意义如下：

I 代表高风险影响力、高风险发生概率、对高校构成最大威胁的风险。此类风险是最应引起高校注意的一类风险。

II 代表高风险影响力、低风险发生概率、对高校构成较小威胁的风险。高校应加强对这类风险的预警和防范，尽量做到防患于未然。

III 代表低风险影响力、低风险发生概率、对高校构成最小威胁的风险。高校应有针对性地准备一些解决方案。

IV 代表低风险影响力、高风险发生概率、对高校构成威胁一般的风险。由于此类危机的影响值较低，对高校的威胁不大，但其发生概率较高，可能会影响高校的日常教学科研工作，因此，也应该对该类风险保持关注。

（五）风险应对层面管理

风险应对是指高校制订风险管理总体方案、选择风险管理工具并采取相应措施。高校具体处置风险的方法很多，包括回避风险、在可接受范围内承受风险、采取措施降低风险或与其他单位共担风险等。回避风险是指高校放弃或中止某一项目，从而避免风险的发生。在可接受的范围内承受风险是指高校认为该风险处于可接受范围之内，选择承担风险并采取有效的措施控制风险的扩大。另外，高校还可选择与其他单位共同承担风险以分散风险等。

（六）控制活动层面管理

当高校的风险无法回避和转移时，高校应该通过各种控制活动来降低风险，从而达到控制风险的目的。另外，高校对于风险应对策略实施的效果必须进行评估，如果某项活动的风险水平极高，具有极强的危害性，高校必须终止该活动；如果风险水平增加，则预示着高校必须采取进一步的控制措施；如果风险水平降低，高校则要继续实施缓和控制措施以保证消除风险。

（七）信息与沟通层面管理

高校风险管理相关信息必须在各个部门、各个院系有效地传递和沟通，这样才能保证高校所有的教职员工能充分认识到风险管理的重要性和高校目前所处的风险水平。高校的风险管理委员会在工作中完成的风险管理规划、风险管理过程中的相关文件，如高校安全检查表等相关的文件等必须定期向管理层提交并部分向高校教职工公布。高校内部的各个部门和单位也要定期召开风险管理的会议，为风险管理委员会报告当前的风险指标的现状、采取的风险应对措施和风险控制效果等。

（八）监控层面管理

风险监控是指高校要考察各种风险管理措施所产生的实际效果，考虑是否需要调整风险管理计划。风险监控的内容包括：检查相关单位和部门是否有针对性地制定了风险应对措施，该措施的实施状况如何，是否充分发挥了作用；如果没有发挥作用，如何制定新的应对方案；当前是否有新的风险事件发生；其发展变化趋势如何，应该如何应对等。

第二节 基于单位层面的高校资金风险与防控策略

单位内部控制可以分为两个层面，分别是单位层面的内部控制和业务层面的内部控制。"单位层面的内部控制是高校从整体上对内部控制进行建设，具有全局性和基础性，是业务层面内部控制建设的基础和前提。"❶基于单位层面的高校资金风险与防控策略主要包括以下内容。

一、组织架构建设风险与防控策略

组织架构建设是指高校要明确内部各层级机构设置、职责权限、人员编制、

---

❶ 方芸. 高校财务风险预警与防范策略研究：基于内部控制视角 [M]. 北京：知识产权出版社，2017：114.

工作程序和相关要求。组织架构的主要内容包括高校机构设置、制度建设和权责配置，即单位决策机构、执行机构、监督机构的设置以及这三者之间的权责分配。高校组织架构建设的目标是要优化内部控制环境，按照决策、执行和监督"三权分立"的原则进行组织机构的设置，构建一个科学高效的组织架构，在此基础上，设立部门岗位，并明确每一个岗位的权利和责任，确保不相容岗位相互分离。

高校在组织架构控制环节存在的关键风险点包括：①组织架构没有体现决策、执行和监督"三权分立"的原则，高校内部的部门管理、职责分工、业务流程设计等不能有效制衡和监督。②职工的岗位安排不合理，一人多岗，不相容岗位未分离等。

针对以上关键风险点的分析，高校应采取以下措施：

第一，确定内部控制的职能部门。校长负责全校的行政管理工作，也应是内部控制建设的主要负责人，校长要组织成立内部控制建设领导小组，全面负责领导高校的内部控制工作。在此基础上，高校要成立内部控制建设的职能部门，协调全校的内部控制建设。另外，高校还要成立监督检查机构，对全校的内部控制建设与实施状况进行监督检查，并组织编写单位的内部控制评估报告。

第二，充分发挥各相关部门或岗位的作用。高校内部各部门，如各学院、财务部门、采购部门、基础设施建设部门、国有资产管理部门、科研管理部门、审计部门等都要明确各自在内部控制建设、实施与监督中的职责权限，积极对本部门的业务活动进行流程梳理和风险评估，认真落实内部控制制度的要求，加强对本部门内部控制工作的监督检查，对存在的不足和问题积极采取措施改进和解决。

二、工作机制建设风险与防控策略

高校应设置决策权、监督权和执行权"三权"分离、风险评估、议事决策和决策问责机制。风险评估机制是指高校对各项经济业务进行风险评估，确定各项活动流程中的关键风险点，并采取适当的措施控制风险。议事决策机制是指高校应针对不同的决策事项制定工作流程，并明确审批权限和决策原则。决策问责机制是指高校对重大决策实行"谁决策、谁负责"的原则，实行责任追究机制。在此基础上，高校应采用不相容岗位分离、内部授权审批、归口管理、预算控制、财产保护等内部控制的基本方法，来加强单位层面的内部控制建设。

高校在工作机制建设环节存在的关键风险点包括：①高校经济活动的决策、执行和监督"三权"未真正分离。②监督岗位缺失或职能弱化。③风险评估机制未建立起来，管理人员没有找到风险产生的根源。④没有准确识别关键风险点，也没有采用合理的风险分析方法，因此不能建立起有效的风险防范机制。⑤决策机构职责权限不清楚，议事流程不合理，重大经济活动不进行集体决策，而是出现"一言堂"的现象。⑥没有建立起问责机制，因决策失误给高校造成重大损失时无人负责，反而互相推诿责任等。

针对以上关键风险点的分析，高校应采取以下措施：

第一，决策、监督和执行"三权"分立、相互制衡。为保证决策的科学性和规避风险，高校的"三权"分立要从横向和纵向两个角度来执行。从横向角度来看，某一项工作必须由来自两个或两个以上的部门或人员的协调运作，共同完成，从而实现相互制约和相互监督。从纵向角度来看，某一项工作必须经过从属于上下级的两个或两个以上的岗位或环节，从而实现上级对下级的监督。高校要根据不相容岗位相互分离、相互制约、相互监督的原则，设置内部的机构及岗位，并明确各岗位的权利和义务，严格执行分岗设权、分级授权和定期轮岗，对一些重要岗位，还要实行定期轮岗制度或定期干部交流。

第二，建立风险评估机制。高校首先要梳理各项经济活动的业务流程和关键风险点，确定各项业务的风险控制目标；其次，对风险事件的类别、成因、可能的后果以及涉及的业务部门和责任部门进行分析，尤其要关注风险事项可能发生的概率及其带来的不良后果等；最后，有针对性地采取规避风险、风险承担、风险降低或共担风险等不同的方法来应对风险。根据高校的实际情况，重点关注内部权力集中和资金流转金额巨大的重点领域，例如财政资金的分配使用、国有资产的管理、采购和工程项目建设等领域。

第三，建立科学的议事决策机制。对于高校的重大决策、重大事项、重要人事任免以及大额资金支付的业务（"三重一大"业务），应该由高校领导班子集体研究决定。高校要组织单位党委会、领导班子会议、办公联席会或专项讨论会等形式的决策会议，讨论决定重大决策，坚决避免出现"一言堂"的情况。

并且，对于重大的经济活动决策事项，高校还要建立起审批机制和会签制度，其中，审批又包括分级审批、分额度审批和逐项审批。对于涉及专业性较强的一些决策时，高校要组织专家进行技术咨询，专家进行论证，站在客观公正的立场上，对业务或项目进行分析论证并给出意见和建议。决策机构要慎重考虑专家的意见并进行决策，从而保证决策的科学性。

三、关键岗位控制建设风险与防控策略

高校的关键岗位是指在高校的经济业务活动中，承担了重要的工作职责，发挥了重要作用的一些重要岗位的总和。例如，高校的预算业务管理、收支业务管理、采购业务管理、工程项目管理等岗位都是关键岗位，高校要加强关键岗位的管理和控制，防范职务舞弊和腐败现象的发生。

高校关键岗位控制存在的关键风险点包括：①关键岗位职责权限划分不清，岗位之间缺乏制约和监督。②关键岗位人员不具备相关资质，综合素质有待提高，业务能力差。③关键岗位的绩效考核不客观公正，奖惩不合理，难以发挥激励作用。④关键岗位未实行轮岗制度，个别岗位长期由一个人担任，存在舞弊的空间。

针对以上关键风险点的分析，高校应采取以下措施：

第一，确定关键岗位并明确职责。高校可以对本单位的各工作岗位进行梳理，明确各岗位的职责权限、岗位的工作复杂程度以及对任职人员的专业技能要求等，从而确定关键岗位。对每一个关键岗位，都要明确工作职责、工作标准、在职要求及岗位考核的基本方法。各个岗位之间要相互制衡，不相容岗位要严格分离，不相容岗位包括授权批准岗位、业务经办岗位、财产保管岗位、会计核算岗位和稽核检查岗位。高校要提高员工的素质，保证员工有完成工作所必需的资质和能力，并不断提升工作人员的知识技能和综合素质。

第二，进行岗位绩效考核。高校要细化岗位绩效考核方案，并建立有效的激励机制。高校要明确每个岗位的工作职责和权限，在每个学期或每年对所有的教职工进行绩效考核，根据各个职工完成工作任务的情况，对职工给予综合评价。高校还应针对不同的岗位特点，制定不同的激励方案，并采用多样化的激励办法，如物质奖励、精神奖励和职务晋升等，从而形成关键岗位考核结果

与奖惩挂钩的考核机制。最后,高校还要建立起关键岗位工作人员的退出机制,明确退出的条件和程序,在离职之前,要根据相关法律法规的规定进行工作交接,重要领导岗位还需要进行离任审计。

第三,实行轮岗制度。高校要定期对关键岗位进行轮岗,轮岗的方式、周期、条件和要求等要制度化和规范化。通过轮岗,可以提高关键岗位工作人员的岗位技能,提高他们的全局观,并有利于尽早发现内部控制领域存在的问题和隐患。另外,高校还要定期开展关键岗位轮岗的监督检查制度,确保关键岗位的轮岗工作执行到位。有的岗位因为人员数量较少,不具备轮岗条件,则应该采用专项审计等替代的内部控制措施,以保证关键岗位得到有效监控。

四、关键人员控制建设风险与防控策略

关键人员是指在高校承担关键岗位工作的人员。高校要进行内部控制建设,防范风险,需要在关键岗位配备具有良好的专业能力和较高的职业道德水平的专业人才,否则,即使是非常合理的内部控制制度也难以实施。

关键人员控制存在的关键风险点包括:①关键人员不具备岗位胜任能力,工作效率低下,或关键岗位工作人员职业道德缺失,出现违法违规的情况。②关键岗位的工作人员的工作缺乏有效的监督和激励,或因对关键岗位的考核评估机制不健全,或设置奖惩标准不合理,导致关键工作人员缺乏工作积极性等。

针对以上关键风险点的分析,高校应采取以下措施:

第一,关键岗位工作人员选拔任用要进行严格的考核。高校关键岗位的工作人员的选拔任用有多种方式,包括面向社会公开招考录用、其他单位调配和单位内部竞争上岗等。高校要将人员选拔任用的程序和标准公开,并按照规范的程序和方法遴选出符合任职条件的关键岗位工作人员,特别是对于一些需要专业知识的重要岗位,如财务会计、审计等岗位,需要采用专业化的考试和综合面试等选用程序,要遵循"公平、公开、竞争、择优"的原则,避免不具备专业知识和能力的人员担任相关工作。

第二,加强对关键岗位工作人员的培训。高校的经济活动种类多样,内容繁杂,高校的内部控制建设工作任务繁重,并且财务会计也存在着制度更新快、人员素质要求高的特点。所以,高校的关键岗位的工作人员必须及时、全面、

准确地掌握内部控制相关的法规政策。高校要根据实际需要，对关键岗位的工作人员进行培训，提高他们的专业技能和业务水平。除此之外，高校还可以通过一些其他形式的学习，如到先进单位进行考察学习、岗位经验交流等多种方式，不断提升关键人员的工作能力。

五、会计系统控制建设风险与防控策略

会计系统是指在经济业务发生后，会计人员进行确认、计量、记录和报告的会计核算系统，以及相关的各种会计记录手段、会计报告制度和会计档案管理制度等的总称。会计系统提供的会计信息是企事业单位最重要的经济信息，它全面、系统、综合地反映和监督了企事业单位的经济业务及其经营成果，可以为企事业单位的管理决策提供重要的信息。另外，从实践工作来看，很多高校的财务会计部门负责本校的内部控制的建设和实施，财务会计信息也可以在内部控制中发挥重要作用，因此，会计系统控制的建设十分重要。

会计系统控制存在的关键风险点包括：①高校领导认为单位的业务比较单一，会计核算工作简单，因此不重视会计系统的建设以及内部控制的实施。②高校财务会计工作人员整体素质不高，难于胜任推动单位内部控制建设的工作；会计信息不能准确、及时地反映高校的各项经济活动，导致在相关决策领域出现错误。③财务会计相关岗位的设置不科学，权责不分，不相容岗位未分离，从而产生财务舞弊。④财务会计部门与各业务部门沟通不畅，导致内部控制无法建设和有效实施等。

针对以上关键风险点，高校应采取以下措施：

第一，重视财务会计工作。高校应重视财务会计工作，合理设置财务会计工作岗位，并明确各岗位职责权限。高校还要根据财务会计工作的需要，配备具有良好的职业道德、过硬的业务能力的财务会计工作人员，并建立层次分明、职责明确的财务会计人员的岗位责任制。

第二，加强对会计信息质量的控制。会计信息是高校财务会计工作的成果，也是高校进行相关决策的重要信息来源。在经济业务发生之后，高校的财务会计部门必须做好凭证的登记和审核、账簿的登记、对账和结账、财务报告的编制等各个环节的工作，并做好财产清查、审计等相关工作，保证会计信息的真

实和完整。

第三,财务部门要加强与其他部门的沟通与协调。高校财务会计部门要定期与各业务部门就预算收支情况进行沟通,提高预算执行的有效性。另外,财务会计部门要利用专业知识为其他单位和部门的内部控制建设提供指导,对内部控制的薄弱环节要及时采取措施加以完善,以避免出现舞弊等不良现象。为保证账账相符、账实相符,财务会计部门要定期与国有资产管理部门就资产的信息进行核对。另外,财务会计部门还要与审计、纪检监察等部门合作,对高校的经济活动进行监督等。总而言之,只有财务会计部门加强与其他部门的沟通和协调,才能充分发挥会计对高校的经济活动和财务收支的反映和监督的职能,从而提高内部控制实施的效果。

六、信息系统控制建设风险与防控策略

信息系统是高校有关信息的搜集、存储和分配的系统和程序。通过信息系统,高校可以获得、使用和保存恰当的信息。《行政事业单位内部控制规范(试行)》第十八条规定:"单位应当充分运用现代科学技术手段加强内部控制,对信息系统建设实施归口管理,将经济活动及其内部控制流程嵌入单位信息系统中,减少或消除人为操纵因素,保护信息安全。"

高校在信息系统控制环节存在的关键风险点包括:①信息系统开发没有结合单位的实际情况。②系统设计缺乏专业性和科学性,不能有效运行,或未经测试就投入使用,系统运行中频繁出错。③信息系统的日常管理和维护不力,导致重要信息遗失或被篡改。④信息系统缺乏相应的安全管理措施,导致重要的信息泄露,或降低信息输出的质量等。

针对以上关键风险点的分析,高校应采取以下措施:

第一,对信息系统进行归口管理。高校应根据内部控制的要求,结合组织机构设置、经济业务流程和技术水平等多方面的条件,制定高校信息系统建设的总体规划,并健全信息系统管理程序,设置信息系统管理的岗位,明确信息系统管理责任,对信息系统进行归口管理。高校应将各种经济活动的业务流程及其内部控制措施都纳入信息系统中,并确保各重要信息系统之间的互联互通、信息共享和业务协同,以减少或消除人为操纵因素,提高办事效率和管理水平,

促进信息公开和廉政建设,增强经济活动处理过程与结果的透明和公正。

第二,加强信息系统的安全管理。信息系统的安全管理是一个综合性很强的工作,高校首先要建立维护信息安全的技术体系,该体系全面提供信息系统安全保护的技术保障措施,包括物理安全技术和系统安全技术;其次,要建立起保障信息安全的组织机构体系,高校要设置相关的机构和安全事务岗位来维护信息系统安全;最后,还要通过建立严格的内部规则制度,将信息系统安全管理落到实处。高校可以通过建立用户管理制度、系统数据定期备份制度、信息安全保密和泄密责任追究等措施,确保重要信息系统安全、可靠,增强信息安全保障能力。

第三节 基于业务层面的高校资金风险与防控策略

"随着我国高校资金规模的日益扩大,高校资金管理风险问题逐渐暴露。资金管理是高校财务管理的主要内容,也是高校教学科研活动开展的经济保障。"❶

单位层面的内部控制建设是一项综合性工作,具有基础性和全局性,是高校业务层面内部控制建设的前提和基础,但是,如果高校没有在具体的业务层面来进行内部控制的建设,内控控制建设就没有真正落到实处,高校风险也就难以控制。基于业务层面的高校资金风险与防控策略主要阐述以下方面内容。

一、采购管理风险与防控策略

采购是指高校购买货物、服务等相关活动,它是高校日常开展的重要业务。

高校在采购环节关键的风险点包括:①采购计划编制不合理,审核不严格,出现采购项目漏报、多报等情况,从而导致物资的重复购置或资金的闲置浪费。②未对采购的标的进行详细的市场调查,未合理选择合理的采购形式。③特定

---

❶ 章豪. 浅议高校资金风险管理问题 [J]. 行政事业资产与财务, 2020 (21): 68.

的采购项目没有选择财政部门规定的代理机构,而是选用资质或业务范围不符合采购代理要求的采购代理机构。④招投标或定价机制不科学,供应商选择不合理,采购货物和服务质量低下,不符合要求等。另外,在验收环节,没有按照采购项目的验收标准进行验收,出现采购物资以次充好、降低标准的现象,或采购商品未及时入库,采购验收材料内容缺失,未及时备案存档等。

针对以上关键风险点,高校应采取以下措施:

第一,高校应合理设置政府采购业务机构,明确机构职能。高校的采购管理组织体系包括采购业务的决策机构、实施机构和监督机构。采购业务的决策机构一般由高校领导、采购归口管理部门和相关业务部门的主要负责人组成,主要负责审定高校采购的内部管理制度、研究决定重大的采购事项,并审定相关的采购预算和计划,协调解决采购业务执行中出现的一些重大问题。采购业务的实施机构是高校负责实施采购业务的机构,包括高校内部各部门、采购的归口管理部门和财会部门等。

高校内部各部门首先申报本部门的采购预算建议数,并提出采购申请,归口管理部门对采购业务进行审核和批准,确定采购的组织形式和采购方式,指导和督促采购合同的签订和履行,组织实施采购的验收。财会部门负责汇总采购计划,报同级财政部门批准后,下达各业务部门执行,审核各业务部门申报采购的相关资料,确定资金来源,支付资金等,进行账务处理,并定期与采购部门沟通和核对采购业务的执行和结算情况。采购的监督机构监督检查业务部门和采购部门执行采购法律法规和相关规定的情况。在此基础上,高校要合理设置采购业务岗位,包括采购计划编制、采购预算审批、采购执行、合同审查、验收、付款、档案管理和采购监督等。根据不相容岗位相分离原则,采购计划制定与审批、采购工作的执行与监督、采购货物的验收与保管等岗位应相互分离。

第二,在采购的计划和预算环节,采购人应当对采购标的的市场供应状况、价格水平进行市场调查,科学、合理地确定采购需求,并进行价格估算。高校应加强采购申请的内部审核,审核的要点包括采购计划是否符合预算、是否能满足当期的业务工作需要、是否与资产配置标准相符合、申请文件的内容是否完整等,对贵重的资产或专业设施的采购应组织专家进行论证,并要求附有相关技术部门的审核意见。

第三，在采购环节中，高校要选择合理的采购方式，对于纳入集中采购目录的政府采购项目，均应通过政府采购中心进行集中采购，对于政府集中采购项目以外，单项或批量采购达到一定金额以上的货物、工程和服务项目属于分散采购，采购人员可自行组织采购，也可委托采购代理机构采购。采购的货物或服务项目的金额达到一定标准的，必须采用公开招标的方式。高校要规范采购合同的签订与备案过程，确保采购合同签订合法合规，采购合同的具体条款应包括验收要求、与履约验收挂钩的资金支付条件及时间、争议处理规定、采购人及供应商各自的权利义务等内容。高校应当建立科学的供应商准入和评估制度，对供应商提供物资或劳务的质量、价格和信用水平等进行评估，以保证选择优质供应商的产品或服务。

第四，在采购的验收阶段，高校应当建立严格的采购验收制度。如果出现采购的商品不符合合同约定的情况，高校有权要求退货并要求供应商重新按照合同的约定发货，否则高校可以拒绝付款并要求终止合同。在付款阶段，高校的财务会计人员应严格审核采购业务相关的原始凭证，包括购货合同和采购发票等，经审核无误后才能按照合同规定付款。

二、工程项目管理风险与防控策略

工程项目是指高校自行或者委托其他单位所进行的建筑物和构筑物的新建、改建、扩建及相关的装修、拆除、修缮、安装等基本建设、大型修缮以及基础设施建设和改造工程。工程项目由于投入资金数量大、建设工期长、涉及的环节多等特点，往往成为经济案件的高发区。在高校工程项目建设中，经济案件也时有发生，这些都与内部控制的建设不完善，内部控制不严格、不到位有密切关系。

高校的工程项目分为项目立项、工程设计与预算、工程招标、工程建设和竣工决算五个环节。项目立项是工程项目的起点，这个阶段的主要工作包括项目建议书的编制与审批、项目可行性研究报告的编制与审批和项目评审。在项目立项之后，高校应对工程项目的建设方案进行设计，并对资金需求进行概算，制订施工方案和预算。在工程项目的招标阶段，高校要依据相关的法律法规对建设项目招标，完成招投标、开标、评标、定标和签订合同等工作。最后，在工程建设环节，高校应通过监理单位进行监督并及时支付工程款项，保证工程的进度和质量。在建设项目完成之后，高校应组织专业人员进行竣工验收，对建设项目的质量等进行审核并结算。

高校实施工程项目的关键风险点包括：①工程项目的立项建议与高校的实际发展需要不相符合，工程项目立项缺乏充分的调查研究和科学的可行性分析，可行性报告的重要数据不准确或缺失等。②评审人员由于专业性不强、责任感不强等原因，导致决策评审结果不科学。③在勘察、设计环节，存在着勘察、设计单位的选择错误，相关单位无资质等级或者缺乏经验等，未与勘察设计单位有效沟通，勘察、设计的文件的编制内容不合理等。④在工程的招投标环节，招标程序不规范，标底与实际脱节，不能反映项目的实际需求，评标小组成员缺乏专业性，评标程序不规范，评标缺乏独立性和客观性等。⑤在工程施工环节，监理单位与施工单位相互串通，监理工作没有正常开展，监理人员责任心差，在对施工监督、工程验收时，不履行相关职责，随意审查通过。⑥施工单位拖延工期，施工管理不严格，如偷工减料等，导致工程质量低劣。⑦在资金的使用上，没有按照计划使用，资金使用混乱等。⑧在竣工决算环节，工程项目竣工验收不规范，导致工程交付后不能正常使用。竣工决算内容不准确，可能导致竣工决算存在着虚报、虚列工程项目内容的风险。

针对以上关键风险点，高校应采取以下措施：

第一，建立和完善与工程项目相关的决策、执行与监督相互分离、相互制约的机制。高校的工程项目管理涉及高校内部的相关部门，包括工程项目的决策机构、单位基础设施建设部门、财务部门和审计部门。在高校外部，还涉及工程项目设计单位、施工单位和监理机构。如果是通过招标的形式进行工程项目建设的，还涉及招标代理单位。高校工程项目的决策机构一般是高校的最高决策机构，工程项目立项、预算等与工程项目相关的重要事项，应按照规定的权限和程序由学校领导班子集体决策，任何个人不得单独决策或者擅自改变集体决策意见。高校的基础设施建设部门，是工程项目管理的核心执行部门，按照相关政策法规的规定，负责组织协调工程项目的报批、勘察、设计、施工和监理等具体工作。财务部门主要承担工程项目建设实施过程中与资金相关的管理、决算和审核等工作。因为工程项目的投入资金多，施工周期长，存在着巨大的风险,根据不相容岗位相分离原则,工程项目的可行性研究与工程项目决策、工程项目的预算编制与审核、工程项目的施工与验收、工程项目的竣工决算与竣工审计等都应该相互分离,以避免出现各类贪污舞弊等问题。

第二,在项目立项和审核阶段中,工程项目应当严格履行上级主管部门规定的基本建设程序,在项目实施前委托专业机构,对项目实施的可行性进行论证,形成项目可行性研究报告。可行性研究报告的主要内容包括:项目概况、市场分析与建设规模、项目设计方案、单位组织、投资估算和资金筹措、工程进度及工期规划、风险分析和综合评价与结论等。高校要根据职责分工和审批权限对工程项目进行决策,重大建设项目必须报上级主管部门审批,在获得立项批复后才能实施基本建设工程。并且,高校应建立工程项目决策的责任追究制度,明确相关参与决策人员的责任。

第三,在工程项目的设计与预算环节,单位应选择具有相应资质的勘察、设计单位,并通过签订合同,明确双方的权利和义务。工程的勘察、设计发包方式可以分为招标发包或直接发包。高校应为勘察、设计单位提供工作所需的详细资料,保证不因提供资料不准确或不完整而造成设计不合理等情况。另外,高校要加强对建设项目预算的控制,高校应组织专业人员对项目内容、工程量和价款等项目进行审查,如果预算金额超过了计划金额,则要对项目预算进行修正并审核。

第四,在工程项目的招标和施工阶段,高校应建立工程项目招投标管理制度,明确招标的范围和要求,并规范招标程序。高校可以自行或委托中介机构编制标底。标底经过审定后,密封保存。在开标的过程中,所有的投标人应出席,评标小组择优选择中标候选人。在施工阶段,高校应根据相关法律法规,对项目施工过程进行监控,具体包括项目进度监控、项目施工质量监控、项目施工安全生产监控。高校可以通过相关制度和合同,明确高校、施工方、监理方各自在工程质量、安全生产方面的责任和义务,保证工程质量与安全生产。

第五,在工程项目的竣工决算阶段,首先,高校应建立工程项目竣工验收控制机制,施工方在完成工程项目建设之后,向高校提交竣工报告,申请竣工验收。如果是实行了监理的工程项目,监理单位还必须对工程完成情况进行检查,签署报验单。符合竣工要求的工程,高校要组成验收小组,对工程的质量全面评价，形成工程竣工验收意见。对验收合格的项目，高校要及时提出工程竣工验收报告。其次，高校应建立竣工决算控制机制，工程竣工后，高校要按照约定的合同价款和调整内容等，及时进行竣工决算，以便使工程交付使用。最后，高校还应当建立完工项目评价制度，对项目使用的实际效果进行评价，并以此作为对相关责任人绩效考核和责任追究的依据。

三、科研项目管理风险与防控策略

科研项目是指高校承担的各级政府项目，承接的企事业单位技术开发、技术咨询和服务等科学研究和技术服务项目。

高校科研项目管理存在的关键风险点包括：①科研项目的管理制度不健全，责任落实不到位，管理混乱，导致经费流失或被滥用、挪用。②科研项目合同签订不规范、信息虚假、合同条款存在缺陷，产生经济损失和法律纠纷。③未按批复的项目预算或合同约定使用科研项目经费，项目无法通过验收，造成科研经费被收回或减少后续拨款。④对技术成果及档案保护措施不力，高校合法权益被侵害等。

针对以上关键风险点，高校应采取以下措施：

第一，在科研项目的申请和立项上，高校首先要建立科研项目管理机构，并明确各岗位的职责权限。高校的科研管理体制是"统一领导、分级管理"，高校的科研管理部门归口管理科研项目的申报、科技合同的签订等。高校的财务部门归口管理科研经费。其次，围绕学校事业发展规划，结合学校科研保障条件和科研能力，组织开展科研项目申报和科研合作。在选择具体科研项目时，应确保科研方向准确、技术可行、预算合理、目标可实现，并要确保申请材料内容真实、准确。高校所有科研项目资金作为学校收入纳入预算，由财务部门归口管理与核算。最后，科研管理部门应及时将已批复或已签订的科研项目任务书或合同交财务处，以确保项目经费按时全额到位。项目负责人必须确保已开具收入票据的各类科研项目资金及时拨入学校指定的银行账户。

第二，在科研项目的执行阶段，高校应依据项目合同的要求，督促科研人员积极地开展科研工作。科研项目中的重大事项的变更,要按规定办理审批手续。高校应建立和完善项目检查和验收制度，应按有关规定或合同，督促项目负责人按时提交结题申请,对结题申请和相关研究成果进行严格审核,在项目需要时,还需要组织专家进行结题材料的审核和评议,以保证结题验收工作按期完成。同时,高校应加强科研项目资金支出管理,明确各类科研支出审批流程与权限,严格履行支出申请、审批、招标采购、资产验收等程序,保证按照经费开支范围和标准使用科研项目资金。

第三,建立健全科研绩效评价制度。高校要建立以创新质量和贡献为导向的科研项目考核、评价和奖励制度,并通过合理运用绩效评价结果,激发科研人员的热情,提高科研经费使用效益。科研项目完成后,高校应及时办理科研项目资金决算与结账手续,科研项目的结余资金应按规定及时处理。最后,高校应通过财务、审计等机构建立健全科研经费的监督检查机制。

参考文献

[1] 蔡连玉, 伍纯. 高校教师绩效管理的伦理风险及其规避研究[J]. 浙江师范大学学报（社会科学版）, 2022, 47（4）: 82-89.

[2] 常青, 沈友娣. 高校内部控制规范的实施障碍与改进对策[J]. 苏州大学学报（哲学社会科学版）, 2016, 37（6）: 122-128.

[3] 陈燕玲. 新建本科高校内部控制建设存在的问题及对策[J]. 高校后勤研究, 2021（10）: 58.

[4] 范明, 高倩. 基于教师视角的高校内部治理研究[J]. 黑龙江高教研究, 2014（1）: 59-61.

[5] 方芸. 高校财务风险预警与防范策略研究：基于内部控制视角[M]. 北京: 知识产权出版社, 2017.

[6] 高娟. 高校风险管理研究综述[J]. 财会通讯, 2015（16）: 43-46.

[7] 郭颖, 路文杰. 高校基本建设业务财务控制风险监测研究——业务流和财务流整合视角[J]. 会计之友, 2017（24）: 85-88.

[8] 韩鹏, 艾晓彤. 高校教育质量成本: 界定、核算与控制[J]. 财会月刊, 2020（5）: 57-61.

[9] 郝俏. 基于业财融合的高校基本建设项目竣工财务决算风险控制[J]. 商业会计, 2020（10）: 85-88.

[10] 何爱群, 盛惠良, 施小平, 等. 基于内部控制视角的高校物资集中采供管理研究[J]. 教育财会研究, 2017, 28（1）: 64-67.

[11] 胡学忠, 蒋方华. 高校现金持有影响因素的实证研究[J]. 教育财会研究, 2011（6）: 23-29.

[12] 黄淦元. 高校内部控制关键点控制研究[J]. 中国商论, 2016（21）:

185-186.

[13] 匡柳燕. 浅谈内控制度下高校的债权债务管理[J]. 环球市场, 2020（10）: 78.

[14] 李华丽, 王瑞龙. 高校内部审计新发展: 参与高校风险管理[J]. 财会月刊, 2017（13）: 119-124.

[15] 里安琪. 浅议经济新常态下高校控股企业内部控制建设[J]. 教育财会研究, 2016, 27（5）: 63-67.

[16] 刘福军. 高校收入支出业务内部控制制度探讨[J]. 职业, 2015（36）: 159.

[17] 刘罡. 高校财务内部控制实务[M]. 北京: 中国农业大学出版社, 2018.

[18] 刘焕蕊. 高校转型发展下内部控制框架设计研究[J]. 财会月刊, 2017（7）: 10-14.

[19] 刘剑文, 吴金栋, 顾倩. 高校工程招标采购风险管理体系研究[J]. 建筑经济, 2021, 42（5）: 98-101.

[20] 刘绪. 影响民办高校内部治理模式的因素分析[J]. 复旦教育论坛, 2021, 19（6）: 36-42.

[21] 谈传生, 李永睿. 地方高校内部治理现代化实践路径探析[J]. 学校党建与思想教育, 2021（7）: 93-95.

[22] 覃冯, 黄善斌, 廖安平. 高校实验室资产管理内部控制环境优化[J]. 实验技术与管理, 2016（1）: 257-260.

[23] 田红. 浅谈高校固定资产管理存在的问题及对策[J]. 中国商贸, 2013（33）: 145-146.

[24] 王国平, 徐冰. 基于内部控制的高校财务信息化建设思考[J]. 财务与会计, 2021（6）: 85.

[25] 王小力. 高校后勤集团内部审计难点及其应对策略探讨[J]. 商业会计, 2012（8）: 35-36.

[26] 王瑛, 晚常青. 对高校内部控制制度相关问题的思考[J]. 财会研究,

2011（23）：33-35.

[27] 夏午宁，张键琦.高校内部审计参与内部治理研究——基于《"十四五"国家审计工作发展规划》的启示[J].会计之友，2022（19）：24.

[28] 徐静.高校内部治理研究的价值向度[J].江苏师范大学学报（哲学社会科学版），2018，44（3）：154-159.

[29] 徐奕舒，王春晖.内部控制视角下高校收费票据管理探析[J].会计之友，2014（19）：114-116.

[30] 易艳红.高校内部控制与风险防范[M].北京：国家行政学院出版社，2019.

[31] 张海霞.论民办高校会计内部控制若干制度建设[J].商业会计，2015（9）：75-76.

[32] 张江涛，程晓芳.高校内部控制建设若干问题思考[J].行政事业资产与财务，2022（13）：61.

[33] 张静.高校支出内部控制构建研究[J].教育财会研究，2016，27（3）：40-43.

[34] 张思琦，朱晓林.基于工期风险管理的高校基建工程进度审计研究[J].中国内部审计，2021（4）：17-20.

[35] 张晓燕.高校风险管理与绩效知识图谱研究[J].会计之友，2019（14）：32-37.

[36] 张忠生.刍议我国高校教育基金会的发展[J].理论视野，2014（4）：84-86.

[37] 章豪.浅议高校资金风险管理问题[J].行政事业资产与财务，2020（21）：68.